知行沃土，
领略中华

光华管理学院"沃土计划"
思政课程成果汇编

龚六堂　滕飞 ◎ 主编

北京大学出版社
PEKING UNIVERSITY PRESS

图书在版编目(CIP)数据

知行沃土,领略中华:光华管理学院"沃土计划"思政课程成果汇编/龚六堂,滕飞主编.—北京:北京大学出版社,2019.5
(光华思想力书系)
ISBN 978-7-301-30250-7

Ⅰ.①知… Ⅱ.①龚… ②滕… Ⅲ.①高等学校—思想政治教育—中国—文集 Ⅳ.①G641-53

中国版本图书馆CIP数据核字(2019)第011124号

书　　　　名	知行沃土,领略中华——光华管理学院"沃土计划"思政课程成果汇编 ZHIXING WOTU, LINGLÜE ZHONGHUA
著作责任者	龚六堂　滕　飞　主编
策 划 编 辑	贾米娜
责 任 编 辑	任京雪　刘　京
标 准 书 号	ISBN 978-7-301-30250-7
出 版 发 行	北京大学出版社
地　　　　址	北京市海淀区成府路205号　100871
网　　　　址	http://www.pup.cn
微信公众号	北京大学经管书苑(pupembook)
电 子 信 箱	em@pup.cn　　QQ:552063295
电　　　　话	邮购部 010-62752015　发行部 010-62750672　编辑部 010-62752926
印 刷 者	涿州市星河印刷有限公司
经 销 者	新华书店
	730毫米×1020毫米　16开本　18.5印张　312千字 2019年5月第1版　2019年5月第1次印刷
定　　　　价	68.00元

未经许可,不得以任何方式复制或抄袭本书之部分或全部内容。
版权所有,侵权必究
举报电话:010-62752024　电子信箱:fd@pup.pku.edu.cn
图书如有印装质量问题,请与出版部联系,电话:010-62756370

编委会

顾问

徐宪平

编委（以姓氏笔画排列）

马诗阳	王 琛	卢礼威	田家明	四郎拉姆	冯帅琦
毕钰坤	朱子沛	刘林佳	衣龙雨	孙殿咏	杨成琳
杨映雪	杨 萍	杨雪楹	陈妍汀	武 达	林奎朴
金子尧	施景佩	秦 意	徐 璐	郭 浪	席子涵
	黄 浩	曹光宇	曹雨晨	雷 创	

序

近年来,在习近平新时代中国特色社会主义思想的指引下,在党和国家有关部委的统一部署和具体指导下,高校学生参与社会实践的工作蓬勃开展,北京大学光华管理学院开展的学生暑期"沃土计划"就是其中的典型代表。每一年学生们都深入中华大地就某一主题进行调查研究,并写作实践报告。2018年更是按照不同主题总结编辑了"沃土计划"之前的报告内容,汇成了《知行沃土,领略中华——光华管理学院"沃土计划"思政课程成果汇编》一书,现欣闻编纂工作顺利完成,付梓在即。

习近平总书记在十九大报告中指出:"经过长期努力,中国特色社会主义进入了新时代,新时代要有新气象,更要有新作为。从十九大到二十大,是'两个一百年'奋斗目标的历史交汇期,我们既要全面建成小康社会,实现第一个百年奋斗目标,又要乘势而上开启全面建设社会主义现代化国家新征程,向第二个百年奋斗目标进军。"总书记指出的今后五年的重要时间节点,不仅是党和国家工作的坐标,也是北京大学未来办学育人的重要参照。在决胜全面建成小康社会的关键时期,国家对高等教育的需要比以往任何时候都更加迫切,对科学知识和卓越人才的渴求比任何时候都更加强烈。学校要牢牢把握"双一流"建设的契机,扎根中国大地办大学;对于我们北京大学的同学而言,亦要扎根中国大地成人成才。

时代是思想之母,实践是理论之源。大学生社会实践是引导学生走出校门、接触社会、了解国情,使理论与实践相结合的良好形式。围绕着立德树人的根本任务,坚持"德才均备、体魄健全、守正创新、引领未来"的培育理念,我们一直鼓励、支持和引导北京大学的学生利用课余时间参与各种形式的社会实践,光华管理学院开展的学生暑期"沃土计划"便是其中之一。

知行沃土,领略中华。培养有理想、有本领、有担当的一流人才,需要有序地引导他们进入社会实践,参与到新时代的社会主义现代化建设中来。在"沃土计划"当中,学生们利用自己的才识和智慧,去发现和解决当前社会发展的一些问题,这有助于他们坚定崇高的理想、掌握扎实的本领和树立担当意识。《知行沃土,领略中华——光华管理学院"沃土计划"思政课程成果汇编》一书是"沃土计划"数年来的思想结晶,分为四大板块,内容直击当前社会发展的前沿问题,具有较高的理论研究与实践推广价值。

促进产业转型升级。当前,新一轮的科技革命和产业变革之间的互动日益复杂。国际分工格局正在重塑,发达国家纷纷实施"再工业化"战略,以寻找制造业竞争的新的增长点和优势,布局新一轮的贸易投资格局;一些发展中国家也在加紧工业化进程。《中国制造 2025》提出:中国需要提高国家制造业创新能力。完善以企业为主体、市场为导向、政产学研用相结合的制造业创新体系。围绕产业链部署创新链,围绕创新链配置资源链,加强关键核心技术攻关,加速科技成果产业化,提高关键环节和重点领域的创新能力。积极推进信息化与工业化深度融合。加快推动新一代信息技术与制造技术融合发展,把智能制造作为两化深度融合的主攻方向;着力发展智能装备和智能产品,推进生产过程智能化,培育新型生产方式,全面提升企业研发、生产、管理和服务的智能化水平。

抓住美丽乡村发展契机。党的十八大以来,以习近平总书记为核心的党中央领导集体,赋予了"美丽乡村"这一概念更多的内涵,在"美丽中国"的大概念下,进一步强调了尊重自然、顺应自然和保护自然的生态文明理念。美丽乡村不追求清苦贫穷的山清水秀,更不追求以牺牲环境为代价的丰富物质,追求的是和谐发展、可持续发展,是兼顾经济、政治、文化、社会的协调发展。美丽乡村是小康社会在农村的凝练概括和形象表达。建设美丽乡村,是党中央、国务院深入推进社会主义新农村建设的重大举措。这是乡村发展的"增速器",是新农村建设的"升级版"。中国处于城乡发展转型期,加快农村发展、建设美丽乡村是缩小城乡差距、改善农村民生的重大战略。党的十八大以来,习近平总书记针对美丽乡村建设,提出了一系列新思想、新观点、新要求,强调中国要美,农村必须美,美丽中国要靠美丽乡村打基础;强调要为农民建设幸福家园和美丽宜居乡村。这些重要论述,饱含了对农村和农民的深情,为建设美丽乡村指明了方向。参与"沃土计划"的学生也深入农村地区,切实参与到解决美丽乡村建设问题的实践中,同时也提供了一些好的解决方案。这些都是值得我们学习和思考的。

着力开展新区建设。自2014年以来,中央鼓励地方开展各类新区试点,以期在全面深化改革的征程中通过新区试点发掘新的增长极。在这个过程中,各地政府踊跃尝试,着力钻研,全国范围内涌现出了一批各具特色的新区。在"沃土计划"中,我们着眼于三类新区的建设与发展,它们分别为以广州南沙为代表的国家级新区、以青海海东为代表的工业园区和以云南腾冲为代表的特色产业园区。虽然各地新区各具特色,建设定位不同、发展方向各异,但均是基于国家或省市的政策红利与当地经济的独特优势,开辟了新区发展的中国模式。我们可以看到,在中国大大小小的城市中不乏各类新区、园区的身影,但总的来看,发展成熟度依旧参差不齐。另外,更加可喜的是,在中国企业"走出去"的过程中,在"一带一路"的建设中,新区建设也成为其中的重要一环。所以,"沃土计划"中对新区的考察与调研是十分有意义的,我们希望以此为契机,总结经验,吸取教训,以点带面地辐射到全国甚至世界,为后续的新区建设与发展贡献力量。

大众创业,万众创新。早在2014年的夏季达沃斯论坛上,李克强总理就首次提出这一号召;在2016年的全国科技创新大会上,习近平总书记更是指出:"在我国发展新的历史起点上,把科技创新摆在更加重要位置,吹响建设世界科技强国的号角。"在中国960万平方公里的锦绣大地上,创新创业工作正如火如荼地展开,中小微企业如雨后春笋般纷纷涌现。无论是国家层面还是地方政府层面,均给予双创企业以优惠的政策支持,同时,打铁还需自身硬,如何激发企业内在的创新驱动力,也是推进双创之路上亟待解决的问题。在本书的第四板块,我们分别从政府与企业两个角度重新解读创新创业,并从政企之间相连的"脐带"入手思考问题。"大众创业,万众创新"是中国版的供给经济学理论的伟大实践,是供给侧结构性改革的典范。我们相信,通过对实践单位和地区的调研,我们会将创业之路走得更顺、创新之路走得更强。

本书的出版具有极强的现实意义,这是北京大学光华管理学院数年来学生实践上升到理论高度的思想凝结,是北京大学思想政治课程改革的突出成果,也是北大学子作为国家智库的一次亮相。本书将数年多个团队的实践成果重新梳理汇编,从所观所读升华至所思所想。同时,作为思想政治课程改革的重要一环,实践得以使广大学生在灼灼沃土上体会何为"中国特色社会主义",原本枯燥的思想政治理论变得立体而鲜活,本书更是让实践不只流于形式、"走走过场",而将成果浓缩展示,填补了国内高校实践课程教材的空白。更重要的是,本书所涉及的中国经济的各个层面、各个问题和大量生动的案例,为政府、企业、学者、学生都提供了看待社会、研究问题的新方法与新视角。北大学子更应该以此为起点,观中国百态,走沃土万亩,努力讲好中国故事,发出青年声音。

中国已经走入新时代,踏上新征程,此时更需要年轻且富有活力的思想来武装。"青年兴则国家兴,青年强则国家强",青年人肩负着重大的责任与使命。希望有更多的青年可以在本书中充分汲取养分,积累专业知识,了解中国经济社会的方方面面,进而更好地在国家发展进程中展示青年学子的非凡才干和精神风貌,在实现中国梦的生动实践中放飞青春梦想,为构建人类命运共同体贡献青春力量!

刘 俏

2019 年 1 月

前　言

"沃土计划"是北京大学光华管理学院于2012年启动的理论与实践相结合的新型思想政治课程,至2017年已成功举办6期。课程以本科生为主体,后引入硕士和博士研究生,在专业导师的指导下赴基层开展挂职实践活动。2016年,"沃土计划"活动规模首次实现突破,实践基地在广东揭阳的基础上,扩展到湖南长沙、湖北咸宁、青海海东以及河南新县等地。2017年,"沃土计划"在全国新增6个实践基地,包括福建泉州、广东南沙、云南腾冲、江西赣州、陕西商洛和重庆,基地总数成功扩大到11个,实现了中国东西部地区的全面覆盖。

"沃土计划"是一个综合性的实践平台,是学生增长见识、实践所学、服务社会的重要机会。

光华管理学院副院长、本科研究生项目主任龚六堂教授表示:"光华管理学院希望为这些优秀的学生提供最好的教育,将他们培养成有社会责任感,真正了解、理解并能服务于中国社会经济建设的人才。"光华管理学院一直在探索如何让学生们到经济建设前线去,亲身感受、深入了解不同地域经济的发展现状、形态及特色,以实践反哺理论。

"沃土计划"是光华管理学院为全体学生搭建的重要实践平台,旨在为学生们提供一个深入基层了解国情、社情、民情的机会,通过实践平台为学生的课外学习创造机会,帮助学生将课堂所学的经济管理类知识与地方实际情况相结合,发挥其案例分析与模型建构能力,构建立体的知识体系。

学生们在课程中真正参与到了实际事务的运转之中,作为庞大制度体系的一颗颗螺丝钉亲眼见证了政府或企业的工作模式,获得了书本中难以收获的体验。在实践过程中,学生们通过采访、座谈、实地考察等形式获得了大量珍贵的一手资料,使调研落到实处。他们在政府听取工作交流会议,访谈有关部门负责人,收集官方的资料数据;在企业参观生产车间和研发中心,与生产、管理、销售等不同职能部门的人员座谈,了解企业与行业的发展现状;走进田间地头和百姓家中,了解基层百姓的生活情况,倾听一线工人的期望与心声……在多天的实践过程中积极搜集资料,交流探讨,思考总结,并最终形成自己的初步成果,反馈给实践基地的有关单位。北京大学学生就业指导服务中心主任张莉鑫点评道:"高校青年要以怎样的行动,实现与国家和人民同行?'沃土计划'的深入开展,是学生第一课堂的有效补充,也是学生深入中国社会实践的有效途径。""沃土计划"不仅为学生们提供了体察社会的窗口,也为他们创造了奉献社会的机会,是学生综合素质教育的理想典范。

"沃土计划"是北京大学光华管理学院思想政治课程改革的一次生动实践和成功探索。

早在2015年12月,时任教育部党组书记袁贵仁在全国党校工作会议后就强调,要加强高校思想政治教育,努力办好学生真正喜爱、终身受益的高校思想政治理论课,切实推动中国特色社会主义理论体系进教材、进课堂、进头脑,落实立德树人根本任务,培养中国特色社会主义事业合格建设者和可靠接班人。

为响应教育部的号召,北京大学率先在思想政治课程改革方面展开行动。光华管理学院作为北京大学思想政治课程改革的试点学院,主动承担了把思想政治理论与社会实践相结合,为思想政治课程改革提供新思路的责任。学院认为,为了使思想政治课程改革能够契合时代发展的趋势,让"知行合一"的思想政治理论实践课程进入大学生的日常生活中,使大学的思想政治课程能够真正成为时代浪潮下引领青年思想的关键力量,在课堂形式、教学效果、学术研究等方面仍有进一步提升的空间。

为了充分践行立德树人的教育理念,实现思想政治课程改革思路的具体化和精细化,光华管理学院打造了"沃土计划"系列实践课程。学院提出了"提高实践能力,培养社会责任"的主要纲领,并在此纲领引导下,立足北大精神,依据学院特点,整合社会资源,在系列实践课程体系的建设方面做出了充分的努力。

经过连续六年的不懈探索,"沃土计划"凝结了光华管理学院思想政治教育实践的先进经验,已经发展成为一个完善的课程体系,其设计的主要目标有如下几点:

(1)向学生阐述思想政治课程的基本理论体系,学期内的教育教学在暑期实践中得到进一步落实,实现从理论到实践再到理论的系统学习,全面提升学生的思想政治理论水平。

(2)向学生系统地讲解社会调研的基本知识。

(3)将实践调研知识和实践调研体验相结合,帮助学生掌握学术研究的基本方法和原理,积累实践调研的宝贵经验。

(4)为学生提供一个深入基层了解国情、社情、民情的机会,帮助其将课堂所学知识与地方实际相结合,锻炼其创新思维与团队研究能力。

"沃土计划"充分了解学生的需求和期望,探求根据学生特点设置可行性和实用性较强的活动方法,研究如何将实践课程学习与思想政治理论学习相结合,发挥学生的专业优势,从而保证学生学有所得,最大限度地增长才干。同时,"沃土计划"也对传统的挂职锻炼进行了改进,让更多的学生提前接触到国家机关、企事业单位的工作环境,实现更广泛的思想政治教育。这一改进,不仅使学生能够深入基层,投身社会,体验多样的生活,更深化了他们对中国国情的了解和认识。

在实施过程中,以学院本科生为主体的实践团走进当地基层政府和企业,角色由学生转变为"街道主任助理""村党支部书记助理""车间主任助理"等,这使得学生们获得了与基层政府官员、企业管理人员、一线生产工人等直接交流的机会。"让本科生把自己当作一个种子,放到群众这片沃土中,吸取养分,通过了解人民的疾苦,真正把自己未来成长的道路与国家民族进步紧密地结合在一起。"时任揭阳市市长陈东在接受《中国青年报》采访时说。在实践当中,学生与高层管理人员和一线普通工人都可以进行直接交流。例如,学生陪同村委会书记走访家庭,及时了解居民的需求和困难,做好记录并尝试解决;或者走进工厂车间听取工人们对生产工艺及企业管理的看法,并在后续交流中与企业管理人员深入探讨。"沃土计划"通过与现实紧密结合的实践活动,让学生们在工作和生活中得到锻炼、磨砺,集现实意义与趣味性于一体,对当代大学生综合素质的培养具有重要意义。

"沃土计划"创造的财富,不仅体现为学生实践过程中的感悟与收获,更为政府、企业和学术研究者留下了丰富的调研成果。

结合光华管理学院学生和实践基地的地域特点,所有的社会实践调研课题都从四个方向集中展开。第一个方向定位为精准扶贫,结合学生特点以及当地需要,从某一角度切入扶助当地弱势群体;第二个方向定位为产业发展,通过分析当地市场需求以及自然资源状况,深度调研某一产业的发展潜力,力争将其发展为当地的支柱产业;第三个方向定位为助力企业发展,通过在民营企业挂职调研,发掘企业中存在的问题,提出解决方案,贡献青年智慧;第四个方向定位为文化产业,根据当地文化产业的发展状况和当地优秀的文化传统,对其进行深度探究,并尝试整理出集中保护方案。

在这几期的实践调研中,不断涌现出优秀的调研案例,体现了卓越的实践调研水平。

2013年,揭阳公益事业发展的调研报告,方向独特,结合法律和区域经济发展特点发表了独到的见解。2014年,揭阳电商产业生产链模式升级的调研报告,深入地探究了乡村电商产业发展的现实状况,并对其电商产业发展提出了许多合理化的建议。2016年,我们收获了更多出色的调研成果,4个实践基地各具特色,并且各自的调研报告都围绕明确的主题展开。其中,赴湖南长沙实践团以"创新驱动经济发展"为主题,深入长沙市的各个核心单位,共分为7个小组,分别围绕互联网、国有企业创新发展、经济高新区建设以及小微创业、经济结构改革和文化产业发展做出了全面的调研报告,3名研究生的加入有效地提高了调研报告的学术性和专业性;赴湖北咸宁实践团以"三四线城市经济发展转型"为主题,小组成员深入各层次的不同机构,为咸宁市的经济发展提供了许多建设性的建议,为其经济发展助力献策。

2017年,赴湖南长沙实践团在指导老师黄涛教授的全程指导下,由雷创、王琛两位同学作为领队,在实践期间承担长沙市重大公共政策第三方评估的工作,负责对长沙市自2014年以来实施的"智能制造"方面的重大公共政策进行评估。在长沙市实地调研期间,实践团完成了资料收集、政府访谈、企业走访等工作,为课题组的进一步研究打下了坚实的基础,为长沙市智能制造公共政策评估贡献了他们的智慧。这既发挥了光华管理学院的学术优势,为长沙市的智能制造产业献计献策,也体现了长沙市政府对"沃土计划"的重视和信任,为学生们提供了难得的接触政策制定与评估过程的机会。此外,赴福建泉州实践团在指导老师卢瑞昌教授的指导下,由孙殿咏、卢礼威两位同学作为领队,全团16位同学围绕泉州传统制造业智能化转型、泉州民营企业国际化和美丽乡村提升为美丽经济三个课题,与泉州市政府城市发展研究中心工作人员一同考察调研,运用观察和体验相结合的实践方法,走访了泉州市各区县的多个中小企业,调查了企业的实际发展情况。通过丰富的实地考察,学生们迸发出了强烈的调研热情,并将地区发展现状的研究融入了实践课程,为当地的未来发展转型提出了建设性建议。这些都是"沃土计划"优秀调研成果的集中展现。

在2017年的"沃土计划"中,湖北咸宁、陕西商洛、福建泉州等实践团都在实践地进行了精彩的汇报展示,获得了当地单位的一致好评,很多团队被当地媒体专题报道;暑期结束返回学校后,实践团的成员们进行了第二阶段的思考沉淀,在学术导师的指导下深化课程成果,完成了调研报告。在商洛实践团成果汇报会上,商洛市委常委、常务副市长李豫琦高度评价"沃土计划":"此次商洛社会实践调研的调查数据翔实、问题挖掘精准、分析研判到位、措施建议合理,对促进商洛市经济社会发展具有很强的借鉴指导意义。"

在6年的发展进程中,"沃土计划"实践成果已经被各类地方媒体报道近20次,"沃土计划"也登上北京大学官网,并获《人民日报》发文点赞,得到了多方面的认可和鼓励;2016年"沃土计划"中涌现的优秀团队被北京大学推荐参评首都大学生社会实践优秀成果,"沃土计划"也被评为北京大学优秀青年工作项目。

一代代"沃土计划"学员们积累的调研资料,是"沃土计划"实践成果的重要体现与学生综合素养的集中展示。自2012年启动以来,我们的调研报告已经累计超过250万字,各大核心主题都有三篇以上结构完整、内容翔实的报告。在2016年"沃土计划"总结交流会上,项目导师徐宪平教授说:"'沃土计划'充满激情和活力,光华学子有理想、有情怀、有格局,心中有火,眼中有光,手中有料。"这是对"沃土计划"价值内涵与实施效果的高度评价。我们希望集结这份力量,传递这份理想与信念,将"沃土计划"实践成果升华为系统的、专业的调研资料,面向更多有需要的人,以供参考和借鉴。

在此,我们将2017年北京大学光华管理学院"沃土计划"实践成果集结成册,内容由10位实践团学员亲自编写。在编写期间,学员们与指导老师进行了多次的深入交流,并充分吸收了实践挂职单位的建议与意见,对调研报告进行了细致的修改与完善。本书谨代表2017年"沃土计划"全体师生的共同努力成果,如有不妥之处,我们诚挚地欢迎您提出宝贵的建议。

本书编写组
2019年1月

目录

第一板块 产业转型升级 / 001
- 一、序 / 001
- 二、传统产业转型升级过程中遇到的问题 / 020
- 三、解决方案 / 025
- 四、企业案例 / 031

第二板块 美丽乡村经济转型探讨 / 059
- 一、美丽乡村发展综述与经济转型初步探讨 / 059
- 二、政府主导多元产业布局典型模式分析与对比 / 068
- 三、企业主导重点产业发展典型模式分析与对比 / 115

第三板块 新区建设 / 127
- 一、序 / 127
- 二、国家级新区 / 128
- 三、工业园区 / 155
- 四、特色新区 / 167
- 五、结语 / 194

第四板块 创新创业 / 195
- 一、序 / 195
- 二、政府引导 / 196
- 三、企业崛起 / 213

第一板块 产业转型升级

一、序

1. 国家未来产业发展政策导向

当前,新一轮的科技革命和产业变革之间的互动日益复杂。国际分工格局正在重塑,发达国家纷纷实施"再工业化"战略,以寻找制造业竞争的新的增长点和优势,布局新一轮的贸易投资格局;一些发展中国家也在加紧工业化进程,积极参与新一轮的国际分工,承接国际产业和资本转移,积极开拓国际市场。国际经济形势变化和全球产业再分工对于中国而言既是机遇又是挑战。中国制造业体量比较大,国际出口量大,但仍存在能耗比较高、产业附加值比较低等诸多问题,"大而不强"。中国需要抓住历史机遇,加快转变经济发展方式,加强统筹规划和部署,努力将中国从一个制造业大国建设成一个走在世界前列的制造业强国。

《中国制造 2025》提出:我国需要提高国家制造业创新能力。完善以企业为主体、市场为导向、政产学研用相结合的制造业创新体系。围绕产业链部署创新链,围绕创新链配置资源链,加强关键核心技术攻关,加速科技成果产业化,提高关键环节和重点领域的创新能力。积极推进信息化与工业化深度融合。加快推动新一代信息技术与制造技术融合发展,把智能制造作为两化深度融合的主攻方向;着力发展智能装备和智能产品,推进生产过程智能化,培育新型生产方式,全面提升企业研发、生产、管理和服务的智能化水平。

同时需要重视强化工业基础能力,统筹推进"四基"[核心基础零部件(元器件)、先进基础工艺、关键基础材料和产业技术基础]发展,加强"四基"创新能力建设,推动整机企业和"四基"企业协同发展。提升质量控制技术,完善质量管理机制,夯实质量发展基础,优化质量发展环境,努力实现制造业质量大幅提升。推广先进质量管理技术和方法。建设重点产品标准符合性认定平台,推动重点产品技术、安全标准全面达到国际先进水平。健全产品质量标准体系、政策规划体系和质量管理法律法规。加强关系民生和安全等重点领域的行业准入与市场退出管理。制定和实施与国际先进水平接轨的制造业质量、安全、卫生、环保及节能标准。

　　加大先进节能环保技术、工艺和装备的研发力度,加快制造业绿色改造升级;积极推行低碳化、循环化和集约化,提高制造业资源利用效率;强化产品全生命周期绿色管理,努力构建高效、清洁、低碳、循环的绿色制造体系。推动传统产业向中高端迈进,逐步化解过剩产能,促进大企业与中小企业协调发展,进一步优化制造业布局。持续推进企业技术改造。积极发展服务型制造和生产性服务业。加快制造与服务的协同发展,推动商业模式创新和业态创新,促进生产型制造向服务型制造转变。大力发展与制造业紧密相关的生产性服务业,推动服务功能区和服务平台建设。

　　组织实施大型飞机、航空发动机及燃气轮机、民用航天、智能绿色列车、节能与新能源汽车、海洋工程装备及高技术船舶、智能电网成套装备、高档数控机床、核电装备、高端诊疗设备等一批创新和产业化专项、重大工程。开发一批标志性、带动性强的重点产品和重大装备,提升自主设计水平和系统集成能力,突破共性关键技术与工程化、产业化瓶颈,组织开展应用试点和示范,提高创新发展能力和国际竞争力,抢占竞争制高点。到2020年,上述领域实现自主研制及应用。到2025年,自主知识产权高端装备市场占有率大幅提升,核心技术对外依存度明显下降,基础配套能力显著增强,重要领域装备达到国际领先水平。

　　提高制造业国际化发展水平。统筹利用两种资源、两个市场,实行更加积极的开放战略,将"引进来"与"走出去"更好结合,拓展新的开放领域和空间,提升国际合作的水平和层次,推动重点产业国际化布局,引导企业提高国际竞争力。提高利用外资与国际合作水平。进一步放开一般制造业,优化开放结构,提高开放水平。引导外资投向新一代信息技术、高端装备、新材料、生物医药等高端制造领域,鼓励境外企业和科研机构在我国设立全球研发机构。支持符合条件的企业在境外发行股票、债券,鼓励与境外企业开展多种形式的技术合作。

2. 国家传统产业转型升级主要方向

当前,世界经济正在经历国际产业分工,新一轮科技革命和产业变革的互动日益明显。伴随着欧美发达国家"再工业化"战略的实施和新兴经济体工业化进程的加快,发达国家高端回流和其他新兴经济体低端分流对中国经济转型形成了双重挤压。中国产能过剩日益凸显、人口红利逐渐减弱等问题同样要求中国加快传统产业的转型升级。

产业转型升级的方向选择上,中国需要从单纯地凭借传统的比较优势转向依靠创新优势;从依靠价格竞争转向更多地依靠质量、品牌和服务等竞争,加强产业链的顶层设计,向产业上下游两端延伸,增加产品的附加值,提升国际分工地位;从粗放型发展逐渐转向集约式发展,将产业向绿色生态化转变;加快促进产业向智能化、高端化、生态化、国际化方向发展,全面提高产业的核心竞争力。

（1）产业的智能化

在新一轮科技革命和产业变革背景下,工业化和信息化深度融合,三次产业边界日趋模糊,新技术、新产品、新业态、新模式不断涌现,现代产业体系的内涵正在发生变化。随着信息技术的突破发展、信息基础设施的不断完备,信息和数据逐步成为社会生产活动的独立投入产出要素,对社会经济运行效率和可持续发展发挥着关键作用。通过运用互联网、大数据、人工智能等现代技术,积极推动生产、管理和营销模式变革,实现从用户需求端到产品供给端全链条的智慧化。同时,采用数据和平台新规则加快构建网络化、智能化、服务化、协同化的"互联网+"产业生态系统,逐渐成为产业转型的趋势。

智能制造能够加快信息技术对传统产业的改造,推动三次产业融合发展,实现产业转型升级,促进具有更高生产率的现代产业体系的形成。为此,中国应将产业发展的指导思想由强调增长导向的规模比例关系调整为强调效率导向的产业融合和产业质量能力提升,实现以智能制造为先导,推进现代产业新体系的构建和优化;大力推动基于互联网、大数据和人工智能等技术的制造模式变革,融合网络化制造、ASP（智能制造支撑）平台、物联网和制造网格等技术,实现与制造业企业的无缝对接,加快形成云端制造生态体系;适应互联网时代用户需求主导的大规模生产定制化趋势,实现基于消费需求的智能感知的制造模式变革;推动制造业研发、生产、管理、服务与互联网和智能智造技术的深度融合,推进产品、生产、装备、管理、服务的智能化,提升制造业数字化、柔性化、网络化、智能化水平,重构制造业生态圈。

中国拥有全球规模最大、增长速度最快的智能产业市场,智能家居、智能穿戴、智能汽车、智能装备等都是市场潜力巨大的行业。从 2013 年开始,以智能硬件为核心的智能产业获得了快速起步和发展,不同品类的产品层出不穷,行业呈现出爆发式增长的发展热潮。但是,我们也看到,新兴的智能硬件行业目前尚处在一片"乱序"当中,虽然国内外从事这一领域开发和产品生产的初创企业众多,但是业内也还没有形成统一的关于智能硬件的设备沟通协议和平台。预计从"十三五"时期开始,以云计算、大数据、人工智能为代表的第三次工业革命使得我们第一次和西方工业国家站在同一条起跑线上,参与新一轮智能产业革命的竞争。在未来三到五年的时间里,无论是在金融互联网、车联网,还是智能产品开发和应用领域,随着客户对智能产品体验需求的不断扩大,智能产品市场也将逐步走向规范化和秩序化,价格体制将更加透明,竞争机制将更加有序。同时,从技术、产品、产业链环节、企业、市场格局、资本、政策、载体等维度来看,还将逐步向纵深发展。

智能产业链条将不断拓展和延伸,产业链条横向会由智能硬件等热点领域向智慧服务、智慧城市、智慧旅游、智能制造、智能生活拓展,纵向会由上游的研发设计、生产制造向下游最终的消费者和用户延伸,产业链条将进一步完善。

(2)产业的高端化

产业的高端化是指产业从相对"低端"向以高科技、高附加值、高智力密集性为特征的相对"高端"不断攀升的可持续发展过程。产业的高端化应该从产业的发展状况以及产业发展所需要的外部环境对产业的支撑水平来进行测度。其中,产业的发展状况可以从产业的规模、结构、质量、竞争等角度进行分析,而产业的支撑水平则主要从资源循环利用程度、资源可持续性、环境可持续性以及服务支撑体系来考察。由此形成一套具有系统性、针对性、客观性和可操作性的指标体系,来识别和遴选高端主导产业。产业高端化的目标是推动现有产业向高端产业发展。

目前,中国产业大都处在价值链的低端,特别是研发、设计、核心技术、软件、关键零部件、关键设备和模具、供应链管理、营销和品牌培育等关键环节薄弱,多数依赖进口或受制于人。为了走新型工业化道路、率先建成创新型省份,各地方政府纷纷把产业高端化作为其实现既定战略目标的基本途径之一;在国家层面和地区层面上,也把产业高端化作为走新型工业化道路和创建创新型区域的基本途径之一。因此,我们必须大力推动产业链和价值链由低端环节向高端产品、高端要素、高端服务、高端平台等高端环节深化延伸,通过抢占高端环节,站上价值链高端,实现产业的高端化。

为此,中国应加快提高自主创新能力,突破一批核心、关键特别是共性技术,将技术在全行业加以推广和应用,从而带动整个产业转型升级。建设和完善企业研发平台及载体,引导创新优势资源向产业链上下游企业集聚。以产业链为基础,深入产学研合作,加快构建研发设计、知识产权、科技成果检测、中介咨询等科技服务支撑体系,畅通研发与生产部门之间的沟通交流,实现从研发到产业化的有效衔接。

进一步提升产业链质量,一方面,加快推进优势产业和重点企业的链条向纵向和横向延伸,合理延长优势企业的产业链,加快完善上中下游产品体系,扩大优势企业规模和优势,实现规模效应和协同效应。运用新技术、新管理、新模式等,改造提升传统产业,推动传统产业向高端化方向转型。另一方面,健全和完善企业退出机制,加快淘汰落后产能和"僵尸企业",促进低端产能有效化解,并为优质产能让渡出更多的有效资源。同时,围绕着价值传递和价值创造两方面,着力推进基于信息技术的价值链重构和价值创造环节再造,推动传统产业以价值链重构为核心实现产业升级,加快突破制约产业升级的研发、设计、标准、精密加工、供应链管理、品牌培育、营销等关键环节,加快工艺流程升级、产品升级、功能升级和链条升级,实现价值链跨越提升。

加快推进战略性新兴产业规模化进程,坚持前瞻性整体布局,统筹科技研发、产业化、标准制定和应用示范,完善配套基础设施建设,强化新技术创新与商业模式创新的有机结合,大力发展前景好、容量大、效益高的新产业、新技术、新业态、新模式,培育一批重点企业及项目,实施一批示范应用工程,打造一批战略性新兴产业集聚区,为实现产业高端化创造良好的环境和氛围,激励企业紧跟战略性新兴产业发展的步伐进行产业升级,全面提升战略性新兴产业对产业转型升级的支撑引领作用。

(3)产业的生态化

中国资源环境优势逐渐减弱,产业发展与资源环境的矛盾日趋尖锐化。我们必须大力推进产业生态化进程,切实把绿色发展、循环发展、低碳发展作为基本途径,加快构建资源消耗低、环境污染少的产业结构,形成产业发展与资源环境相协调的局面。切实把生态化理念融入产业转型升级全过程和各个环节,加快发展绿色低碳循环经济,积极推广生态工程、生态设计、工艺设计等技术生态化创新,大力促进农业绿色化、工业循环低碳化、服务业环保化。

加强节能环保技术推广应用,全面推行清洁生产和绿色生产,积极推行低碳化、循环化和集约化,构建高效、清洁、低碳、循环的制造体系。强化产品全生命周期绿色管理,通过绿色设计、绿色采购、绿色制造、绿色营销、绿色处理等价值活动,推动企业打造绿色价值链,实现经济价值和绿色价值的协同创造。加快完善循环经济产业链,创立动静结合的循环产业体系,实现生产过程的减量化、再利用、资源化和无害化。

构建成熟的产业生态系统,对传统产业进行改造和升级,对不同生产体系或环节之间的系统进行耦合,高效地循环和利用资源产品,从而使产业系统能够高效地产出,实现有害废弃物的零排放。因此,可以说,产业生态化不仅能够满足人们对产品和服务的需求,而且还能够在生产过程中最大限度地减少物质资源的消耗,从而减轻在生产和消费过程中对生态环境的污染和破坏。

制定和实施环境准入和淘汰制度,严格把控产业的污染程度。培育生态工业园模式和循环经济产业园区,积极发展循环经济示范企业,大力推进重点行业、重点领域循环经济的发展。加快清洁能源和新能源技术开发、装备研制及大规模应用,推广节能新技术和节能新产品,加快高耗能行业的节能技术改造。通过建立产业生态系统吸引优势企业向生态产业园区聚集,在生态产业园区合理优化生产要素,并且使优势企业的关联企业也向生态产业园区聚集,集中治理、综合利用污染物和废弃物。同时,要求企业严格实施能耗标准,淘汰那些对环境破坏较大的落后工艺、落后技术、落后产品。对一些能耗高、污染重的传统产业进行整合改造,鼓励绿色环保、高能低耗产业的发展。

(4)产业的国际化

树立全球化的战略思维,准确地把握国际产业发展新趋势,培育和强化新的竞争优势,在合作中提升产业的创新能力和全球竞争力。把握经济全球化的新特点,积极探索合作新模式,在更高层次、更大范围、更宽领域、更高标准上参与全球的产业竞争与合作,通过全球资源利用、业务流程再造、产业链整合、资本市场运作等方式,在世界范围内寻求要素的最佳组合和资源的最优利用,整合和集成世界性的创新资源,推动产业国际合作由加工制造环节为主向合作研发、联合设计、市场营销、品牌培育等高端环节延伸,在合作中提升产业的核心竞争力。

加快"走出去"步伐,积极引导产业龙头企业"走出去",推动企业在境外开展并购和股权投资、创业投资、联合经营,设立分支机构、研发中心、实验基地以及全球营销和服务体系。鼓励优势企业加快发展国际总承包、总集成,带动包括装备、技术、标准、品牌在内的产业输出,不断提升中国产业的全球影响力和竞争力。

加快实现引资、引智、引技相结合,鼓励外商投资战略性新兴产业、高新技术产业、现代服务业;加强与世界一流跨国公司的合资合作,吸引资金、先进技术,尤其是要吸引跨国公司在国内设立研发中心、采购中心、管理中心;促进外资企业与本土企业之间的融合,实现外资企业本土化,弥补国内产业核心技术的空白。

加强产业国际深度合作,加快在国内建设开放实验室、产业创新联盟、创新孵化器、集成创新网络等多种模式的步伐,加强与国际大企业、研究机构和大学之间的战略合作。面向全球提供产业云、供应链管理、大数据分析、网络协同设计、精准营销、增值服务创新、品牌推广等服务,培育具有全球影响力的"互联网+"应用平台,进一步增强整合和利用国际创新资源的能力,提高国际化经营能力和服务水平。

3. 实践调研重点产业发展现状分析

3.1 新能源汽车

(1)全国新能源汽车产业发展情况

新能源汽车产业链在中国逐步发展完善,产业链上游产业为锂电池正负极材料、电解质材料等行业;中游产业为电池、电机、电控、零部件等行业;下游产业为整车制造和充电桩行业,其中,整车制造行业又可细分为乘用车、商用车和专用车。

从全国层面来看,目前中国新能源汽车产业发展势头良好,新能源汽车的产量、销量均占到全球的50%以上,在许多领域领先世界。这在很大程度上得益于政府对该产业的扶持政策。目前,中国在新能源汽车的生产、销售、服务、运营、监管等各个环节都有配套政策支持,且这些政策与企业的发展方向之间也能保持高度的一致性,这就为企业以及整个市场的发展带来了极大的便利。

站在实践团的时间点上来看,2015年,中国新能源汽车呈现爆发式增长,产量达34.0万辆,同比增长3.4倍,中国也成为全球最大的新能源汽车增量市场。中国汽车工业协会数据显示,2016年1—10月,新能源汽车生产35.5万辆,销售33.7万辆,同比增长77.9%和82.2%。2017年是新能源汽车的播种年,政策布局完成,产品重新调整定型,上半年将迎来波谷,下半年基本面将逐步好转,全年销量达到60—70万辆。2011—2016年中国新能源汽车产销量如图1.1所示。

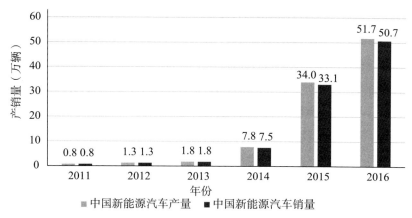

图1.1　2011—2016年中国新能源汽车产销量

资料来源:作者根据相关资料整理绘制。

发展新能源汽车,不仅仅是出于对环境保护、"两型社会"建设等方面的考虑,更是为了使中国能够在本来并不算占据优势的传统燃油汽车制造领域实现"弯道超车"。国内汽车品牌,尤其是自主品牌、民营品牌,更加有激励主动发展新能源汽车行业,以实现对国外领先汽车品牌的超越。2016年国内汽车品牌新能源乘用车销量前十如图1.2所示。

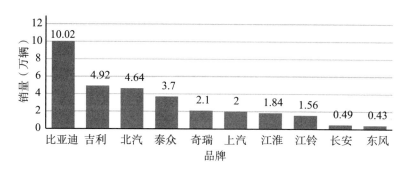

图1.2　2016年国内汽车品牌新能源乘用车销量前十

资料来源:作者根据相关资料整理绘制。

（2）长沙市新能源汽车产业发展情况

为促进节能减排,优化能源消费结构,推进城市空气污染治理,不断改善城市人居环境,加快新能源汽车产业发展和"两型社会"建设,长沙市政府于2014年出台了《长沙市人民政府办公厅关于新能源汽车推广应用的实施意见》(以下简称《意见》),并于 2014 年 11 月 16 日起实施。

《意见》是长沙市人民政府根据国家对新能源汽车行业发展的阶段规划而配套制定的。截至目前,国家层面的相关政策布局经历了三个阶段。2009—2012 年是新能源汽车发展的试点示范阶段,该阶段先后确定了 3 批次共 25 个新能源汽车试点城市,其中,长沙市在第 1 批即被列入;2013—2015 年是新能源汽车发展的示范推广阶段,该阶段共确定了 88 个新能源汽车示范推广城市;目前(2016—2020 年)正处于第三阶段,在该阶段,预期新能源汽车行业将会加速发展。

《意见》作为长沙市在 2013—2015 年示范推广阶段内对本市新能源汽车发展做出的总体布局,指出了在该阶段推进新能源汽车行业发展应秉承的几大原则:政府推动、市场运作、突出重点、引导消费、培育产业。

长沙市新能源汽车产业总体发展势头较好,在全国也走在前列。在新能源汽车生产企业方面,长沙市有比亚迪、众泰、广汽三菱、梅花汽车等重点龙头企业,其中,比亚迪更是将长沙公司作为其在全国新能源汽车领域布局的一大重点。目前,长沙市的多数新能源汽车生产企业都是由传统的汽车行业中较强的企业转型而来的,有着较好的汽车生产工业基础。除新能源汽车生产企业之外,新能源汽车产业的上游配套企业在长沙市也有布局,如电机电控、动力电池、电池材料生产企业等,在一定程度上做到了零配件本地化生产。

(3)赣州市新能源汽车产业发展情况

江西赣州新能源汽车相关行业依托《国务院关于支持赣南等原中央苏区振兴发展的若干意见》(国发〔2012〕21 号),结合自身优势,着手引入整车行业企业,以带动赣州新能源汽车产业链的形成。目前尚处于初期建设阶段。

截至目前,赣州经济技术开发区现有新能源汽车及关键零部件企业 32 家,主要产品为整车、动力电池、驱动电机及变速器等配套产品。全区 18 家新能源及新能源汽车产业规模以上企业 2016 年实现主营业务收入 45.01 亿元,比 2015 年净增 6.5 亿元,同比增长 16.9%,利润总额达 5.48 亿元。2017 年 1—5 月实现主营业务收入 25 亿元,同比净增 8.5 亿元、增长 52%,增速较快。其中,整车行业企业共 8 家,投产的整车行业企业主要有赣州恒玖电气有限公司、赣州市亿源机械设备有限公司、江西蓝天路之友环卫设备科技有限公司、赣州汽车改装厂等,主要产品为纯电动乘用车、纯电动物流车、纯电动环卫车、低速货车等,已形成年产 6 万辆整车的生产能力。

（4）新能源汽车的发展瓶颈

安全问题：作为新能源汽车核心科技的电池技术还存在不足，质量要求和监测工艺有待进一步加强，制约了新能源汽车的发展。

政策补贴问题：政府补贴力度与企业发展需求有错配，并且政策的稳定性与确定性变数也在一定程度上影响了企业的发展。

技术问题：充电设施和锂电技术两个方面的不完善使得新能源汽车的应用和推广受到了极大的限制，配套设施和核心技术有待进一步完善。

（5）新能源汽车的发展前景展望

新能源汽车可以降低汽车行业对不可再生能源的依赖，同时减少对环境的污染，其研发和产业发展得到国家的大力资助和推动。但随着近年来的示范运营，新能源汽车的短板也随之凸显。就目前状况来看，国内纯电动和插电式混合动力汽车产业化程度仍较低，技术较为复杂，导致产品成本较高、储能装置的可靠性及安全性较差，社会配套体系不完善，这些问题导致新能源汽车在很长一段时间内未形成自己的市场，社会认可度较低。新能源汽车行业的蓬勃发展是大势所趋，作为国家战略的新兴产业，其发展方向不会改变。

3.2 智能制造

智能制造是基于新一代信息技术，贯穿设计、生产、管理、服务等制造活动各个环节，具有信息深度自感知、智慧优化自决策、精准控制自执行等功能的先进制造过程、系统与模式的总称，通过形成高度灵活、个性化、网络化的生产链条以实现传统制造业的转型升级。其核心逻辑是由分布在节点处的传感器采集数据，通过通信网络传输，对数据进行分析以获取有价值的信息，并最终用于优化制造业的研发、生产、运输、销售等环节。

（1）全国智能制造发展现状

制造业是国民经济的主体，制造业强则实体经济强。当前，世界新一轮产业变革正在孕育、兴起，数字化、网络化、智能化、服务化已成为制造业发展的主流，生产智能化和生活智慧化创造、发展了新需求。发达国家围绕着智能制造展开了新一轮的竞争，重构生产模式和组织方式，重塑全球经济发展新格局。

随着近几年中国经济进入新常态，原材料价格持续上涨，劳动力成本高企，传统制造业面临不断压缩的利润空间和愈发激烈的市场竞争。相比之下，智能化的新制造能够对整个生产过程进行实时监控与数据采集，通过数据分析并规划自身行为,以实现生产流程智能化,更合理地分配闲置生产资源,提高生产效率,其核心是采用物联网与人工智能等技术手段对数据进行采集和处理,并将其应用到制造的具体环节。

(2)长沙市智能制造发展现状

从顶层规划来看,自"中国制造2025"国家战略发布以来,长沙市即出台了以《长沙智能制造三年(2015—2018年)行动计划》为核心的规划;2016年10月,长沙市编制了《国家智能制造中心创建方案》(以下简称《方案》),2016年12月,长沙市成功获批"中国制造2025"城市试点示范,提出打造"135工程"现代产业转型升级规划体系,全面推进国家智能制造中心城市建设。《方案》是《长沙智能制造三年(2015—2018年)行动计划》的进一步深化落实,进一步明确了长沙市工业转型升级路径,即以智能制造为统领,推动传统产业转型升级;以市场换产业,培育智能制造装备产业;紧跟和引领国际国内发展趋势,抢占战略性新兴产业制高点;有所为有所不为,培育一批具有核心竞争力的基础材料和基础零部件(元器件)企业,打造国家智能制造中心,率先建成智能制造强市。

经过改革开放以来40年的发展,湖南已成为国内制造大省,较为完善的电子信息产业基础和工业体系为智能制造发展提供了良好的产业支撑和市场空间,国际上信息技术与制造技术深度融合带来的制造业变革,以及中国"四化同步"发展带来的需求扩张和消费层次提升也为全省智能制造发展提供了良好的机遇。

与此同时,全省制造业发展仍面临严峻的挑战,在创新能力、产品质量和品牌、产业结构、信息化水平等方面与世界先进水平仍存在较大差距。关键技术、核心部件对外依存度较高,自主品牌企业尚未形成规模、缺乏核心竞争力。同时,劳动力成本上升、土地资源和环境要素约束加剧等因素迫使全省制造业必须加快向"创新驱动"转型,向数字化、网络化、智能化、服务化升级,由"制造"转向"智造"。长沙市作为湖南省省会,即将形成"万亿级"经济体量、特大型城市格局,全国交通枢纽地位更加巩固;三大战略平台、五大国家级园区与二十多项国家级试点相互叠加。在推进智能制造方面,长沙市具有"五大优势",即顶层规划逐步完善,政策配套系统跟进;传统产业持续转型,新兴产业快速发展;创新平台日益丰富,双创载体遍布全市;试点示范逐步实施,智能制造深入推进;社会影响显著提升,行业认知深入人心。

（3）泉州市智能制造发展现状

在智能化势在必行的趋势下，泉州市结合"中国制造 2025"的总方略，加强实施自身作为"中国制造 2025"城市试点示范特殊地位的各种策略，制定了到 2019 年时的"泉州制造 2025"的基本目标：创建形成轻重并举、三产繁荣、深度融合的现代制造业体系，实现战略性优化调整，融合现代制造业体系、产业结构、技术创新、空间布局，使得全市的经济效益和质量都能有新的提升和飞跃。

泉州市为加快推进传统制造业智能化转型，推出了一系列相关政策，发挥了政府统筹协调、财政扶持、宣传引导、督查评估等职能，从政策上对产业转型进行了积极的引导，促进了传统制造业智能化转型平稳快速进行。

总体上，泉州市政府颁布了《泉州市创建"中国制造 2025"城市试点示范实施方案》，指出贯彻落实制造强国战略，积极对接国家"一带一路"倡议，以创建"中国制造 2025"城市试点示范为契机，明确提出了两大发展方向：增强创新动力，推进信息化和工业化深度融合，以及增强改革动力，提高产业供给体系的质量和效率。其中，智能制造就是实现目标的重要途径，政府通过推动传统产业智能发展、实施国家"数控一代"示范工程、强化工业基础能力、完善智能制造公共平台等措施，推进了生产过程的智能化、制造装备的数控化以及智能产品的研发。新型生产方式的培育，全面提高了企业研发、生产管理和服务的智能化水平。

3.3 民办教育产业

（1）产业概述

教育产业化大致源于 20 世纪 90 年代初，其时代背景为十四大确立了建立社会主义市场经济体制的目标模式，中共中央与国务院为加快发展第三产业，将教育列为对国民经济发展具有全局性和先导性影响的基础性产业。其后，随着知识经济时代的到来，高等教育逐步出现了向产业化发展的客观趋势，教育作为文化产业的一部分与其他产业形成产业链成为势不可挡的发展趋势。

（2）产业前景

中国教育产业均处于扩张阶段，且产业总体规模将在 5 年内翻倍，即从 2015 年的 1.6 万亿元增长至 2020 年的 3 万亿元左右，年均复合增长率将高达 12.7%。在政策利好、全面二胎政策放开、家庭教育观念转变等多重要素助推下，教育产业成为中国经济转方式、调结构的重要驱动力之一。教育产业具有光明的发展前景和巨大的发展空间，同时伴随着国家经济进入新常态，教育产业总体上也呈现出新的发展趋势。

（3）教育转型背景

中国教育正在面临一系列转型：

一是从生存型教育向发展型教育转型。在生存型教育阶段，人们追求的是"有学上"。经过40年的改革和发展，中国各级及各类教育普及程度不断提高，人民群众的教育机会不断扩大，初步解决了长期存在的教育机会不足问题。发展型教育是要为每个孩子的发展提供适合的教育，促进每个孩子的健康成长。这才是中国教育改革和发展永恒的主题。

二是从以农村教育为主向以城镇教育为主转型。当前，伴随着城镇化进程，中国教育资源配置空间布局正处于重大调整的过程当中，逐步从以农村教育为主转向以城镇教育为主。这意味着中国教育文明形态必然面临从传统农业文明阶段教育向现代工业文明阶段和后工业文明阶段教育转型的巨大挑战。为应对这一挑战，需要尽快完成从知识本位的传统教育到能力本位的现代教育的转型，并进一步适应后工业社会的挑战，加快从能力本位教育到个性本位教育的转型。

三是从同质化教育向个性化教育转型。中国的现代化具有第一次现代化与第二次现代化叠加的特征，既有先发现代化国家的特征，又有先发现代化国家后工业化社会的特征。这意味着，中国的教育改革和发展必须尽快从培养目标定位的同质化、资源配置的统一化向培养目标定位的个性化、资源配置的个别化转型，教育资源配置方式面临重大挑战。

四是从手工教育向现代智能教育转型。随着在线教育、翻转课堂、微课程等以网络信息技术应用为支撑的新教育模式在中小学教育中的大量运用，以及大数据、云计算、互联网、物联网技术在教育评价与管理中的运用，一种新的教育形态——智能教育正在向我们走来。说到底，智能教育是要用现代信息技术和人工智能技术武装教育，最大限度地提高整个教育的智能化水平。

（4）新修订的《民办教育促进法》对民办教育产业的意义

具体来说，新修订的《民办教育促进法》对民办教育产业具有以下意义：

有利于破解民办教育发展瓶颈，使民办学校的法人属性、产权归属等方面存在的问题和矛盾，在法律层面得以澄清和解决。

有利于按照民办学校的法人属性，分类落实财政、税收、土地等方面的扶持政策，进一步调动社会力量兴办教育的积极性。

有利于拓展民办教育的发展空间，丰富了教育的提供方式，有助于更好地满足人民群众多样化、选择性的教育需求。非营利性民办学校可以获得政府更多的扶持,提高办学质量,培育一批高水平的民办学校;营利性民办学校可以利用市场机制,创新教育产品,增加教育供给。

健全了民办学校学生的资助制度,规定了非营利性和营利性民办学校在财政、税收、土地、收费等方面的扶持政策,特别是规定了非营利性民办学校与公办学校在税收、土地等方面享有同等的政策,明确了鼓励的方向。

进一步健全了民办学校的内部治理结构,优化了监管措施,建立了民办学校信息公示和信用档案制度,充分发挥了社会监督的作用,有利于营造公平、公正的发展环境。

2015 年中国民办与公办办学数量对比如图 1.3 所示。

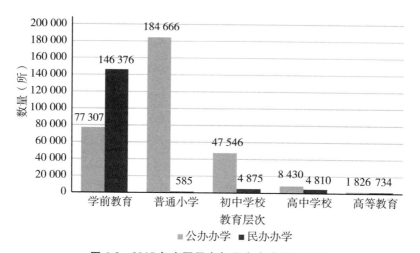

图 1.3　2015 年中国民办与公办办学数量对比

资料来源:作者根据相关资料整理绘制。

3.4　文化旅游产业

低碳经济时代,文化和旅游两大产业逐渐成为世界主要国家优先发展的"绿色朝阳"产业。党中央提出"要推动文化产业与旅游、体育、信息、物流、建筑等产业融合发展"。作为中国大力扶持发展的第三产业新模式,文化和旅游两大产业的融合发展对促进整个国民经济的发展升级和结构转型有着重要意义。

文化旅游产业是一个跨行业的朝阳产业,在经济社会发展中起到至关重要的作用,不仅对经济结构调整、区域经济协调发展、扩大对外开放具有重要作用,而且是满足人民群众日益增长的文化需要、提高人民生活水平、构建和谐社会、实现全面协调可持续发展的重要途径。随着经济社会的不断发展和人民生活水平的不断提高,旅游成为一种时尚,文化旅游产业微信公众平台整合丰富的文化旅游资源已经成为发展的现实优势,发展文化旅游产业的条件已经成熟。

(1) 国内旅游业现状

站在实践团的时间角度看,2016 年,在国务院、国家旅游局、其他相关部门的政策支持下,国内旅游业蓬勃发展,健康旅游、生态旅游、精品旅游、特色旅游、全域旅游百花齐放。2016 年中国旅游业对国民经济的综合贡献率达 11.01%、对社会就业的综合贡献超过 10.26%,旅游业正成为"稳增长、调结构、惠民生"的重要力量。国内旅游业方面,2016 年全年,国内旅游业收入为 3.94 万亿元,增长 15.19%(见图 1.4)。国内旅游人数和旅游业收入增速双双上升,国内旅游业景气度回升。2016 年,城镇居民出行 31.95 亿人次,花费 3.22 万亿元,分别增长 14.03% 和 16.77%;农村居民出行 12.4 亿人次,花费 0.71 万亿元,分别增长 4.38% 和 8.56%。从旅游人数和收入构成来看,城镇居民国内出行占比达到 71.96%,旅游支出占比达到 81.73%,是国内旅游的主力军。

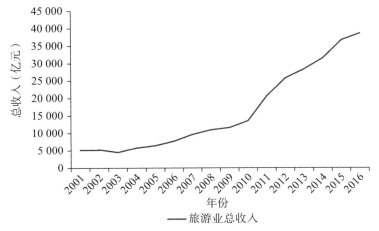

图 1.4 2001—2016 年中国旅游业总收入

资料来源:作者根据相关资料整理绘制。

(2) 云南腾冲旅游业现状

云南腾冲旅游资源特点突出、个性鲜明,不仅部分旅游资源品味极高、规模较大,且分布相对集中,而且总体来说旅游资源保护较好。近年来,一方面,腾冲旅游业发展迅速,凭借得天独厚的资源优势和区位优势已经取得良好的成绩;但另一方面,旅游资源的开发及利用尚处于较为初级的层次,有待进一步提高。

腾冲境内的旅游资源呈现出自然资源丰富、独特,文化资源多元融合的特点。由于地处亚欧大陆板块与印度洋板块的交接之地,地质运动频繁,火山景观层出不穷,规模宏大,为国内罕见,与之相伴的地热资源也较为丰富,诞生了为数不少的优质温泉。文化资源方面,在和外界的交往之中,中原文化、南诏文化、抗战文化、异域文化以及边地的少数民族文化相互碰撞、融合,形成了具有多元文化特点的"腾越文化",而其核心则是具有浓浓历史感的侨乡文化。

(3)发展趋势

在消费结构改变以及近几年私家车迅速增多的背景下,周边游成为将旅游生活化的重要方式,这不仅降低了消费者的时间成本,而且多元素的体验项目侧面激发了旅游消费需求。数据表明,中国每年30多亿人次的旅游者中,1—3日周边短途游的比例占七成以上,一些符合当季、较有节日气氛又适合家庭出游的主题,如乐园、古镇、祈福、温泉等最受周边游市民的青睐。以2017年五一小长假为例,由于前后不好拼假,短线游和周边游成为出游的主力军,周边游出游人数占比40%,套餐预订量同比增长2倍。以2017年十一黄金周为例,周边游市场占比超过70%,同比增长约15%,以国民休闲旅游消费为主线的消费模式表现出强劲的增长势头。

4. 调研过程

4.1 福建泉州实践团

2017年6月28日至7月12日,福建泉州实践团前往福建泉州、厦门、晋江、石狮、南安等地调研。本次实践共分为三个课题组,分别为"传统制造业智能转型""民营企业国际化"以及"美丽乡村建设"。

近年来,在传统制造业产能过剩持续深化、发展模式逐年式微的背景下,扎堆于传统制造业领域的众多泉州企业主动寻求智能化转型。在此次实践中,课题组走进丰泽、洛江、南安等地,与政府、企业等多方面一同调研传统制造业智能化转型取得的阶段性成果,通过对传统制造业的分析以及对智能化转型的解读,给出了对传统制造业智能化转型问题详细的对策和建议。

泉州具有侨胞众多的优势,依靠侨资、侨力大力兴办以股份合作制为主的乡镇企业,形成了多种经济成分共同发展和"小商品、大市场"的经济格局。如今,如何利用好"一带一路"的战略契机,加快民营企业国际化战略部署,成为泉州市政府和民营企业所面临的重要问题。在此次实践中,课题组走进晋江、石狮、丰泽等地,针对这一问题进行了深度的调研与思考。

课题组还走进永春县,调研了农村经济发展现状,并详细地分析了美丽乡村和美丽经济二者之间的关系,针对如何将美丽乡村建设与农村经济建设结合起来提出了意见与建议。

4.2 云南腾冲实践团

2017年8月,实践团成员在半个月的时间里到云南腾冲的火山热海旅游区、玛御谷温泉小镇、云峰山景区三地进行了挂职调研,深入地探究了腾冲市旅游业的发展。

此外,实践团成员还针对腾冲市高黎贡山茶面向全国推广销售的困境进行了调研,旨在为打造腾冲城市符号、带动当地经济发展贡献自己的一份力量。从宏观的角度,实践团成员又对整个腾冲市的茶叶公司市场占比进行了调查。成员们发现,当地茶叶市场的主要问题在于消费者群体分布不均、公司之间竞争过于激烈。之后,实践团成员又进一步地同高黎贡山生态茶业有限公司的管理人员就茶叶主营市场问题进行了深入的探讨。成员们发现,该公司在产品质量、客户群体定位、宣传等方面存在问题,并提出了相应的建议。

此外,为了迎合腾冲市本身建设旅游城市的目标,成员们也提出了"茶旅游带动茶销售"的宏伟构想。实践团成员们在对腾冲市的几家茶叶公司进行了多方面的调研分析后,明确了腾冲市茶叶消费者固化、品牌效应不强等问题,并有针对性地提出了提高网销、发展新媒体、同旅游业共发展等诸多建议。

4.3 重庆实践团

2017年7月4日至7月20日实践期间,重庆实践团成员先后前往江北嘴、重庆工商大学融智学院、云教育产业园、巴川中学等地参访,随后又分别在教育商学院、教育 MALL 等地进行挂职,以深入地了解新鸥鹏集团内部的运作模式和存在的问题。

实践团成员在深入地研究了公立学校与新鸥鹏旗下的巴川中学在薪酬、职称等制度方面的差异后,结合现代的知识型员工理论,提出了民办学校在师资吸引上的诸多优势,为民办学校的教师招聘指明了方向。同时,实践团成员在实践中还为民办学校量身打造了一套创新多元激励机制,并进行了富有创见的薪酬设计,为提高教师教学积极性以期提高民办教育质量做出了努力。

随着教育产业化趋势日益明显,新鸥鹏集团决心打造教育综合体,联合台湾文化大学实施了华冈教育 MALL 战略。实践团成员既为崭新的办学理念所吸引,也从理性的角度出发,对其中一些执行层面的措施提出了疑问,并将其及时反馈给企业。

在教育产业化炙手可热的背景下,市场竞争也愈加激烈。如何应对严峻的市场形势,已经成了摆在新鸥鹏集团面前的一道难题。实践团成员们通过实地调研,对其教育与地产相结合的策略有了更深入的了解,也从理论上论证了巴川中学开分校不会稀释教育资源这一事实。就如何应对新政策所带来的变化,实践团成员们也结合欧美的先例,分析了政策本质,为企业决策提供了宝贵的意见。

4.4　广东南沙实践团

2017年8月,实践团成员来到了珠江三角洲的最后一块空地——广东南沙,围绕着"跨境租赁发展""资产管理行业""邮轮游艇业"三大主题进行了实践探索。实践团成员在对出租人融资渠道、风险、外汇管理、融资租赁公司监管以及税收政策五方面进行研究后发现,跨境租赁行业欣欣向荣的发展态势背后依然存在自贸区非金融租赁公司融资较为困难、风险过大、金融人才资源短缺等问题。对此他们也提出了自己的建议,例如政府成立专家团队进行调查,通过风险评估、风险分散等方式实现风险最小化,健全税务风险防范的监督体系和税务会计体系等,为人才提供更多的深造发展机会并加强金融机构的引入,等等。

实践团成员此次重点研究了对标地区的成功经验与措施,并收集和研究了纽约、伦敦、上海等地的金融产业集群和集聚模式,提出了适用于南沙地区的特色模式。除此之外,实践团成员还提出了有针对性的建议,例如对个人和金融企业实施税收优惠与奖励,简化注册等流程和手续,放宽投资准入,加强粤港澳联通互动与人民币跨境活动,设立资产管理行业母基金,等等。

针对南沙市发展迅速的邮轮游艇业背后存在的相关法律法规尚不健全、给海上救援带来压力、盈利能力低、本地游艇制造业较为落后等问题,实践团成员在广泛查找资料并实地考察后,提出了加强管理、完善相关法律法规、以创新提高盈利能力、大力宣传游艇旅游业、采取会员制营销方式、缩短营业周期等具体建议,为南沙市邮轮游艇业的健康发展献计献策。

4.5　湖南长沙实践团

2017年7月26日至8月11日,实践团成员前往湖南长沙进行深入调研,对长沙市公共政策进行了第三方评估。通过走访长沙市政府,向长沙市经信委、长沙市发改委、长沙市科技局等多个政府部门收集相关政策文献,实践团成员对政府部门的组织体系、运作模式等有了更全面的了解,并深入地体会了政府部门的工作方式,政府与园区、企业的衔接途径,清楚地观察了上级政策从拟定到下发、制定细则到逐层审批,最终发挥作用的全过程。

实践团成员针对制造业面临的主要挑战,如政策体系不够完善、产业差异化程度较大、技术发展程度有限等问题提出了自己的建议,如加快智能化基础制造、培育发展系统集成与应用,以及推动重点领域智能化转型。

在实际调研过程中,实践团成员走访了长沙市经信委装备与汽车工业处、长沙市发改委、长沙市智能制造研究总院等单位。为了能够从更广泛的角度深入地了解长沙市新能源汽车从生产到销售的整体情况,成员们有针对性地走访了长沙市比亚迪汽车有限公司。面对新能源汽车推广工作中存在的问题,实践团成员建议从产品的生产环节和汽车的销售环节这两大方面着手解决。

4.6 江西赣州实践团

实践团成员于2017年7月抵达江西赣州,进行了为期两周的实践。在这两周里,实践团成员走访了赣州各大县市,对稀土、新能源汽车等不同产业进行了深入的调研。

实践团成员先后在赣州市区、赣县区、定南县走访了多个与稀土相关的政府部门和企业,并尝试分析了存在的如高端营销人才匮乏、企业同质化明显等问题。

从赣州市到全南县再到瑞金市,实践团成员以每天4—6个访谈会议的频率走访调研了产业基金运转所涉及的各个环节。在调研过程中,实践团成员不仅对全南、瑞金乃至整个赣州的投融资模式有了相对全面的了解,而且也发现了资金运作过程中从融资平台到企业存在的一些问题。

此外,在走访调研江西李氏王朝家具有限公司、崇义章源钨业股份有限公司等当地著名相关企业后,实践团成员思考了民营家族企业向高端百年老店跨越提升的新途径。在赣粤地区众多电子信息产业面临发展瓶颈的背景下,实践团成员通过参访龙南县企业吸取了经验,在信丰县找到了阻碍发展的主要因素,从而提出了带动整个赣粤地区电子信息带发展的建议。

这次走访调研,实践团成员不仅从政府宏观层面了解了当地将新能源汽车作为首要产业进行扶持和发展的相关政策,走访了相关企业,寻找企业面临的问题和发展方向,还来到了江西理工大学,着眼于产业链中最为关键的核心技术,重点关注高校与企业以及科技的创造与投产之间的联系。

二、传统产业转型升级过程中遇到的问题

1. 核心技术与智能制造相比仍有差距

科技是第一生产力。传统产业转型升级过程中,开发和掌握核心技术是关键环节(传统产业转型升级存在的问题如图1.5所示)。企业需要积极地进行自主研发和从外部引入技术,提高研发投入,进一步优化产学研一体化模式;提高企业和产品的技术水平,加快产业的智能化进程。目前企业的核心技术与智能制造之间仍存在较大差距。

图1.5 传统产业转型升级存在的问题

1.1 未掌握相关领域核心技术

产业转型升级过程中,掌握核心科技、创造技术优势是传统产业应该努力的方向,唯有实现技术上的飞跃、不断创新发展才有可能在激烈的市场竞争中屹立不倒。然而,目前传统产业对相关领域核心技术的掌握程度还远远不够,作为核心竞争力的新技术发展程度低、势头弱,远远无法满足不断升级的消费需要和竞争需求,技术层面的漏洞亟待填补。

(1)新能源汽车产业技术

以江西赣州新能源汽车产业为例,赣州市新能源汽车产业发展受汽车核心科技影响极大。例如,作为主流的动力锂电池技术路线在安全性和稳定性方面仍然存在相对劣势,电池管理系统质量要求和检测工艺还有待进一步加强;充电设施建设速度不及预期等。

(2) 智能制造行业技术

以福建泉州传统制造业智能化转型为例,泉州目前高新技术产业发展不足,在很大程度上归咎于高级技术人才紧缺,主要或核心技术基本依靠引进,目前仍处于技术消化阶段,这使得其实现技术赶超仍有一定难度。

1.2 研发投入不足

地区经济总量与研发投入并非同步增长,研发投入的增长往往落后于地区经济发展,这将导致企业没有足够的资金引进先进的研发设备和培养先进的研发团队,严重制约了企业自主研发的进程。

1.3 产学研模式成效不够显著

企业与高校对接平台不完善,无法实现有效对接的问题,导致企业在产业转型升级过程中巨大的技术需求得不到满足,高校与科研机构的创新研究成果与企业需求脱节,科技成果转换效率较低。

1.4 技术引进困难

企业研发所需的技术并不全部来自企业自身,在从外部引进相关技术的过程中,存在企业需求与科研机构无法有效对接、引进技术磨合期长、实际成本高等问题,制约了技术引进的实际作用。

1.5 企业自主研发意识欠缺,创新目标和方向不明确

以福建泉州传统制造业智能化转型为例,不少企业对智能化转型的理解存在战略误区,对当前盈利空间的满足与对转型成本的错误判断致使企业自主研发意识淡薄,这在很大程度上将会降低原本就不多的自主研发的投入效率。此外,企业科技发展规划编制的科学性、针对性有待加强,重点不突出,没有明确的目标,企业无法形成重点关键共性技术和自主知识产权。

1.6 与互联网技术的融合尚待改进

传统产业在融入时代浪潮、应用热点科技方面有所进步,但在线上线下协调合作、开发线上新产品线、完善线上服务与线下配套设施等方面仍乏善可陈,亟待与互联网技术的进一步融合。

1.7 自主研发产品市场开拓难度大

企业自主研发产品的市场开拓难度普遍较大,消费者的接受需要过程,相较于传统的强势产品或知名品牌,新产品周期一般较长,提高自主研发产品的渗透率对大多数中小型企业来说存在困难,故在这些企业中,研发中心的建设程度往往有限。

2. 金融配置仍有诸多不合理、不平衡之处

金融机构在市场资源配置过程中发挥着重要作用,承担着经济调节、资源配置、风险管理等功能。金融机构同样承担着促进经济均衡协调发展、提高社会福利等社会责任,要求保持经济利益和社会责任之间的平衡。我国应适当降低中小企业的借贷门槛和成本,拓宽企业的融资渠道,促进具有发展潜力的中小企业的发展。目前,我国的金融配置仍存在以下问题。

2.1 金融机构向中小企业放贷成本较高

金融机构向中小企业放贷所涉及的经营成本大大高于大型企业,"亲大远小"倾向突出,金融机构之间缺乏充分的竞争机制,不利于中小企业融资。

2.2 外部性困难提高融资难度

在经济下行压力下,一方面,企业投资收益率降低,资金周转速度变慢,贷款无法及时、足额偿还,导致银行资金不能及时收回,形成大量资金沉淀,产生融资"沉淀效应";另一方面,大量陷入房地产和民间借贷等资金困境的大型企业集团流动性风险凸显,为确保不发生资金链断裂,也借助多种渠道,不惜以较高价格吸收相当数量的资金,又对中小企业融资产生"挤出效应"。

2.3 中小企业融资渠道相对单一

融资需求最高的中小企业受到自身规模与发展水平的限制,难以满足上市条件,使得各类融资缺乏退出通道,市场化融资困难;财务制度不完善,盈利期望低,很难达到基金公司的融资标准;融资渠道局限于银行贷款和民间借贷,难以通过信托融资、债券融资、股票融资等方式来募集资金,融资租赁等金融工具发展滞后、风险投资市场不够完善等因素也客观地制约了融资渠道的多样化发展。

2.4 民间借贷不够规范

民间借贷虽然能够满足中小企业一时的融资需求,但存在高成本带来的还贷恶性循环,且法律规范欠缺,容易引发债务纠纷影响社会治安等。

2.5 经费扶持政策设计问题

为了促进企业提高自主创新能力,国家和地方政府制定了多种财税优惠政策,而实际上,很多补贴资金都未能及时到位,如部分项目申报的补贴;同时,税收优惠政策也在一定程度上存在未能落实的情况,如目前很多企业给予研发人员的奖励(如股权奖励),在个人所得税上无法与非企业法人享受同等待遇获得减免。

以湖南长沙北斗产业为例,政策中提及设立北斗产业发展专项资金,但由于

市级政府预算有限,未能从资金池中划拨一块专门支持北斗产业发展,因此,相关企业只能通过小微企业或科技创新项目等渠道获得资金支持。同时,北斗产业技术门槛较高,研发成本较大,所需资金更多,在有些企业中,研发投入甚至占总成本的 70%。资金缺口大与政府资金不到位的矛盾,是大部门中小北斗企业共同面临的问题之一。

3. 部分人才类型分布不均

人才是创新发展的根基,是增强企业竞争力的核心资源。必须从制度上对如何引进人才、培养人才、使用人才、留住人才加以重视,这样才能保证人才队伍构建的流程化、规范化、可持续性。我国应建立多元化的人才引入机制和流动机制,完善人才储备体系,满足企业对人才的需求;加快建设人才培养和评定机制,提高员工的综合素质,从而增加人才对企业的贡献;同时,应建立完善的人才保障和福利机制,增强对人才的激励,调动人才的工作积极性。在此基础上,各产业、企业需要加大科技创新力度和智能化进程,逐渐减少对普通技工的依赖。目前,国内各产业、企业都在积极加强自身的人才建设,但仍存在以下问题。

3.1 普通技工招工困难

一方面,传统产业盈利空间下降、竞争力弱,基础设施建设落后,同时受大众就业观念转变影响,劳动力缺口不断扩大;另一方面,传统产业仍然停留在劳动、资源密集型的初级阶段,生产效率低、生产环境差,对普通技工吸引力弱,产业发展基础支撑不足。

3.2 人才引进配套政策成效不显著

住房等配套服务问题解决不力,无法保证人才的长期生活质量;尚未健全的社会公共服务如教育、医疗等难以为人才提供基本的生活保障;交通等城市基础配套设施不完善也极大地影响了人才在本地的生活质量。配套政策滞后、配套设施不完善,已经成为优秀人才难引、难留的重要原因。

3.3 现行人才评定方式不能充分涵盖各类人才

部分来自沿海地区的科技人才具有丰富的经验,但可能不具有很高的学历,然而现行政策对人才的评定方式较为单一,主要以学历为评定标准,无法涵盖此类特殊人才,造成了在产业升级急需人才的当下人才却无法得到有效利用的局面。

3.4 管理人才缺失,人才培养机制不够完善

管理人才方面,具有专业管理知识与丰富工作经验的管理人才短缺,"草根企业家"无法支撑企业长期发展;人才培养机制方面,政府在教育财政方面投入

不足使得教职工待遇差、积极性低;基础教育学校协调性差,高等教育竞争优势不足,职业教育质量较差,教育现状严峻;政府与企业缺乏相关的人才培训与激励机制。总体来说,管理人才与人才培养机制的缺失加剧了人才引入难的问题,不利于人才队伍建设。

3.5 人才流失较为严重

在软环境层面上,本地社会文化对人才重视程度不够,人才氛围差,外来人才难以获得归属感与认同感;在硬环境层面上,产业环境差,产业结构的低端与单一化对人才发展前景和成长空间的预期产生了不利影响,增加了留住人才的难度。

3.6 人力资源管理不规范

本地固有的民营经济家族垄断管理层,其人力资源管理的主观性、随意性损害了人才选拔与管理的公平性,不利于外部优秀人才的流入与企业内部人才的保留,粗放式的管理模式亟须有效规范。

4. 政府政策措施不完善

互联网时代的到来和经济的快速发展都对新时代政府决策提出了更高的要求。政府必须审慎行使权力,坚持科学决策、民主决策和依法决策。利益格局多元化呼唤着新的政府决策模式,要求政府考虑企业的多元化需求,建立完善的政府决策体系。互联网时代企业的变化速度决定了决策必须快速适应时代发展的变化。在保证决策正确性和科学性的前提下,政府需要及时应对社会的变化,不断提高决策的效率,增强决策的有效性。但目前政府决策仍存在以下问题。

4.1 政策信息有效性供给不足,与企业联系不紧密

政策信息缺乏高效的传播渠道,很多政策在规划时间内无法产生应有的影响。宣传群体与宣传方式的问题以及企业对政策了解的缺乏使得政府即使公开信息,也仍然难以确保企业获得有效的信息。而政府成立的推进机构与企业的联系也不甚密切,影响了企业本身的发展与企业之间的交往合作,尚未形成合力促发展的局面。

4.2 政策体系不够完善

政府在政策制定过程中,无法完全顾及企业的多元化需求;在政策执行过程中,对管理方法研究不够,导致执行情况不理想,事前、事中介入机制较少,政策效率不高,难以完全达到预期效果。由于缺乏相应的资金,或未出台配套政策、实施细则,多项政策未实际落实。大部分政策为2016年下半年或2017年上半

年落实,政策成效尚不明显。

4.3　政府融资平台建设存在问题

政府融资平台建设涉及金融机构的广泛参与,金融机构作为财务投资人参与的模式受到限制;地方政府的资金来源主要是省财政发行地方债,但是资金量较小,靠地方债筹措的资金远远无法满足大型城市建设项目的需求;政府债务压力大,陷入增加税收与基础设施建设的恶性循环;政府资金使用效率较低,容易陷入资金周转困境。政府融资平台实际效用有限,还需进一步完善。

4.4　政策补贴退坡

尽管国家政策补贴退坡是必然趋势,符合产业自身的发展规律,但未来政策补贴退坡对产业的冲击,仍需视个体企业技术路线的成熟和成本的下降速度而定,在这个过程中,技术提升速度滞后、市场反应较慢的中小企业成本的控制能力将受到市场的考验。

4.5　基础设施建设不完善

以江西赣州新能源汽车产业为例,新能源汽车相关配套基础设施不完善,极大地制约了新能源汽车产业的发展,如新能源汽车产业充电桩建设不完备、电动汽车公共充电网络有待建立、能量补给站等基础设施建设不完善等问题亟须解决。

4.6　企业自主研发成果保护措施不到位

在鼓励企业进行技术革新、增强自主研发能力的同时,政府对企业自主研发成果的保护仍需落实。由于知识产权维护体系的不健全,侵权行为得不到有效管制,在很大程度上削弱了企业的自主研发积极性,极大地影响了产业转型升级的进程。

三、解决方案

1. 技术问题

1.1　依托优势资源与国外企业寻求合作,积极引进高新技术

为了在全国激烈的同质化竞争中脱颖而出,企业不仅需要依靠自身独特的自然资源和社会资源,更需要积极参与国际产业制度、产业标准和规范的建设,进入全球产业链,利用全球先进生产技术、管理经验等实现产业持续升级。此外,为将企业产品向国际标准靠拢,政府应特别注重标准化人才的培养和国际人

才的交流,鼓励企业多承办相关国际标准化组织的会议,为更多企业提供与国际标准化组织以及相关专家接触的机会,方便企业借助国际标准化组织的平台向国际化的质量和标准看齐。在标准化执行的过程中,企业应兼顾产品的个性化和顾客需求的多样化,严格落实标准化措施。

1.2 鼓励企业进行研发投入

首先,通过产业技术创新战略联盟,推广行业有代表性的龙头企业技术创新的成功经验,由大企业带动,引导同行业企业进行自主技术研发,提升生产、产品、物流、仓储、销售全方位智能化水平。其次,提高企业自主研发意识,通过加强宣传,介绍德国、美国等发达经济体智能化转型的经验,以及泉州市成功的本土经验,破除企业的战略误区。再次,降低企业自主研发的实际成本,通过鼓励知识产权申报、交易和转化,以及政府补贴等形式,对有能力自主创新的企业给予扶持,并保护企业的自主研发成果。最后,建立健全以企业为主体的协同创新体系,推进产学研相结合,积极打造科技创新服务平台,全面提升企业的自主创新能力。

1.3 完善产学研激励机制,加强产学研平台对接

一方面,引进高校和科研院所,给予资金、土地上的支持,引导其在当地设立分支研究机构,或与当地基础教育、职业教育院校建立长期、有效的合作机制;支持一些短期应用价值低,但与长远发展密切相关的项目。另一方面,搭建高效的产学研平台,将企业的需求和研究机构的研究方向通过产学研平台进行高效整合和匹配,鼓励有能力的企业与高校和科研院所进行特定项目的合作,集中解决生产过程中的技术问题;鼓励高校和科研院所在当地开展有针对性的科研项目,针对当地优势产业发展过程中遇到的难题,结合当地实际进行研究,并及时将研究成果转化为生产效益,通过实际的产业效益完善产学研激励机制。

1.4 加快构建创新创业平台,鼓励企业购进创新成果

第一,加快构建创业创新平台:加快构建众创空间,推动创建大学生创业孵化器,开展"互联网+"众创空间建设;加大智能制造试点示范推广力度。第二,进一步加强知识产权交易平台建设:完善知识产权交易体系和估值体系,在知识产权交易中,给中小企业和创新平台提供更多的信息,促进知识产权的对等交易。第三,降低企业购进技术的实际成本:对于购进新技术并处于技术磨合期的企业,通过优惠政策来降低其技术革新所带来的过渡成本,提升企业购进、应用新技术的积极性。

1.5 密切企业间关系,高效利用企业资源

对于核心企业及其上下游企业,应鼓励其加强沟通、合作,形成良好的集群效果,以此全产业链的市场化运作,增强产业整体的生产能力;同时,也可以依靠重点企业带动周边企业,实现协同发展。对于多个核心生产企业,鼓励它们之间进行联合研发,更好地汇集资源进行攻关,以加快关键性技术的突破,促进行业的良性发展。

1.6 加强知识产权保护体系,保护企业创新成果

首先,作为基础,重视向企业,尤其是中小企业及技术工人普及知识产权的概念和规则,引导企业和个人主动保护自己的知识产权不受侵犯。其次,完善知识产权创造、运用、管理、保护体系,积极探索专利权、商标权、版权三合一的知识产权管理保护体制,借鉴和发展发达国家的知识产权保护体系,推进国内知识产权保护体系的建立与健全,通过开展培训和宣传工作,不断提高企业运用和掌握知识产权保护制度的能力和水平。最后,推进知识产权维权援助中心的建设:其一,司法保护要给国内权利人更多的帮助和信息,对能力不足的权利人进行援助,协助其以司法手段解决知识产权问题,降低举证环节的成本;其二,加大知识产权案件判决执行的力度,切实维护权利人的利益;其三,加大对新兴产业如新能源汽车创新成果的宣传力度,补贴消费者,利用政策措施保护创新成果。

2. 资金问题

2.1 推广供应链金融概念,促进企业协同发展

供应链金融是指银行等金融机构围绕核心企业及其上下游企业,灵活提供和运用金融工具和服务的一种融资模式,能够为整个供应链提供金融支持。政府可加大宣传力度,普及供应链金融相关知识,鼓励核心企业带动中小企业参与供应链金融,将资金有效注入中小企业,助力供应链职能转型。政府同时应结合自身实际情况,出台相关政策文件,为供应链金融提供制度保障。

2.2 规范融资租赁行业标准,推广融资租赁

首先,培养壮大融资租赁公司,支持融资租赁与传统制造业智能化转型深度融合,推进融资租赁产业与新兴产业深度合作。其次,拓宽融资租赁服务领域,加快发展面向中小企业的融资租赁服务,做好各项服务配套。最后,完善融资租赁有关制度,简化行业准入审批流程,支持符合一定条件的融资租赁公司接入人民银行征信系统,同时政府还应积极制定融资租赁行业相关标准,推动融资租赁行业规范化。

2.3 设立产业基金,补贴智能制造

政府可拿出一部分资金设立产业基金,吸引社会资本进入,对传统制造业智能化转型过程中有需求的企业进行投资,支持传统制造业智能化转型升级。

2.4 完善企业融资帮扶政策,着力解决企业资金问题

鼓励企业上市融资,强化金融服务企业支撑作用,兑现招商引资、投资优惠办法,帮助企业解决融资难等问题;积极组织优势企业申报上级资金,使得优势企业有机会享受开发利用综合试点补助资金、产业技术成果转化及产业化项目专项补助资金、技术改造项目资金,减少企业转型发展的资金困难。

2.5 规范民间资本与风险投资市场

为充分发挥民间资本活力,政府应积极搭建金融服务平台,规范并引导民间资本;完善社会征信体系,提供借贷双方信用查询服务,将借贷风险可控化;开展民间借贷登记,将民间借贷阳光化,确保民间借贷规范化;积极发挥监管职能,依法监管民间借贷合同;提供法律服务,保障借贷双方的合法权益,对民间借贷中不超过中国人民银行规定的基准贷款利率4倍的部分依法进行保护。

3. 人才问题

3.1 改善生产环境,留住普通技工

政府应着力改善就业环境,加强生活配套设施建设。在普通技工生产环境保障方面,政府应制定合理、规范的园区标准,推行标准化车间的建造,整治影响企业生产环境和生产质量的违法、违章现象,营造良好的工作氛围,留住不可或缺的基础人才。

3.2 加快发展全产业链生产,顺应时代发展改革企业

通过技术发展与全产业链改革,延伸产业链,提高产业链附加值;此外,加强宣传和企业形象建设,在拓展自身业务的同时提升企业声誉,为企业未来招收人才打下坚实的基础。

3.3 转变人才引进思路——政府引导、企业主导

由政府牵线搭桥协助在企业建立专家工作站,吸引国内外专家和优秀博士到企业从事科技创新的合作研究。专家及人才在本职工作之外,可进站参与企业科技攻关,将自己的科研项目与企业的科技创新需求相融,根据市场变化及时地将科研成果应用到生产当中。企业可针对某一项目、课题选择专家入站,及时转化专家的研究成果并优先享有技术使用权。媒介平台可加大对人才引进计划的宣传力度,而政府则要确保计划准确无误地实施,让人才真正获利。

3.4 推进项目型人才引进战略

当地政府和企业可以"不求所有,但求所用"为标准,通过具体项目引进专业人才,在短期内发挥人才对具体项目建设的贡献作用,力求最大限度地有效利用宝贵的人才资源。

3.5 推广双轨制人才教育培养体系

逐步加强企业与专业技术类院校及高等院校的合作,共同培养人才,让人才能够在学习相应的知识后直接投入实践当中。具体来讲,政府可以鼓励企业引进高端管理、营销、设计、技术类人才,加大人才培养力度和校企合作力度,在高等院校设立相关专业,并加大产业园区培训机构建设;通过当地政府与教育发达地区政府的合作牵线,来构建校企交流在地区之间的大型平台,院校为企业输送人才,企业为院校解决就业;同时,设立包括博士后工作站在内的一系列长期合作项目,通过聘请院校专业教授莅临企业车间指导生产,进一步拓展校企合作渠道和方式,打造高技术、高人才、高生产三位一体的新型企业。双轨制模式如图1.6所示。

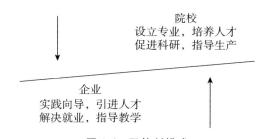

图1.6 双轨制模式

3.6 政府鼓励培养人才,完善人才培养体系

一方面,政府可以鼓励企业对员工进行内部培训。员工在企业内不仅需要接受专业技术的培训,还需要了解企业文化,甚至企业战略。另一方面,政府应加强对大专院校、高级职业学校的建设。鼓励专业型人才"回炉"院校,做在职的继续教育,同时增强学校的师资力量,形成教育与产业互补的良性循环。

3.7 保障人才福利待遇,加强人才后期跟踪

给予人才基本的福利待遇和便利服务是留住人才的先决条件。企业应进一步完善工人在务工方面的一系列安全保障以及工资福利制度,与政府合作推出务工安全保障的规范要求以及工资福利制度;政府在对此加以监督、规范的同时,更需进一步完善社会公共服务和基础设施建设,保证吸引人才、留住人才的

配套设施与配套服务。此外,政府可以在企业引进人才之后继续对人才进行跟踪,持续了解人才的发展状况。对人才进行跟踪调研,了解每一个人才的具体需求,给予人才最贴近其需求的服务,进一步完善人才引进体系,不断增强企业对人才的吸引力。

3.8 重视管理人才,完善职业经理人市场

职业经理人是指在一个所有权和经营权相分离的公司里,对法人财产拥有绝对经营权和管理权,承担法人财产保值增值责任义务的职业。为找到合适的职业经理人人选,需要一个规范的职业经理人市场。政府应加强职业经理人市场相关法律法规建设,组织资源和力量建立职业经理人评价体系,保障企业主和职业经理人双方的合法权益,通过引进有专业知识与丰富经验的管理人才实现企业的转型升级与持续发展。此外,企业还应学习成功企业的管理经验,外聘专业管理人才,建立科学的管理体制。

3.9 搭建企业家教育平台,提高企业家管理能力

随着企业的发展壮大,对企业家管理能力的要求也越来越高。政府可搭建企业交流平台,邀请国内外知名学者、教授,为本地民营企业家提供面对面学习交流的机会,提升其企业管理水平,引进先进管理理念,实现有效管理,从而推动本地企业的现代化进程。同时,可以组织企业参访学习,互相交流经验,这有利于企业之间达成战略合作协议。

3.10 革新培养模式,兼顾实践创新

企业需要发展"老带新"的培养模式,将熟练工人的经验与新进人才的专业知识相结合,通过革新培养模式对新进人才进行进一步的实践培训。

3.11 长期:推广城市品牌,发展教育

一方面,应当基于本地优势自然资源与社会资源,打造、宣传城市品牌,增强城市本身的吸引力,将对城市品牌的建设看作多人才储备的长期投资,从而招揽更多的高层次人才。另一方面,从长期来看,培养人才务必要从基础教育做起。建立了良好的基础教育后,本地人才的质量将会得到较大的提升,后续的人才培养过程也会相对简化。从另一个角度来看,在本地接受基础教育的人才,在之后就业地的选择过程中也会更倾向于回到本地,这也在一定程度上增加了本地的人才储备。

四、企业案例

在产业转型升级的过程中,一批具有代表性的典型企业涌现出来,它们来自全国不同的省市,从事各种各样的行业。在"沃土计划"的实践调研过程中,我们也调查走访了不少这样的企业。它们的发展与变化,正是全产业转型升级的一个缩影。下面,我们就将通过新能源汽车、智能制造和民办教育三个产业的发展与变化,展现转型升级浪潮中的企业风采。

1. 新能源汽车

新能源汽车是指采用非常规的车用燃料作为动力来源,或使用常规的车用燃料,采用新型车载动力装置,综合车辆的动力控制和驱动方面的先进技术,形成的技术原理先进,具有新技术、新结构的汽车。目前,中国将新能源汽车列入七大战略性新兴产业之中。中央和地方各级政府对其发展高度关注,陆续出台了各种扶持、培育政策,为新能源汽车的发展营造了良好的政策环境。近年来,中国新能源汽车产业在行业标准、产业联盟、企业布局、技术研发等方面也取得了明显的进展。2015 年,中国成为全球最大的新能源汽车增量市场。

可以说,新能源汽车的兴起,本身就是中国汽车产业转型升级的一个重要表现。当下中国新能源汽车的发展状况,将通过长沙、赣州两地新能源汽车产业的案例进行系统的分析。

1.1 长沙比亚迪汽车有限公司

(1)产销基本情况

比亚迪新能源汽车作为目前国内新能源汽车的领军品牌,在 2015 年、2016 年蝉联全球新能源汽车销量冠军。

2016 年,比亚迪共销售新能源汽车 14.3 万辆,其中,乘用车(含私家车、出租车等)11.4 万辆,客车(含公交车、城际客运车等)1.3 万辆,专用车 800 余辆,其占比如图 1.7 所示。2016 年,比亚迪销售额达 60 亿元,其中,新能源汽车销售额达 400 亿元,占到销售总额的 2/3。可以说新能源汽车已经是比亚迪的发展重点,是企业的命脉所在。

长沙分公司总体发展态势良好,早在 2013 年年初,长沙比亚迪汽车有限公司生产的电动大巴就在哥伦比亚试运营,比亚迪新能源产品正式进入印度市场,并与美国长滩签订了 1 400 万美金的电动巴士采购合同。

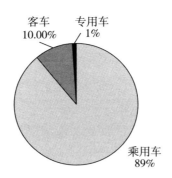

图 1.7　2016 年比亚迪新能源汽车不同车型销售占比

长沙分公司是比亚迪在全国建设的三大新能源汽车生产基地之一（另外两个分别为深圳总公司、西安分公司）。比亚迪汽车部分车型的新能源乘用车、大部分新能源客车都是在长沙分公司生产的，因此长沙分公司的发展情况、政策环境等密切影响着比亚迪整体的发展状况。

（2）产业相关政策的落实情况

政府对新能源汽车产业的优惠政策，对消费者而言主要体现在购车补贴、减免购置税及车船税等方面，而对汽车生产企业而言主要体现在用地、用电等优惠政策方面。相关政策在国家、湖南省、长沙市等各个层面都有具体的文件推进。

据比亚迪负责人介绍，消费者的购车补贴资金大部分都已经落实到位，剩余部分也在抓紧拨款当中，该类政策基本上能够得到落实。购车补贴的实际效果也最为明显地体现在对市场的激励上，对消费者而言，可以说购车补贴是影响其购买新能源汽车而非传统燃油汽车的最大政策动因。

而在用地、用电等优惠政策方面，由于该类政策在操作时灵活度较大，在地方层面上也没有出台具体可行的配套政策文件，因此这部分优惠基本上未能落实，企业并没有享受到更大的用地、用电便利。但这并不代表在此类政策上，新能源汽车生产企业与传统燃油汽车生产企业相比没有享受到额外的好处。由于目前传统燃油汽车生产日趋过剩，市场已近饱和，国家已针对新设立及扩建的燃油汽车生产企业缩紧了用地、用电等方面的获批条件。严格把控传统燃油汽车生产企业的新增与扩建，也正是从另一个方面鼓励了新能源汽车生产企业的新增与扩建。从这一点上讲，长沙市依然对传统汽车生产企业以及新能源汽车生产企业在用地、用电审批等方面执行着有区别的标准，以此鼓励更多企业向发展新能源汽车的方向转型，推进新能源汽车的发展。

值得一提的是，针对比亚迪等重点新能源汽车生产企业，长沙市政府设立了节能与新能源汽车重大科技专项,重点支持比亚迪开展纯电动客车关键技术的研究与产业化开发。这些政策从研发到生产、销售,几乎覆盖了新能源汽车产销链条上的每一个环节,极大地促进了市场的进步。

(3) 目前遇到的困难

比亚迪在目前的发展过程当中依然面临种种挑战,在企业负责人看来,目前较为严峻的挑战主要来自三个方面。

第一,地方保护主义。比亚迪目前在长沙本地市场上发展情况较好,但在其他市场上的拓展或多或少会受到来自地方保护主义的压力。

尽管国家早已明令禁止在新能源汽车领域搞地方保护、禁止地方在国家新能源汽车补贴目录的基础上搞地方的"小目录",但在很多省市,尤其是一些市场广阔的大城市,比亚迪所感受到的地方保护形势依然严峻。各地以不同的名目保护着地方新能源汽车品牌的发展,外地产品往往在诸如检测、申请等程序上受到各种限制。

以国内新能源汽车市场最为广阔的两个城市北京和上海为例,前者以新能源汽车类型为限制,拒绝认定油电混合动力汽车为新能源汽车;后者以油电混合汽车的油箱大小为限制,更多地鼓励油箱容量在40升以下的汽车。这种地方制定的额外规定实则是以种种特殊的地方标准限制部分较有竞争力的外来新能源汽车品牌过度挤占本地市场。

为了应对这些限制,比亚迪不得不针对一些市场设计特定的车型以满足目标地区的政策限制,或者是在本地投资设厂、采购当地企业所生产的零部件产品等。

"比亚迪希望公开竞争,比亚迪不怕市场竞争。"企业负责人如是说。对于比亚迪这种在国内已经具有较大优势的新能源汽车生产企业而言,各地的地方保护政策极大地加重了企业的负担,限制了其市场的扩展,这其实也就是限制了国内知名品牌的进一步发展,阻碍了国内新能源汽车生产企业"走出去"的进程。

第二,充电桩数量严重不足。目前对于消费者而言,不敢选购新能源汽车的最大原因就是对充电基础设施配备数量的信心不足,担心购买新能源汽车之后没有足够的充电桩、充电站以满足汽车基本的充电需求。

这样的问题不仅出现在私家车市场,在政府购买的公交车领域,充电设施也远远难以满足需要。长沙市在推广纯电动公交车的初期,在全市范围内共规划了10个公交车充电站,但直到公交公司向比亚迪购进了一大批纯电动公交车后,这些充电站由于种种原因依然未能开始建设,导致这些公交车只能存在库中,无法投入运营。之后在市政府相关部门与比亚迪的共同努力下,才使得其中几个充电站完工。其中,比亚迪在2012—2013年间主导建设的汽车东站充电站,建成后可供60台纯电动公交车同时充电。

从全国层面上看,这一问题也尤为突出,缺少国家指导性和地方针对性的建设规划,依然是制约新能源汽车产业发展的一大瓶颈,下一步亟须加大基础设施建设的力度。

比亚迪希望长沙市政府能够加大投入、完善政策,由政府主导推动充电桩等基础设施的建设。甚至在新能源汽车发展的初期,充电桩的配备数量应当是过剩的,这样即使有大量的充电桩闲置,也能够带动全社会购买新能源汽车的热情;在车的数量进一步增加,充电桩数量显得不足时,再反过来由汽车带动桩位的建设,即"先以桩带车,再以车带桩",跳出"是鸡生蛋,还是蛋生鸡"这类关系的思维误区,这才是使二者良性促进的较好方式。

第三,市场对政府补贴政策的依赖。目前,国内消费者对新能源汽车的购买行为受到政府政策的很大影响,不仅是在长沙市、湖南省,从全国范围来看也是如此。如从2012年年底到2013年9月推广应用工作展开之间的9个月的空档期内,全国新能源汽车推广工作基本处在停滞状态;国家在2016年年底下调了对新能源客车的补贴标准后,2017年上半年全国新能源客车成交量大幅减少约50%;此外,由于当前长沙市还未出台与国家2016—2020年新能源汽车补贴计划相适应的地方政策,部分市场参与者目前仍持观望态度。

这种依赖就使得市场会因政府政策的变化而产生较大的波动,影响企业对市场的判断。且目前国家已明确对新能源汽车的支持政策将在2020年结束,也就是说,在2020年之后将不再对新能源汽车有额外补贴。可以预见在未来几年内,随着截止年限的接近,市场需求将会存在更大的不确定性。

(4) 对政府政策的期待

就全国层面的政策而言,比亚迪希望能够暂缓取消新能源汽车的补贴政策,待市场培育成熟、消费者有一定的市场信心后,再结束补贴。或至少在2020年结束新能源汽车补贴后,仍保留减免购置税的优惠政策,这在一定程度上既能够减轻国家的财政压力,又能够延续对消费者的优惠,这样逐步减小政策优惠力度,有助于市场平稳地渡过转折期。

就长沙市层面的政策而言,首先是希望 2016—2020 年长沙市地方政策能够早日出台并付诸实施,以稳定市场期望。其次便是希望出台更多鼓励充电桩等基础设施建设的配套政策,以推动充电桩在全市范围内更为合理地布局。

1.2 新能源汽车产业园区:赣州新能源汽车科技城

赣州市于 2012 年提出发展新能源汽车的战略,"主攻工业,三年翻番"。与此同时,国务院 2012 年出台 21 号文件《关于支持赣南等原中央苏区振兴发展的若干意见》,明确支持赣州"积极培育新能源汽车产业""支持国内整车企业在赣州设立分厂"。李克强总理明确表示,支持帮助赣州经济技术开发区引进新能源汽车项目,国家发改委、工信部、公安部、国资委等专门对口支援赣州新能源汽车产业。

赣州新能源汽车相关行业结合自身优势,着手引入整车企业,以带动赣州新能源汽车产业链的形成和发展,目前尚处于初期建设阶段。

(1)赣州新能源汽车科技城简介

截至 2017 年 8 月,赣州经济技术开发区现有新能源汽车及关键零部件企业 32 家,主要产品为整车、动力电池、驱动电机及变速器等配套产品。全区 18 家新能源及新能源汽车产业规模以上企业,2016 年实现主营业务收入 45.01 亿元,同比净增 6.5 亿元,同比增长 16.9%,利润总额达 5.48 亿元。2017 年 1—5 月实现主营业务收入 25 亿元,同比净增 8.5 亿元,同比增长 52%,增速较快。其中,整车企业共 8 家,投产的整车企业主要有赣州恒玖电气有限公司、赣州市亿源机械设备有限公司、江西蓝天路之友环卫设备科技有限公司、赣州汽车改装厂等,主要产品为纯电动乘用车、纯电动物流车、纯电动环卫车、低速货车等,已形成年产 6 万辆整车的生产能力。

赣州新能源汽车科技城位于赣州城西侧,规划总面积为 35.2 平方公里,是赣州"主攻工业"、承接新能源汽车及关键零部件项目的主平台。科技城内规划以新能源整车生产带动关键零部件发展,围绕整车制造配套电池、电机、电控以及其他关键零部件生产项目,形成在园区内部可实现主要零部件相互配套的产业格局,力争将赣州新能源汽车科技城打造成为全国重要的新能源汽车研发和制造基地。

2016 年以来,赣州新能源汽车科技城引进整车项目步伐迅速,国机智骏年产 10 万辆新能源汽车项目,山东凯马年产 10 万辆新能源汽车、交叉型乘用车和传统动力汽柴油载货汽车项目,昶洧新能源年产 10 万辆纯电动乘用车项目,宝悦新能源特种车产业园区项目等整车项目落户赣州新能源汽车科技城。此外，与东风汽车新能源汽车项目的洽谈也在持续跟进中。

在项目推进方面，昶洧汽车（总投资 60 亿元）项目一期试制设备已基本完成进场安装，2017 年 8 月份已开始样车试制。凯马汽车（总投资 15 亿元）地勘已完成，冲焊车间、涂装车间、总装车间已完成平场；涂装车间钢结构已搭建完成并开始封顶。国机汽车（总投资 80 亿元）地勘已全部完成，场地平场完成 1 200 亩，约占总工程量的 85%；涂装车间挖方区基础开挖、强夯区域开始打桩。宝悦汽车（总投资 15 亿元）于 2017 年 6 月 29 日完成签约，正在进行场地平整。孚能三期（总投资 40 亿元）已完成部分厂房的场地强夯，正在进行施工图纸的修改和施工许可证的办理等。

（2）赣州新能源汽车发展优势

赣州发展新能源汽车，归结起来有如下六点优势：

第一，产业基础优势。目前，全市共有 68 家规模以上的电池、电机、电控和变速箱等新能源汽车零部件企业。

第二，资源优势。赣州拥有丰富的稀土和锂矿资源，能够为新能源汽车的电池、电机等提供资源保障。

第三，政策优势。国务院 2012 年出台 21 号文件《关于支持赣南等原中央苏区振兴发展的若干意见》，明确支持赣州培育新能源汽车产业，支持国内整车企业在赣州设立分厂，支持帮助赣州经济技术开发区引进新能源汽车项目。

第四，研发基础优势。赣州新能源汽车科技城内规划有新能源汽车工程研究中心及占地 5.92 平方公里的赣州职教园区，可容纳在校师生 10 万人，为科技城的发展提供智力和人才支撑，推动产学研融合，为创新发展提供坚实的保障。

第五，区位优势。赣州新能源汽车科技城位于赣州城西侧，地处国家级经济技术开发区，距赣州黄金机场、赣州高铁站仅 5 公里，大广高速、京九铁路等国家交通大动脉贯通科技城。

第六，承载规模优势。赣州新能源汽车科技城规划总面积达 35.2 平方公里，建成后可承接年产 80 万辆以上整车的产能。此外，按汽车产业 7 倍以上的乘数效应，各种配套加起来可超万亿元产值，并带动 20 万人就业，为赣南等原中央苏区振兴发展提供强劲的动能。

1.3 动力电池企业：孚能科技

赣州本地的电池企业主要是孚能科技（赣州）有限公司（以下简称"孚能科

技"）。孚能科技项目是赣州与美国著名新能源材料开发公司——法拉塞斯能源公司合作项目,主要生产锰酸锂汽车动力电池及相关产品,并以该项目为龙头、依托锂离子电池先进技术和特有商业模式的产业化,建立一个特大型新能源产业工业园和产业集群。

孚能科技专门生产车用动力电池,2017年一季度出货量排名国内前三,主要客户是北汽和江铃汽车,产品具有能量密度高的特点,可以有效地减轻电池重量。第三期计划投资6亿元,年产10吉瓦时。

（1）产品和技术

孚能科技生产的车用动力电池在业内享有盛誉,并已投入实际生产。评价车用电池的两个主要指标是能量密度和续航里程数。已推出的北汽、江铃四款车型(20国集团商务接待用车)续航公里数为320公里;北汽新车型续航公里数为460公里,可以与传统汽车进行比较。同时,电池能量密度达220瓦时每千克,相比之下,国外最好且较早产业化的韩国电池也只达到180瓦时每千克,而能量密度达到120瓦时每千克以上,即可享受国家补贴。

另外,从寿命上来看,电池保守估计可以使用5年以上;不仅如此,孚能科技还对本公司产品进行回收,二次利用废料,可以做到无污染;电池慢充需7小时,而快充只需4—5小时,且对电池的伤害较小。相比之下,特斯拉的车用电池充电时会伤害电池,故其电池寿命短且价格高昂,大致可能达到车价的一半。此外,孚能科技生产的车用电池重约400千克,电池稳定性能好,其技术领先通用、特斯拉、日产等国外知名企业。而在安全性能上,我们了解到,由于能量来源的不同,不能直接比较电动汽车和传统汽车。与此同时,社会上关切的电动汽车爆炸等安全事件有待考察。

在电池的研发与生产上达到如此大的成就,离不开成熟且不断进步的生产技术。孚能科技注重自主研发和人才引入,其拥有39项专利,多为材料、化学方面,且其未来发展的重点主要还在技术。孚能科技拥有自己的研究院,研发支出占比较大,硬件设备处于国际前列,并有能力进行产研结合,把规划生产线的一部分划为实验室。公司研发团队近140人,占公司全部雇员的7%左右,其中多为高端人才,博士占比较大,且有两人被列入"千人计划"。生产条件上,其生产设备均为国内私人订制,拥有恒温、恒湿的车间,且能控制细菌指数。其私人订制的生产车间如图1.8所示。

图 1.8 孚能科技私人订制的生产车间

（2）市场营销与发展

孚能科技是一家年轻的公司，发展时间较短且行事低调。在市场营销上，孚能科技在业内的知名度已经很高，区别于消费性产品，其没有大规模推广的必要。

在赣州经济技术开发区，孚能科技实现垄断，一年的产能可达 2 吉瓦时。目前来看，孚能科技尚未与经济技术开发区内的企业合作，主要的原因是其生产的车用电池供不应求。但与此同时，孚能科技也有意寻求与经济技术开发区内的整车企业合作，依靠集聚优势进一步降低成本。孚能科技认为，在经济技术开发区内的广泛合作，能够形成类似于小型汽车生产线的产业链结构，更好地实现发展。2017 年，孚能科技所占国内市场份额，第一季度第一，前两季度第三，并有进一步上升的潜力。

作为车用电池生产企业，孚能科技目前所希望的，就是增加充电基础设施的配套，以打消家庭消费者的顾虑，打开新能源家用汽车市场。

1.4 专用车生产企业：亿源机械、蓝天路之友

（1）亿源机械

亿源机械最早于 2010 年从章贡区沙河工业园起家，后被赣州经济技术开发区领导认可，引进到经济技术开发区落户。目前，公司拥有 40 多名员工，主要业务是生产、销售纯电动环卫车、洒水车及巡逻车，同时涉足清洁能源、环保设备设施等项目。

近期，公司业务量猛增，仅从 2015 年 12 月 15 日至 2017 年 8 月，就已签下 800 多万元的订单。2017 年公司建成了新能源汽车"四大工艺"生产线中的冲压线和焊装线，为了应对突如其来的大订单，准备着手投建另外两条线（即涂装

线和总装线),届时将形成全套生产线。

公司之前使用的动力电池系江苏奥新公司产品,电机为湖北襄阳某公司产品,2017 年起打算自己研发生产电控系统;正在申请车辆改装及整车资质,待审批下来之后,将正式推出属于公司自己的"亿源牌"纯电动车。

(2) 蓝天路之友

蓝天路之友于 2013 年 10 月落户经济技术开发区,2017 年在赣州的员工有三四十人,主要业务与亿源机械基本相同,也是生产、销售纯电动环卫车、洒水车,同时涉足新能源项目。

公司于 2017 年已建成 5 个生产车间,但尚未建设生产线,计划逐步投建,预计建成后将形成年产 3 600 辆新能源汽车的规模。公司已用了近一年的时间申请特种车辆许可证,同时也准备申请整车资质。在位于广东佛山的总部公司的支持下,公司目前拥有 3 名本科以上学历的机械工程师和车辆改装技术人员,准备之后再招聘一批硕士、博士研究生等高级人才。

2. 智能制造

智能制造是指使用物联网、云计算、大数据等先进信息技术以及先进自动化技术、控制技术、数字制造技术,在整个制造过程中贯穿智能活动,实现工厂和企业内部、工厂和企业之间以及产品全生命周期的试管理优化新型制造方式。简要来说,智能制造不仅是传统意义上所理解的生产智能化,还包括管理、产品功能、用户定制、仓储物流、服务等智能化,应当是深化到制造业全过程的智能化。

对于当下中国智能制造的发展状况,我们将通过湖南省自兴人工智能研究院和泉州民营企业智能化转型的案例进行系统的分析。

2.1 研究机构:湖南省自兴人工智能研究院

(1) 研究院概况

湖南省自兴人工智能研究院(以下简称"研究院")是由国内外知名人工智能专家学者蔡自兴、王田苗、罗安、姚新、刘宏等共同倡导,香港科技大学和中欧国际工商学院 EMBA 校友基金支持,部分从事人工智能研究与开发的年轻专家自愿联合而成立的全国首家省级人工智能专业性研究机构。

研究院以"自主创新 兴国强省"为工作方针,以产业发展为目标,以应用需求为牵引,以人才培养和关键技术研发为支撑,以交流合作为导向,专注于人工智能与机器人领域的新思想、新观念、新理论、新技术,引导和推进湖南省人工智能与机器人的研究及应用,推动人工智能与机器人的科学探索和技术攻坚,打造湖南省人工智能与智能机器人的前沿平台。一方面,更好、更快、更多地培育出一批制造业领域自动化、信息化、集成化与智能化技术创新研究与应用开发的高端人才;另一方面,重视人工智能前瞻性基础研究,建设开放共享的人工智能创新发展平台,使智能资源充分共享,为湖南省乃至全国智能制造和其他人工智能相关产业装备、系统提供产业孵化技术支撑及智能解决方案。

(2)当前成就与发展

研究院从硬件入手致力于打造完整的服务机器人生态链。科研团队自主研发的Bibibot全球首个服务机器人硬件平台,将成为近期唯一有潜力超越智能手机应用范畴的智能硬件产品,为湖南省乃至中国智能机器人研发及生产行业提供硬件共享平台。开发的首款应用Bibibot硬件平台的"儿童陪护服务机器人",2016年9月首发并投产销售,2017年实现产值5 000万元。未来,研究院年产值预计将达5亿元。

2016年,研究院获得"德勤明日之星"奖。与此同时,亏本的投入孵化时期即将度过,已经达到盈亏平衡。

学术交流方面,研究院联合承办一年一度的湖南人工智能高峰论坛,在湖南省相关政府机构及长沙市政府、中国人工智能学会牵头下,邀请国内外人工智能的顶尖专家学者,以及微软、百度、阿里巴巴等300余家相关企业的负责人,分享人工智能产业最新发展动态,共商人工智能产业发展新方向;集聚智库,帮助长沙市打造成为人工智能的高度集聚区,促进全省人工智能产业的发展。

对外交流方面,首先由政府牵头组织,之后研究院也自行组织了几次内部交流。地理距离上的亲密也有利于企业之间合作的达成,研究院认为,机器人产业区应当是研发—生产—销售—市场一条龙的构成,希望政府帮助研究院与其他中小企业形成更紧密的交流。

(3)重点发展项目

第一,无人驾驶。早在2011年,无人驾驶汽车就已由长沙开往武汉,时速80公里,全程200多公里。然而,尽管有了近15年的技术积累,由于政策限制与社会舆论压力,无人驾驶汽车的商业化道路仍然有很长的路要走。

第二,智能医疗。研究院和遗传学与生殖医学专家卢光琇教授的研究团队进行了深入的交流与合作,计划结合深度学习、智能计算、大数据等人工智能与医疗数据实现智能辅助诊断与精准化治疗。通过智能医疗,可以在染色体对照等工作中极大地减少人工成本。

第三,服务机器人。以儿童服务机器人为切入点,研究院通过智能语音识别等功能实现了人机交互,甚至能够对儿童进行各方面的教育。未来,研究院计划针对其他不同的人群研发不同的服务机器人,实现多样化与精准化。

第四,人工智能教育。研究院首席科学家蔡自兴教授作为"人工智能教育第一人",带领研究院努力培养机器人操作与研发方面的人才。

(4) 政府政策扶持

在企业与研究院孵化时期,政府主要起引导作用,实际的资金补助是比较少的。在机器人研发基金的筹备上,政府援助占20%左右,其他部分由上市公司或个人投资者筹备。但是为了扶持研究院的发展,政府亦提供了一系列政策扶持。

第一,厂房免租政策:对研究院厂房,前两年免租金,第三年租金减半。

第二,审批便利:针对2017人工智能湖南高峰论坛,省政府相关部门和长沙市政府积极参与,在论坛筹备与举办期间提供了很大的政策支持与审批便利。

第三,人才创新补助:近年来出现了明显的一线城市人才回流现象,政府对人才创新也有比较明显的补助奖励。

2.2 生产智能化:虎都(中国)服饰有限公司、华飞(中国)服饰有限公司

虎都(中国)服饰有限公司(以下简称"虎都")与华飞(中国)服饰有限公司(以下简称"华飞")都是泉州市纺织鞋服行业的优秀企业。在走访泉州企业的过程中,我们发现,纺织鞋服行业距离生产完全智能化仍然较远,目前仍处于自动化起步阶段。泉州企业在转型升级的过程中,采取了先实现部分自动化的策略,引进先进技术来提高生产效率、降低生产成本,从而推进企业智能化转型。

虎都在转型之初引进了国外先进的生产设备,通过消化吸收,现在大部分生产设备和生产工艺均由自己研发。如今,虎都拥有先进的吊挂系统,在很大程度上减少了生产工艺流程之间的流转时间。另外,虎都还利用西服的标准化生产实现量产,获得了规模经济带来的效益。

与此同时,虎都也利用ERP(企业资源计划)管理系统对流水线上的员工进行管理。据了解,在每个工作日的早上,流水线上每个机位的员工都会拿到一份工作单。工作单上列示的是该员工当天应当完成的所有工作。在一天的工作结束后,管理者将会依据工作单对每个员工的工作进度进行核查,检验他们是否保质保量地完成了当天的工作。在这样的管理体制下,每个员工都十分清楚自己

的工作范围和工作标准,这会在很大程度上提高企业的生产效率。

华飞主要承接来自国内外不同品牌的服装订单,在不同的流水线上进行批量生产。其在发展过程中,先后引进了两代吊挂系统。第一代吊挂系统投产多年,已为公司带来数百万元的额外收益,2015年引进的第二代吊挂系统技术目前处于行业领先水平。在熟练掌握运用吊挂系统生产、改变管理方式后,华飞节约了人力成本,明显地提升了生产效率。

虎都和华飞在生产智能化的过程中都结合行业和自身现实,从简化生产流程、降低生产成本、提高生产效率入手,逐步推进生产自动化、智能化,并都取得了不错的效果。

2.3 物流和仓储智能化:安踏集团

包括安踏集团在内,泉州市部分龙头企业已在智能物流和仓储方面进行了布局,并取得了良好的效果。

安踏集团正在建设安踏智能仓储、配送一体化产业园,预计2018年可投入使用,届时安踏集团将建成智能化、科技化、现代化的物流中心及智能工厂两大数据集成化处理中心,通过运用大数据技术,可满足安踏集团全国门店和电商销售的配送需求,将会对安踏集团整体的仓储和配送服务带来系统性的提升。

安踏集团在发展物流和仓储智能化的过程中,充分运用了信息技术,将其与物流和仓储管理有机结合,实现了仓储管理的智能化,满足了其实体店和电商平台的物流需求。

2.4 用户定制智能化:海天集团

在纺织鞋服行业中,有的企业倾向于从事标准化的生产,并在此基础上进行生产端的智能化;而有的企业则倾向于在需求端进行智能化,即客户定制的生产方法。

例如,我们走访的海天集团就是将客户需求端的智能化做得比较先进的一家知名纺织服装企业。海天集团并不是将其生产的服装进行标准化,相反,其往往会根据客户的个性化需求,为每一位客户定制单独的版型。因此,为了完成这种个性化的定制生产,海天集团会将一些简单的生产工序外包给专一型的小企业完成。

通过这种需求端的智能化生产,海天集团可以提供优质的终端消费模式,从而在一定程度上占领服装制造市场,以应对服装产业近年来发展放缓的困境。

2.5 装备生产智能化：嘉泰数控、汉威机械

（1）嘉泰数控

嘉泰数控是一家专业从事自动化、智能化精密加工设备研发、生产、销售和服务的高新技术企业，其以数字化制造技术为核心，产品渗透到机械加工各个方面，主要面向航天航空、军工、汽车、船舶、消费电子、通信、医疗器械等行业的各类高端智能数控装备。公司产品已形成8大系列、300余种产品规格，技术指标国际先进，荣获48项专利和软件著作权；此外，公司积极参与"数控一代""智能制造"产业建设，先后被授予"国家数控系统工程技术研究中心泉州分中心""院士专家工作站"等60多项荣誉称号，现已成为国内知名的高端数控机床及核心功能部件的研发制造中心。

我们实地参访了嘉泰数控的一条智能制造示范线（如图1.9所示）。这条示范线完全由机器操作、控制，运用数据进行管理，不需要任何工作人员。生产环节由机器完成，依次经过几道工序，标准化的操作流程保证了效率；品质管控环节同样完全由机器进行质量检验，防止了质量的下降；同时进行了先进的生产管理，通过数据网络互通，由平台实时监控，汇报生产效率和总体运行情况，对出现故障的机器可及时发现并处理。我们观察到，车间运行的总体效率平均达到90%，远远超过国内平均水平。

图1.9 嘉泰数控智能制造示范

整体上，嘉泰数控的产品有着相当先进的智能化制造流程，是泉州市智能装备方面的领先者。

（2）汉威机械

汉威机械专业从事一次性卫生用品生产装备的研发、生产、销售和服务，其以技术研发为核心，从2010年开始与多家跨国公司进行联合研发设计，现已拥有一支强大的设计开发团队，自主拥有近百项发明专利与创新，能够保证设备的高品质化、高稳定性、高创利率及先进性；此外，公司已成功进入中高端领域设备专业制造商行列，并得到了国内外大部分顶尖企业如恒安、尤妮佳的认可。

目前，汉威机械在同行业中达到了国内第二、国际第五的水平，生产装备的制造速率相对于传统技术有了巨大的提升，如磁条型卫生巾机使卫生巾生产率从传统的60—80片/分钟提升到了800—1 000片/分钟。公司常常在智能化研发方面与国外先进企业进行合作，通过引进先进的操作程序，同时不断地自主研发，保证其生产的装备领先、高档，从而推动智能化程度不断提升。

2.6 产品智能化：九牧集团

早在2005年，九牧集团就启动了智能产品项目的研发，并在功能上不断推陈出新，使"智能卫浴"的概念进入千家万户，迅速占领了国内智能卫浴市场，于行业首创以"健康管理"为核心的整体智慧卫浴空间概念，实现了从"智能"向"智慧"的理念跨越，走上了"传统产业—人工智能—智能家居—大健康产业"的智能智造转型升级之路，引领了新的智能家居消费浪潮。

（1）智能卫浴

智能浴室，浴缸广阔，方便全家一同沐浴，可喷水，可桑拿，可按摩，为家居生活提供了别样的色彩；令人惊叹的奇妙喷头设计使流出的水流匀称而美观，提升了人们家居生活的幸福指数。九牧集团还别出心裁地设计了一块安放在浴缸旁边的特殊玻璃屏幕，可以使用附着在浴缸上的防水按钮控制屏幕，这样不仅可以在沐浴时轻松地听音乐，还可以享受电影带来的愉悦感受。

此外，智能马桶配备了高端传感器，可以感受到人的到来，并自动打开马桶盖；与寻常马桶不一样的地方在于，这款由法拉利公司特别设计的马桶添加了许多智能化的功能，比如可以借助马桶盖上的压力传感器测量人体体重，借用温度和红外线等传感器观测人体动向决定喷水时刻以及喷水的温度和方式，马桶还可以按照户主平时的歌曲喜好自动播放适宜的乐曲，提高户主的生活质量和水平。

（2）智能厨房

智能龙头既可以通过触碰任意部位感应出来，也可以采用感应器加传感器遥控出水,智能多样化的出水方式方便了人们洗菜做饭时的家居生活;而独特的显示屏设计可以智能显示出水的温度、出水的速度,有助于敏感者得到一个适宜的温度和感觉。

大型的电器和桌子都使用了嵌入式阻尼设计,不仅可以节约空间,还可以自动防止往常收拢时容易产生的激烈碰撞;特殊的厨房面料不会沾油,油滴落在面料上不会粘连,而是自动流向水槽下水口处,残余油污也只需轻轻一擦便可除去。

这些智能的设备还配有一个共同的智能化网络,可以将各处传感器收集的数据汇总,上传至户主智能家居的特殊存储空间之中,并在洗漱台前的镜子上显示出测量的各种数据和这些数据的变化趋势及相应的联系。

九牧集团的一系列产品可以大量减少人力的耗费,提高人们的生活水平和幸福指数。

3. 民办教育地产企业转型:重庆新鸥鹏集团

NEWOPEN(中国)企业集团(新鸥鹏集团)于1993年由重庆大学与香港讯晖公司发起成立,经20余年发展成为一家集文化教育、地产开发等于一体的大型综合企业集团。

作为一家地产开发企业,新鸥鹏集团却积极寻求转型,并自2002年进入教育产业,先后创办了多家知名教育单位。旗下新鸥鹏教育集团秉承"做教育先锋、圆万家梦想"愿景,发展成为重庆民办教育的优秀代表。目前,新鸥鹏教育集团建立起了涵盖高等教育、基础教育、学前教育的完整发展体系,成为民办教育地产企业转型的典范。其在人力资源改革方面遇到的问题在整个行业中具有代表性,而新鸥鹏集团针对这些问题的尝试很具有启发性与借鉴性。

3.1 民办学校教师激励机制与薪酬设计

(1)创新多元激励机制的重要意义

社会经济形态的发展演变改变了企业与员工之间力量对抗的原有均衡,新的均衡关系正在探索形成之中。在工业社会中,农民被推入工业社会的洪流,新时代的产业工人由于怀念悠闲、自由的农庄生活不自觉地对工作产生了厌倦。由于当时的经济发展水平的限制,教育水平和知识共享的方式相对比较落后,工人的知识和技能更多的是进入企业后在企业内通过培训和实践形成的,再加上当时的社会积累程度较低,即资本较人力资源更为稀缺,因此员工在很大程度上依赖于企业,表现为资本雇佣劳动。而在新的时代特征下,知识的积累、广泛传播和共享扩大了知识在与资本对抗中的话语权,经济模式开始出现了超越工业社会价值创造的传统模式的迹象,企业的竞争愈来愈体现为人的竞争而非资本的竞争,企业与员工之间的关系逐渐走向了对等,或者说知识开始雇佣资本。知识型员工作为企业中知识的载体和知识的传播、创造者,成为企业人力资源管理的重心。知识型员工作为一个类的群体具有许多共性,但是关注共性是工业社会时代人力资源管理的模式,在新时代,还要求在管理中考虑到知识型员工自我的个性,具有很大的难度。

因此,知识型员工对人力资源管理提出了更大的挑战。薪酬管理是人力资源管理中最根本、最困难的任务,因为科学的薪酬体系不仅能够吸引和留住那些企业需要的高素质人才,而且是将企业的人力资本整合到企业所期望的方向上的有效途径。薪酬对知识型员工的意义不能仅仅从经济上去衡量,还需要从社会学、心理学和政治学等学科的角度去理解和分析。从某种程度上来说,薪酬代表了企业对知识型员工价值的认可,一定程度上是员工社会地位的象征,随着市场经济的推进,薪酬还集中体现了企业与员工之间的交换契约关系。知识型员工在看待薪酬时,是根据自己的认知模式和意义生成系统进行评价的,他们往往会将薪酬放在一个大的背景中进行比较,如进行市场比较、内部比较等。因此,不同的薪酬构成、支付方式和支付数量等在知识型员工的眼中反映了不同的价值理念和管理哲学。可见,知识型员工的薪酬制度在企业中肩负着巨大的使命,是建立企业和知识型员工之间利益共同体的黏合剂。知识型员工薪酬制度的设计程序和设计结果同样重要,这是知识型员工判断薪酬是否公平、公正的依据。薪酬制度一直以来是企业人力资源管理中的软肋,因此,推动对企业知识型员工薪酬制度的研究是知识经济新形势下企业的必然选择。

(2)绩效工资激励

民办学校绩效工资改革计划分为个人绩效工资制、学校绩效工资制和混合制三类。

个人绩效工资制,也称为"知识和能力工资制",重在奖励个人的工作绩效,给予差别化的薪酬,从而鼓励教师积极投入工作。个人绩效工资制可以起到较好的激励效果,有利于学校吸引和留住业绩优秀的教师,有助于青年教师脱颖而出。个人绩效工资制是以教学效果为基础的激励制度,有利于促进教师之间的竞争和个人工作业绩的提升,但不利于教师集体合作环境的形成。个人绩效工资制以个体为单位,教师可能会投入更多的时间和经历去经营自己的班级和科目,但非常不利于同学科之间教师的资源共享和跨学科教师的合理分配。

学校绩效工资制强调,教师和学生必须合作才能提高学生成绩,学生成绩是全校许多教师共同努力的结果,因此应该对实现学校目标的每一个人提供激励,也就是提供集体激励。集体激励明确鼓励教职工的集体合作,因而集体激励重点放在有代表意义的结果上,同时避免个人绩效激励的分化作用。学校绩效奖励提供给学校的所有成员或教师团队,如果学生核心课程的成绩超出预定的提高标准,那么就向学校提供相应的额外资金。这一制度典型的例子如按照年级组、教研组合作颁发奖金,是如今学校中常见的形式。

混合制综合了不同类型,认为绩效工资应当是基于对教师业绩评估的工资水平与学校战略目标相联系的一项综合制度,目的是支持学校实现教育使命及其核心价值,并在激烈竞争的就业市场中吸引和留住高质量的教师,激励教师不断地学习新知识和新技能。混合制的评价主要集中于学生的成长。

(3)非物质激励

一方面,培训激励。民办教师的培训激励相对于公办学校而言更薄弱一些。对于公办学校而言,教师的培训与技能发展是可以为学校的长期发展取得确定的收益的,而对于民办学校而言则不然。民办学校一旦花大价钱培养一位教师,当其成为名师后,则很难保证其不会跳槽到开价更高的名校任教。通常而言,民办教师对自身教学水平、学历水平的提高具有强烈的愿望,对于民办教师中占大多数的年轻教师来说,培训激励特别有效。青年教师观念新、创新意识强、精力充沛,但是由于工作时间短,缺乏相应的教学经验。为此,民办学校要重视并关心青年教师的成长和发展,要围绕调动青年教师的积极性和创造性来开展活动,为青年教师的成长创造条件,并为其提供展示才华的平台,通过创造学习型组织,让每位年轻教师都能在工作中学习进步,锻炼成长,从而吸引和留住绩效高、能力强的优秀青年教师。这一情况类似于技术型企业对新晋职工的学历与技能培训。因此,民办学校可以仿照这一类民营企业,与一些有潜力、有实力的教师签订培训-任职合同,从而在防止优秀教师外流的同时给予其充分的资源使其良性发展。

另一方面,尊重激励。马斯洛的需要层次理论认为,人都有被所在组织和群体认可并获得尊重的需要。作为处于较高文化层次的群体——高校教师,对尊重的需要更为强烈。很多民办学校的教师,因为缺乏安全感和归属感,无法安心于本职工作,慢慢就离开了民办学校,致使民办学校人才流失,进而形成不了稳固的学校精神。所以,尊重激励对于稳定教师队伍、形成校园文化具有重要意义。民办学校要在做到最基本的物质保障的基础上,通过建设富有组织特色的校园文化来满足广大教师在精神层面上的需求。在具体行动上,要多关心教师的工作和生活情况,建立起一套平等的沟通体系,多听取教师的建议和想法;为教师提供更多的培训以及外出考察学习的机会,为他们搭建起一个不断学习和发展的平台,让教师的自身发展与学校的发展紧密地结合在一起。

(4)股权激励

股权激励来源于现代企业管理制度,是企业管理中最主要的长期激励方式。

第一,股权激励的形式。总体而言,民办学校的股权激励可以从员工持股计划(ESOP)、股票增值权、虚拟股票计划、股票期权中进行选择。

民办高校股权激励的对象应以学校的高级管理人员为主,还可以包括优秀骨干教师等知识型员工。在针对校长等最高级管理者的激励组合中,可以以股权激励为主;对于经营层其他高级管理人员,股权激励与非股权激励可以各占一半;而对于教授、副教授、学科带头人等骨干教师,股权激励在其激励组合中的比重则不应超过1/3。通过股权激励,学校高级管理人员与骨干教师能够分享学校发展的长远收益,从而降低这些人员的流动性,使学校的人才储备稳定增长。此外,由于学校高级管理人员自身的利益与股东的利益、学校的长期利益捆绑在一起,高级管理人员、股东和学校"一荣俱荣、一损俱损",促使高级管理人员在制定教师激励机制与考核指标时,重视学校的长远发展,避免短期行为。

民办中学的股权激励对象范围则比民办高校更窄一些。民办中学的评价体系可能更多地以成绩为导向,因此要更加向一线教师倾斜、向教学岗位倾斜。对于毕业班、年级组长、教研组长等重要岗位而言,可予以股权激励。而对于广大一线教师而言,股权激励的作用和效果则未必明显,可以考虑采用对年轻教师和引进师资等部分教师予以股权激励。

第二,股权激励的弊端。需要注意的是,股权激励存在一定的弊端。股权激励的应用面窄,不能涵盖全部教师和职工,且"反射弧"长:教师、教授个人绩效的提高并不意味着学校总体盈利的增加。

此外,如果股权激励中股权的比重过高,则很有可能出现如下问题:投资人股东的股权比例过高,校长的表决权受限;学校发展势必要引入新股东或向员工派发股权,但这会导致校长的股权遭到更加严重的稀释。

因而在学校发展的初期,不建议对全体教师进行股权激励,否则会过早地稀释股权,也用处甚微。当学校处于发展初期或规模较小时,其股权价值很低,很难对激励对象起到理想的激励效果。另外,在学校发展的初期,教师的流动性也比较大,一旦走人,收回股权等善后措施则非常麻烦。因此,在学校发展的初期,应少做股权激励,多做现金期权激励,即约定教师实现一定业绩即可分时点、分条件拿到现金奖励。

普通教师的工资水平相对较低,对现金收入的依赖度非常高,因此,想通过股权激励来降低一些薪资福利是不太现实的。有的教师对拿了股权就不能正常涨工资的方案是很难接受的,他们并不认为手里拿的股权有多大的价值,更何况又有那么多条条框框(股权激励协议)的限制。相较于股权和薪资的平衡与选择,有的教师更看重在学校上升的空间,也就是从一名教师到管理岗位的上升机会,如果上升机会更大,则其更愿意放弃一些短期利益。

总体来说,替代薪资福利并不是股权激励的出发点。即使我们处于初创期,出于节约成本的考量,我们也要在尊重教师意愿的条件下,充分协商、通盘考虑。其实,激励的方式有很多,除了股权激励,另一种比较常见的就是内部项目激励,一个典型的例子就是"三人小组模式"。

(5)从降低人力成本角度看待薪酬方案设计

第一,薪酬方案设计背景。人力资源已经成为各种资源中最重要的一种,其深刻影响着企业的进步和发展,所以必须得到高度的重视。随着经济的发展和社会的进步,企业的竞争已经愈演愈烈,这种竞争已转变成了人才的竞争,而人才的竞争必然带来人才使用成本的增加。所以有效地控制人力资源成本已经成为必然。巴川中学作为新鸥鹏集团教育的品牌,要保持2017年中考连冠,做大做强,必然要有效地控制人力资源成本,对资源进行合理配置,这样才能使得巴川教育体系的品牌优势不断增强。

人力资源成本是一个组织为了实现自己的目标,创造最佳的经济效益和社会效益,而取得、开发、使用、保障必要的人力资源及人力资源离职所支出的各项费用的总和。因此,控制人力资源成本应该从人力资源的取得、开发、使用、保障以及离职入手。

第二,控制人力资源成本。首先,降低人力资源的取得成本。巴川中学人力资源的取得成本主要来自巴川中学招聘、考试、录用等相关程序发生的费用,是引进人才所必须发生的。但是学校也不能盲目地使用资金,追求不符合要求的人员或简单地追求名师等,否则就可能降低资金的使用效率。因此,在确定人力资源的取得成本时应该做到以下几点:其一,确定取得成本中各项费用的计算标准,明确可投入的资金数量以及取得成本中各组成部分的比例。其二,根据学校实际情况,确定科学实效的人员招录计划。人才招录计划应体现注重实效、科学合理原则。学校只有在招聘时先对岗位做好分析,不浪费人才也决不降低要求,按照这一标准估计费用,才能从根本上解决资金使用浪费的问题,从而保证每一分钱都在为招录的有效工作服务。其三,建立高效、公正的人才招聘队伍。一方面,只有依靠高效、公正的人才招聘队伍,才能把握招聘的正确方向,明确所需人员的基本素质和相关资格要求。另一方面,人才招聘队伍素质的好坏将直接影响受聘者对学校的形象认知,影响受聘者对学校的选择。若人才招聘队伍不能做到高效、公正,则必然造成人员招聘上的浪费。

其次,降低人力资源的开发成本。人力资源的开发成本主要包括对新进教师的培训工作,对已有教师的继续教育工作,以及对转为行政人员的教师的管理培训工作。因此,降低人力资源的开发成本就要求降低人力资源开发成本中的各个组成部分。其一,人力资源开发成本的降低可以从规模效益的角度考虑。寻求培训利益最大化或最接近利益最大化的人员数量点和成本投入点作为开发成本的投入数量选择点,使培训的资金投入达到利益最大化的目的,从而降低开发成本。其二,培训方案应科学合理。对于受培训者的培训效果和资金投入的回馈效果,主要取决于培训的相关方案是否科学合理。培训方案科学合理将保证开发成本投入的有效性,并且降低培训中资金的浪费,提高资金的使用效率。其三,应大量收集培训中的反馈信息,进行评估。在培训过程中,为了调查本次培训的效果,并为下一次的培训提供借鉴,以期提高培训资金的使用效率,就要求我们对受训者进行大量的反馈信息收集,并进行相关的分析评估。通过每一次培训的信息反馈逐步完善培训各个方面的安排,进而达到降低人力资源开发成本的目的。

再次,降低人力资源的使用成本。人力资源的使用成本主要是指学校为了保证教师的正常工作所需支付的维持成本和激励成本。其中,维持成本基本上不会发生太大的变化,因此降低人力资源的使用成本应主要从激励成本着手,如果纯粹地降低激励成本则可能影响到学校的教学,所以,应该从提高激励成本的角度来提高教师工作的积极性,使其创造出更多的效益,来提高学校的生产效率,然后找到提高激励成本的最大效益点,使激励成本合理增加,在相对程度上最大限度地降低人力资源的使用成本。其一,要对人力资源的使用成本进行合理的安排。激励作为人力资源管理的一部分,能够提高教师的工作积极性。激励成本投入比例的提高,不但能够提高人才的使用效益,还能够进一步改善单位的投入-产出效益。这样就相当于在相同的人力资源使用成本投入下,因为安排而增加了产出,从而相对降低了使用成本。其二,建立一套公平的绩效考核制度。只有建立一套公正的绩效考核制度,作为对人力资源做出奖惩、升降、调换等行为的依据,才能保证随后带来的激励措施是行之有效的,否则,激励措施有可能非但没有带来好的效果,反而进一步加深了教师内部矛盾,影响其工作的积极性,造成学校生产效率下降,致使人力资源的使用成本上升。

最后,降低人力资源的保障和离职成本。人力资源的保障成本主要由四方面构成,具体包括不可变的退休养老保障成本、失业保障成本和可变的健康保障成本、劳动事故保障成本。因此要降低学校的人力资源保障成本就只能从改变可变的健康保障成本和劳动事故保障成本入手。而现今是人本社会,学校的发展也离不开人,健康保障成本和劳动事故保障成本都是为了维护人的发展所必需设立的,所以学校在人力资源保障成本的控制上应根据教师数量及其工作性质设定,不可过分地降低人力资源的保障成本。第二,离职成本是指人员流失所发生的一切费用。而人员流失主要出自两方面的原因:一是自然原因,如部分教师退休、因病提前离岗等;二是人为原因,如学校的激励失效、教师缺乏归属感、评定不公平等。所以降低人力资源离职成本就应做好以下几点:其一,建立学校内部的后备技术人员和干部人员储备库,以防止由于某一教师离职而造成生产效率的降低。其二,为教师建立归属感,要想降低离职成本,最好的方法就是没有教师离职,那么离职成本也就自然降低了。而要教师一直为学校服务就一定要使教师对学校有归属感。所以培养教师的这种归属感就是降低离职成本的有效手段。其三,建立团结向上、公正严谨的学校文化和全方位的福利制度。学校文化是学校发展的指导方向,也是教师努力奋斗的行为指南,良好的学校文化将增强集体的凝聚力、竞争力;另外,全方位的福利制度更能吸引教师为学校服务,这些必然使学校的离职率降低,从而间接地降低人力资源的离职成本。

人力资源成本降低的措施还有很多,但是一定要有度,一味地降低,只能带来教学效果的下降,甚至还会造成人员流失,更可能给学校的声誉造成毁灭性的灾难。所以,在保证学校效益最大化的同时寻求最低的成本才是最成功的民营教育。

第三,薪酬方案设计思路。在现代人力资源管理理论中,薪酬涵盖了员工由于为某一个组织工作而获得的所有直接和间接的经济收入,即员工因为与组织存在雇佣关系而从雇主那里获得的各种形式的经济收入以及有形的服务和福利。薪酬可以划分为基本薪酬、可变薪酬以及间接薪酬三大部分。

一般来说,基本薪酬是相对固定的,并不与绩效直接相关。这就是说,如果一个雇主决定要提高雇员的基本薪酬,那么,由于工资的刚性,基本薪酬的基数将似滚雪球一般越来越大,人力资源的管理成本也将水涨船高,节节攀升。如果直接削减基本薪酬水平,则势必会严重打击员工的积极性和工作满意度,最终导致员工工作效率降低,出现消极怠工以及离职等消极的冲突行为。所以,降低人力资源成本的主要着手点是可变薪酬部分。对于教师而言,可变薪酬部分主要是奖励绩效、各项奖金以及工作量工资。不同薪酬方案设计思路、优缺点及应对措施如表 1.1 所示。

表 1.1 不同薪酬方案设计思路、优缺点及应对措施

方案	思路	优点	缺点	应对措施
方案一	奖励绩效发放	合理配置资源	过于烦琐	共同讨论
方案二	较少数量,拉大差距	更具激励性	会使得一部分教师不满	宣传+招收新教师
方案三	工作量梯度差异	控制成本,保障升学率	带来不公平	—

方案一

思路:对奖励绩效的发放设计合理方案,对考核的内容和权重进行合理分配。

优点:使资源能够合理配置,不会产生资源的浪费,可以鼓励教师提高教学质量,同时创造一种公平竞争的氛围。

缺点:考核方案过于烦琐,会使教师斤斤计较;同时,如果奖励幅度不大,则对教师缺乏激励性。

应对措施:学校领导、教师代表和其他部门共同讨论,可以得出比较合理的方案。

方案二

思路:对奖金的种类重新定夺,将有重复的奖项合并,并将不同等级的奖金差距调大,适当降低奖金数额。

优点:将有重复的奖项合并以及适当降低奖金数额,在资金上会有显著的成本降低效果。由于不同等级的奖金差距调大,教师将会更加追求卓越,提高教学质量,保障升学率。

缺点:一部分教师的收入会下降,这部分教师可能会心生不满,从而影响教学质量。

应对措施:给教师们开会,让他们了解这种改革对他们的好处。如果有教师离职,则加大招收新教师的力度,并做好入职教师培训和学校文化宣传工作。

方案三

思路:对工作量有一个合理的限制;工作量工资在不同学科间体现差异;对工作量工资设置梯度差异,工作量越大,则边际工资越低。

优点:对工作量有一个合理的限制,可以控制成本;工作量工资在不同学科间体现差异,会激励相应学科教师的工作热情,保障升学率;对工作量工资设置梯度差异,工作量越大,则边际工资越低,会使教师合理控制工作量,提高教学效率。

缺点:可能会使部分学科教师感觉不公平,影响教学效果。

3.2 新鸥鹏集团员工培训情况

(1) 教育商学院简介

新鸥鹏集团的教育商学院,是其企业大学的一个分支。新鸥鹏集团企业大学是一所跨行业的综合性企业大学,以人才培养、文化凝聚、管理研究为主要发展方向。整个大学的运营系统包括招生品牌中心、综合管理中心和教育教学管理中心,下设教育、地产、物业、营销商学院。其师资由资深的人力资源管理师、有多年咨询背景的人员、集团经验丰富的管理人员和资深的教育培训师等组成。

其中,教育商学院由教育集团进行行政管理,由企业大学提供专业指导,其性质是专属教育集团的培训机构。所有经费、资金、薪酬均由教育集团直接拨付,而不是向各个学校收取;主要工作为监控教育集团的人才结构,培养干部梯队、骨干教师和新员工,主要进行通识教育和综合素质教育,并推广和传播企业文化。

教育商学院有健全的考核机制。教育商学院设计完成培训课程,需经过企业大学专家领导进行初步审核,提出相关意见及建议,经过修改后,由教育商学院具体实施培训课程。课程培训期间,专家领导进行视察;课程结束后,通过复盘、寻求学员反馈等方式,评估绩效并总结经验。

(2)课程类型

第一,巴川干部培训班。每期运营一年,由20名巴川中学现有干部和骨干教师参加,由著名高校和中学教师、教育工作者、企业实践专家担任主讲,为巴川中学领导层培养人才梯队和后备力量。项目采取MBA培养模式,实战、实践多于理论学习。与此同时,每人配备一位导师,每人分配一个课题,在实战中践行。除注重实践外,项目也注重在比较中提升,组织学员参访学习国内外名校,如北京第十一中学、上海中学、华东师范大学附属中学、剑桥大学等,学习先进的办学模式和教育理念。

第二,好讲师大赛。每年5月至12月期间举办,有上百名教师参加,最终至少有30人获奖。大赛组织教师进行教学技能和教学课件制作的培训与评比,通过报名、一期培训、初赛、复赛的模式进行选拔,并分级设置奖项,首席可得上万元奖学金。大赛激发了教师的教学积极性,并利用这样的机会表彰了优秀的教师。

第三,教育文化讲堂。大讲堂每季度举办一次,同时举办数量较多、时间不固定的小讲堂。大讲堂将邀请行业大咖进行讲授,而小讲堂则分享外出参访学习员工的经验。该讲堂面向全体员工、干部,每次可容200—300人参加。

第四,战略与文化轮训。该项目长期进行,以全体员工、干部为培训对象,致力于使企业文化和战略深入每个员工的理念中。

第五,新员工培训班。每期运营数天,对新员工进行培训,以使新员工的思想和文化融入新鸥鹏集团,达到统一。

(3)课程内容

新鸥鹏教育集团经过长期的探索,形成了独到的课程内容设置(见图1.10)。

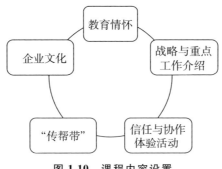

图1.10 课程内容设置

一是教育情怀。详细介绍新鸥鹏集团的发展历程,其中,不仅有官方正式的大事记介绍,更邀请了在教师岗位上耕耘多年的老教师现身说法,以老教师个人的视角向学员们讲述新鸥鹏集团的发展与故事。不仅注重用事实说话,更强调以情动人。

二是战略与重点工作介绍。介绍新鸥鹏集团未来发展战略与布局以及近期规划与重点工作,同时介绍学员个人发展前景与新鸥鹏集团发展战略的相关关系,让学员意识到自己与新鸥鹏集团同呼吸、共命运。

三是企业文化。主要介绍新鸥鹏集团的企业文化,注重从一些小案例中折射和体现出企业价值,播放董事长关于企业文化的讲话,并要求学员们总结分析新鸥鹏集团的企业文化和导向。

四是"传帮带"。知名的老教师发表以"一心一意做教育的乐趣""静下心来教书,潜下心来育人"等为主题的演讲,现身说法,激励青年教师把教育当作事业而不仅仅是职业,真正做到以学员为中心,热爱教育事业。

五是信任与团队协作体验活动。例如红黑游戏——考验信任,高空飞蛋——培养创新意识,轮流报数——尊重规则和团队协作。

(4)课程设置目标

教育商学院目前处于成立初期,在资金和师资等方面仍处于起步阶段,因此在课程设置上立足于通识教育,而较少涉及对员工的专业技能培训,其课程设置目标主要体现在以下几个方面:

一是让学员们学习新鸥鹏集团发展战略。通过让学员们学习新鸥鹏集团发展战略,了解新鸥鹏集团未来发展计划,深切地感受到新鸥鹏集团的发展前途与美好未来,从而使其对新鸥鹏集团充满信心。同时在培训过程中,可以让学员们意识到新鸥鹏集团发展战略与自身发展息息相关:学员们自身的努力与拼搏可以为新鸥鹏集团的发展与理想大厦的建造添砖加瓦;反过来,新鸥鹏集团的不断发展对员工个人的职业发展也有着极大的促进作用。

二是让学员们学习新鸥鹏集团企业文化。不仅是让学员们了解和熟悉新鸥鹏集团的企业文化,而且是让他们更进一步地吸收并认同新鸥鹏集团的企业文化,最终内化为他们自己的文化价值观念,在未来的工作中,工作理念、态度与作风都与新鸥鹏集团企业文化相一致。同时,让学员们有意识地在企业内部营造浓厚的企业文化氛围,走出企业时能够向外界传递新鸥鹏集团积极向上的企业文化形象。值得注意的是,在强调与企业文化保持一致的同时,应讲究适度原则,在合理的范围内,允许怀疑、反对、批评声音的发出,体现企业文化的多元性与包容性,并从批评与否定的意见中汲取可取的部分,为企业文化的发展提供参考,从而注入一股新鲜与蓬勃的血液。

三是引导学员们热爱教育事业,潜心教书育人。新鸥鹏教育商学院主要服务于新鸥鹏教育集团,培训对象都是教育工作者。面对相对较为浮躁的社会环境,教育工作者们潜下心来教书面临极大的诱惑与考验。青年教师群体中普遍存在仅将教育当作一门谋生职业而不能静下心来培育学生的现象。针对这种现象,培训课程需要积极引导学员热爱教育事业,奉献于教育事业。

四是培养学员的团队意识、合作精神、终身学习意识和创新意识等软实力。这些能力不是专业技能,但是在学员的工作中都发挥着不可忽视的作用。如果学员在工作中具备团队合作、不断学习、勇于创新等品质,那么对于一个项目的推进、一个部门工作的展开,乃至整个企业的发展都有着极大的推进作用。

3.3 民营企业员工培养的优势和启发

(1) 优势和成果

第一,以项目制形式开展,做到课程设置分层级、课程内容多元化。新鸥鹏教育商学院2017年主要推进五大培训项目的开展,针对巴川中学现有干部和骨干教师以及教育集团新员工研发不同的培训课程,使其能够有效满足不同岗位学员的要求,实现不同培训的目标。针对为巴川领导层培养后备力量的目标,巴川干部培训班安排学员们参访学习国内外名校,并为学员们配备导师提供理论和实践指导;而对新员工培训的首要目标是统一其思想,因此课程设置上主要是向学员们介绍企业的发展历程、战略规划和文化。

除巴川干部培训班和新员工培训班两个培训对象特定的项目外,其余项目都是面向教育集团全体员工、干部提供培训服务,培训内容丰富多彩、形式变化多样。其中,好讲师大赛以比赛的形式选拔教学水平高的教师予以表彰,同时激发教师的教学积极性;教育文化大讲堂则邀请行业资深专家向学员们介绍行业内的最新发展动态,开阔学员们的眼界,使其保持对行业变化的敏感度。总体而言,项目制培训是在明确培训目标和培训对象差异的基础上进行的,也只有在此基础上,培训课程才能做到科学有效。

第二,筹资模式简明高效。教育集团的所有经费、资金、薪酬均由教育集团直接拨付,而不是向各个学校收取,也不由企业大学拨付。不向各个学校收取培训费用,减少了各个学校的运营经费,同时也避免了学校为减少费用而减少教育培训次数的风险;此外,当若干个学校合办一个培训项目时,规避了培训费用难以划分的问题。教育商学院虽然由企业大学提供专业指导,但鉴于企业大学的跨行业、综合性性质,其下设教育、地产、物业、营销四个商学院,资金拨付比重上较难把握,易导致四个商学院由于资金拨付的差异而产生矛盾。教育商学院服务于教育集团,资金由教育集团提供更加合理和高效。

第三,培训讲师的选择和培育。现阶段,培训讲师主体为在新鸥鹏教育集团耕耘十余载的老教师,他们从自己的视角出发,向青年教师讲述新鸥鹏教育集团的发展史与做一名教育者的情怀。一方面,老教师角色对于青年教师而言即为学习的榜样;另一方面,老教师将个人饱含真情的故事融入演讲中,则极易感染学员,演讲反馈效果极佳。

同时,教育商学院通过好讲师大赛等形式积极筛选行业优质师资为集团服务和培养内部优秀兼职讲师。这一方面壮大了教育商学院的优质讲师队伍;另一方面,相较于外聘讲师或教授而言,内部讲师有利于在讲师与学院之间形成一种传承的关系,从而密切讲师与学员之间的联系。

第四,注重引导学员分析总结。在课程中穿插学员总结环节,在课程结束后安排学员进行结业汇报,鼓励学员参与思考与总结。通过汇报、总结的环节,增强学员的自主性与参与度,推动学员认真听取讲座内容,积极思考讲座内容及其背后的含义,并对培训内容进行回顾、梳理,进一步升华内化为自己的知识储备。此外,向其他学员分享和听取其他学员的总结及感受,为大家交流思想、分享智慧提供良好的平台。

第五,通过游戏形式培养学员的创新意识和团队协作意识。创新意识和团队协作意识的重要性不言而喻,因此培训课程的重点应放在挖掘学员的创新意识和团队协作意识上。通过讲座单一讲授的形式可能收效甚微,而通过简单的小游戏,则能够让学员们亲身参与和体验游戏过程,进而激发其创新意识和团队协作意识。

以高空飞蛋游戏为例,讲师为学员们提供各种材料,让他们集思广益,充分利用这些材料保护鸡蛋从高空坠落后不破碎。在这个过程中,讲师不予以提醒,而是让学员们自行想象和创造,激发他们的创新意识。同时在制作过程中,让学员们在有限的时间内,分工协作并有效协调小组内部的不同意见,共同完成保护鸡蛋的任务。通过游戏的形式,使学员们在轻松愉快的氛围中,感受到团队合作的效率和快乐,激发他们的创新意识。

（2）改进方向

第一，设置丰富的课堂教学形式。在目前单一的讲授形式下，学员们的专注度会随着时间的推移而显著地下降，进而影响教学效果。我们要想提高课堂教学的趣味性，真正吸引学员们的眼球，让他们在不知不觉中感受知识的真谛，就需要丰富课堂教学的形式。在课堂教学中，经常会出现学员发言引起意见分歧的情况，这时可以采取讨论或辩论的形式进行教学，让学员们在互动中交流彼此的知识和经验，共同成长。又或者，通过组织饶有趣味的游戏，寓教学于游戏之中，激发学员们进行科学探索的积极性。

第二，设置更加有效的激励机制。目前课堂教学多采用参与活动获得积分的制度，以激励教学目标的达成；但教学机制背后缺少足够的激励机制，对学员参与度的调动不足。在课堂教学中，适时地实施激励机制是构建高效课堂、激发学员学习兴趣的有效手段之一。课堂教学中恰当地运用激励机制，更能体现讲师的教育水平和聪明才智。

课堂激励机制的设定及实施看似简单，实则学问深厚。我们认为，课堂激励机制的设定不可千篇一律，即使是成功的课堂激励也不可一成不变地照抄、照搬，否则只会使激励机制沦为形式。

第三，设置清晰的培训主题。培训课程若缺少一条明确的主线贯穿或一个明确的主题支持，便会使课程显得没有逻辑，较为零散。当下，主题教学是一个非常流行的趋势。相较于任务驱动，主题教学显得更加生动、活泼。

好的主题应当是与课程的知识点紧密耦合的，主题完成的同时也完成了知识点的教学，并且也推动了主题的深入。有些主题教学采用的主题在考虑其中的紧密耦合时应深思熟虑，比如：主题和知识的联系是否恰当；主题推动环节如何设置；主题在推动技能需求上是否合理；环节间的连贯性如何，是否是自然的、必需的连贯；获得技能支撑后，是否体现了对主题认知或者思考的提升。对于这些问题，必须认真思索，不然，主题只能漂浮在课堂上，而文化也只能成为装饰品。

第二板块
美丽乡村经济转型探讨

一、美丽乡村发展综述与经济转型初步探讨

1. 美丽乡村发展综述

"美丽乡村"这一概念在中国共产党十六届五中全会上被首次提出,是社会主义新农村建设重大历史任务的重要组成部分。从概念上来讲,美丽乡村不仅强调外在美,还强调美在发展,要不断地壮大集体经济,切实地为民办事,更好地带动农民致富。美在发展是美丽乡村更高层次的建设要求,是真正的惠民、利民之举。

党的十八大以来,以习近平总书记为核心的党中央领导集体,赋予了美丽乡村这一概念更多的内涵,在"美丽中国"的大概念下,其进一步强调了尊重自然、顺应自然和保护自然的生态文明理念。美丽乡村不追求清苦贫穷的山清水秀,更不追求以牺牲环境为代价的丰富物质,追求的是和谐发展、可持续发展,是兼顾经济、政治、文化、社会的协调发展。2013年中央一号文件《中共中央国务院关于推进社会主义新农村建设的若干意见》第一次提出要建设美丽乡村的奋斗目标,进一步加强生态文明建设、环境保护和综合治理工程。

美丽乡村是小康社会在农村的凝练概括和形象表达。建设美丽乡村,是党中央、国务院深入推进社会主义新农村建设的重大举措。这是乡村发展的"增速器",是新农村建设的"升级版"。中国处于城乡发展转型期,加快农村发展、建设美丽乡村是缩小城乡差距、改善农村民生的重大战略。早在2003年,习近平同志在浙江工作期间,就提出实施"千村示范、万村整治"工程。党的十八大

以来,习近平总书记针对美丽乡村建设,提出了一系列新思想、新观点、新要求,强调中国要美,农村必须美,美丽中国要靠美丽乡村打基础;强调要为农民建设幸福家园和美丽宜居乡村。这些重要论述,饱含了对农村和农民的深情,为建设美丽乡村指明了方向。

2005年8月,习近平同志在浙江工作期间,在湖州市安吉县考察时提出了"绿水青山就是金山银山"的重要论断,强调了生态文明在美丽乡村建设过程中的重要地位。目前,中国在美丽乡村的生态建设方面已经取得初步成效,我们主要探讨美丽乡村的经济建设。大体上来看,乡村的经济发展主要分为政府主导与企业主导两种模式。

1.1 政府主导多元产业布局驱动

纵观全国,大部分农村缺少可以引领带动整体经济发展的龙头企业,通常是以政府为主导,通过支柱产业带动整个乡村的经济发展。在形式上,通常有现代农林业、生态旅游业、文化创意产业及特色制造业等。

以泉州市为例,泉州市安溪县自20世纪70年代起至今,历经40余年的发展,藤铁工艺已成为安溪县仅次于茶产业的一大特色支柱民生产业,其出口额约占全县出口总额的80%,对增大经济总量、扩充税源、吸纳和转移农村剩余劳动力均有强力的带动作用。安溪县于2002年被农业部授予"中国藤铁工艺之乡"称号,是全国最大的藤铁工艺品生产和出口基地。

在泉州市德化县,旅游业已成为其重要的支柱产业之一,陶瓷文化旅游已成为当地旅游业发展的新增长点。同时,文化创意产业方兴未艾,发展态势良好。德化县制瓷历史悠久,瓷窑遗迹众多、制瓷技艺高超、地方风情独特,这些都是德化县陶瓷文化旅游的优势资源。德化县陶瓷创意产业基地为福建省发改委确定的重点培育发展的海峡西岸十大创意产业园区之一。这引导着德化县陶瓷产业从传统的制造型逐步向文化创意产业型转变,促进德化县陶瓷产业转型升级,提升德化县陶瓷产区的影响力和竞争力,继而加快德化县陶瓷文化旅游品牌的建设。

1.2 企业主导重点产业发展驱动

在部分乡村,另一种发展模式则为由龙头企业带动当地经济发展。龙头企业一般具有较为先进的技术和雄厚的实力,具有社会责任感的企业会积极参与到美丽乡村建设中,能够在发展过程中贯彻市场思想,大大提高效率。中国应鼓励这些企业积极参与美丽乡村建设,重点扶持市场前景好、辐射带动能力强、吸纳农村就业人口比例大的产业,实现产业扶贫示范基地与龙头企业对接、产业扶贫综合示范园区与整村推进对接、扶贫产品推广中心与生产基地销售市场对接。

以河南新县为例。河南羚锐制药有限公司(以下简称"羚锐制药"),有着坚实的企业历史和文化基础,积极承担社会责任。羚锐制药是依靠国家扶贫专项拨款起家的国家扶贫龙头企业,是在政府和当地人民的支持下一步步做大做强的。因此,在企业发展具备一定规模的今天主动反哺社会。"作为老区的代表,我们有责任和义务帮助贫困人口实现脱贫,也有信心和决心根据当地的原材料优势,发展当地经济。把新县的绿水青山,变成金山银山,变成新县人民的宝山。"全国人大代表、羚锐制药董事长熊维政先生如是说。这种以感恩情怀反哺社会的发展理念一直贯穿羚锐制药发展的始终。羚锐制药以"产业+企业+产品+社区"为活动主线。在产业端,通过建设中药材种植(养殖)示范基地等模式进行产业扶贫;在企业端,企业内部承担社会责任的表现则体现在对员工的关怀上,为乡村员工提供丰富的文化体育活动及充足的职业培训和提升机会;在产品端,努力压缩产品成本,坚持产品质量;在社区端,认真贯彻中央、省、市和县关于新时期扶贫开发工作的总体要求,坚持精准识别、精准管理、精准帮扶、精准脱贫,以系统规划为引领,以产业扶贫为重点,充分履行地方龙头企业的社会责任和企业担当。

2. 政策红利:拉动乡村发展的火车头

近年来,发展乡村经济,建设社会主义新农村,构筑美丽乡村,一直是党中央、国务院高度重视的问题。国家现代化的全面进程是以农村资源完全奉献开始启动并基本贯穿全程的,农业、农村、农民为中国的现代化事业做出了巨大的贡献,并持续承担着资源输出、人力供给基地的功能。所以,国家在资源配置上的倾斜更多的是国家政策的矫正,是公共产品与公共服务均等化供给、国民待遇普惠所有国民的题中之义,是促进社会公平正义的国家正义、政策正义的理所应当之举。当然,对于弱势的底层社会农民而言,这不仅需要政策平等,还需要国家政策照顾,需要必要的政策倾斜。从国家发展历史过程来看,这还是城市反哺、工业化反哺、现代化反哺的应该之举,是对农民、农村的"还债"。而且,农村建设也为国家整体建设提供了更广阔、更完善、更开放的市场,既能为国家现代化提供发展后劲与巨大动力,又为国家全面现代化所必需。当前,建设美丽乡村是国家现代化进程在优化结构、增强动力、化解矛盾、补齐短板上取得突破性进展的一个重要方面,是国家责任的重要体现,是人民主权国家的当然要求。

2.1 新时期中国乡村经济的发展成果

党的十九大报告明确提出,"要坚持农业农村优先发展",这是以习近平同志为核心的党中央对中国城乡关系、工农关系做出的重大战略调整,是党中央着眼"两个一百年"奋斗目标和决心下大力气补齐农业农村短腿短板所做出的重大战略安排,是中国特色社会主义"三农"思想的重大发展,是习近平新时代中国特色社会主义思想的重要内容。实施乡村振兴战略,加快推进农业农村现代化,必须把这一重大战略部署落到实处。

（1）农业农村优先发展是对中国城乡关系、工农关系的重大战略调整

中华人民共和国成立以来,中国农业农村发展的定位随着社会的发展在不断调整变化。社会主义建设初期,毛泽东在《论十大关系》中谈到如何处理好重工业和轻工业的关系时强调,"重工业是我国建设的重点,必须优先发展生产资料的生产",对农业的定位是提供"发展工业所需要的粮食和原料",由此基本确立起了"农村支持城市、农业养育工业"的方针和政策,通过农业农村发展解决中国工业化和城镇化所需要的资金和原材料问题。改革开放以来,邓小平在总结农业农村发展经验和教训的基础上提出:"工业支援农业,农业反过来又支援工业,这是个加强工农联盟的问题。"充分肯定了农业、农村、农民为中国工业和城市发展做出的贡献。2004年,党的十六届四中全会做出了中国已经进入"工业反哺农业、城市支持农村"阶段的判断,明确了实施"以城带乡、以工补农"的重大方针。

党的十九大提出,当前中国社会主要矛盾是人民日益增长的美好生活需要和不平衡不充分的发展之间的矛盾,这"不平衡不充分"中就包括当前中国的工农差距和城乡差距。目前,中国的城乡关系、工农关系还不适应实现"两个一百年"奋斗目标尤其是决胜全面建成小康社会的要求,必须据此做出重大调整。从体制机制上来看,城乡要素平等交换和公共资源均衡配置的体制机制仍然没有完全建立,农业农村发展仍然受到工农产品价格"剪刀差"与城乡要素价格"剪刀差"双重挤压,工农差距、城乡差距仍然很大。因此,坚持农业农村优先发展战略,就是要打破城乡发展的制度藩篱,实现城乡发展一体设计、统筹布局、融合促进,建立农业农村与工业城镇共享资源配置、要素交换、公共服务的调控制度和市场机制等。

（2）着眼构建"四个制度体系",落实农业农村优先发展战略

一是构建主体功能区资源、要素、服务供给制度体系。着力解决当前工农、

城乡发展不平衡、不充分的难点和短板。二是构建要素交换上满足农业农村优先发展的制度体系。推动工业资本积累和国民收入分配优先向农业农村倾斜，大幅度提高公共财政在"三农"领域投入的比例，将农村基础设施建设全面纳入公共财政保障范围。要形成全面吸引人才返乡下乡就业创业的激励政策体系，并给予优惠政策。三是构建资源配置上优先保障农业农村发展的制度体系。在节约、集约利用的基础上，保证农业现代化发展资源的数量和质量的优先，保证农业产业用水、用电、用地等需求，特别是适应一、二、三产业融合发展需要，加快创新农业设施用地政策。四是构建公共服务上满足农业农村发展优先的制度体系。基础设施应优先向农村延伸、公共服务应优先在农村覆盖，尽快拉平城乡在教育、医疗、养老、社会保障等方面的差距，让广大农民平等地参与现代化进程、共享现代化成果。

（3）运用"三个新抓手"，落实农业农村优先发展战略

坚持农业农村优先发展，当前要在制度设计、政策扶持和重大工程支持三个方面做出深度调整并落地实施，从而形成新抓手。一是在制度设计上，以完善市场体制机制为突破口，系统构建现代农业经济体系。重点强化要素与产品价格市场化改革，探索增强国有经济对农业农村经济的影响力，强化国家规划战略导向作用，发挥投资对供给侧结构性改革的关键作用，完善农业经济政策协调机制，增强金融服务于农业经济实体能力等市场供给制度方面的对策研究和具体实施。二是在政策扶持上，强化目标导向和问题导向，引导整合扶持措施向设施农业、绿色发展、品牌建设、主体培育、产村融合、生产服务、创新改革、防灾减灾等领域聚集，健全新时代农业农村支持保护体系。三是在重大工程支持上，以《全国农业现代化规划（2016—2020年）》确定的重大工程为重点，优先上马一批促进农业农村现代化的重大工程。比如，着眼于农业绿色发展和增加绿色优质农产品供给的绿色提升工程，重点推进农业环境突出问题治理，强化农业资源与生态环境保护，建立绿色发展长效机制；适应农业现代化建设需求的产业升级加固工程，改造提升高标准农田等基础设施，加快应用物联网等信息化技术，促进产业发展提挡升级；围绕村庄改造与产业发展有机结合的产村融合工程，打造各具特色、产业兴旺、生态宜居的美丽乡村、现代新城；经营主体培育工程，在发展现代化新型主体的同时，完善小农户保护措施，使新型主体和小农户同步进入现代化。

2.2 大力建设社会主义新农村的核心思路

十六届五中全会通过的《中共中央关于制定国民经济和社会发展第十一个五年规划的建议》,提出了建设社会主义新农村的重大历史任务。

建设社会主义新农村就是把农业和农村工作放在现代化建设全局的更加突出的位置。通过工业反哺农业、城市支持农村,促进农村的小康和农业的现代化,这是整个现代化建设的一个重大步骤。加强农业和农村建设是一着"活棋",这一步棋走好了,就能够带动内需和消费,从而使中国的经济发展建立在更加坚实的基础上。

建设社会主义新农村的着眼点是发展现代农业,提高农业的综合生产能力。我们之所以提出要加强农村基础设施建设和农村各项社会事业的发展,就是为了改善农民的生产和生活条件。

建设社会主义新农村必须坚持两项根本原则:一是保障农民的民主权利,特别是土地承包经营的自主权。要尊重农民的意愿,不搞强迫命令。二是让农民得到实实在在的利益,要把提高农民的物质文化生活水平贯彻始终,并且作为检验的标准。要讲求实效,不搞形式主义。

2006年出台的中央一号文件《中共中央国务院关于推进社会主义新农村建设的若干意见》,以扎实推进社会主义新农村建设为主题,对"十一五"时期和2006年新农村建设提出了总的要求,指出了需要把握的原则,并对新农村建设的各项任务做出了具体安排,具体包括八个方面:一是统筹城乡经济社会发展,扎实推进社会主义新农村建设;二是推进现代农业建设,强化社会主义新农村建设的产业支撑;三是促进农民持续增收,夯实社会主义新农村建设的经济基础;四是加强农村基础设施建设,改善社会主义新农村建设的物质条件;五是加快发展农村社会事业,培养推进社会主义新农村建设的新型农民;六是全面深化农村改革,健全社会主义新农村建设的体制保障;七是加强农村民主政治建设,完善建设社会主义新农村的乡村治理机制;八是切实加强领导,动员全党全社会关心、支持和参与社会主义新农村建设。

该文件有三大特点:一是以新农村建设为主线,把"三农"中的农村建设作为鲜明的主题。文件提出,要加快建立以工促农、以城带乡的长效机制。顺应经济社会发展阶段性变化和建设社会主义新农村的要求,坚持"多予少取放活"的方针,重点在"多予"上下功夫。二是全面取消农业税。作为2006年重要的农村政策,这是非常突出的亮点。2006年终结了农民种田交税的历史,标志着在中国延续了2 600多年的农业税从此退出历史舞台,是具有划时代意义的一件大事,是统筹城乡发展的一大举措,是惠及亿万农民的一大德政,具有重大的现实意义和深远的历史意义。三是体现了"十一五"期间农村工作的主要精神。

2.3 着重构筑美丽乡村战略

《美丽乡村建设指南》国家标准由质检总局、国家标准委2015年5月27日发布,以"经济、政治、文化、社会和生态文明协调发展,规划科学、生产发展、生活宽裕、乡风文明、村容整洁、管理民主,宜居、宜业的可持续发展乡村"为内涵,以《农业部美丽乡村创建目标体系》为重要参考,确定美丽乡村建设的主要技术内容。通篇由12个章节组成,主要分成总则、村庄规划、村庄建设、生态环境、经济发展、公共服务、乡风文明、基层组织、长效管理9个部分。国家标准明确规定美丽乡村建设要遵循"政府引导、村民主体、以人为本、因地制宜、规划先行、统筹兼顾、民主规范"的总体要求,提出要坚持以需求和问题为导向,强化规划引领,做好统筹协调和顶层设计。

《美丽乡村建设指南》的制定,既充分地体现了农村的特点,注重乡土味道、保留乡村风貌,又客观地反映了各地建设与发展的需求,因而才能成为美丽乡村建设的有力抓手和创新驱动力。起草工作启动时,考虑到作为引导和支撑美丽乡村建设的重要技术规范,《美丽乡村建设指南》力求做到:一是把握实用、普适、兼容的原则,同时遵循保住底线并适当超前的总体要求;二是以经济、政治、文化、社会和生态文明"五位一体"的建设内容构成标准的整体构架;三是定性与定量相结合,对经济、环保、安全等重要指标进行量化,对于文化建设等领域,则用定性方式明确基本要求。

《美丽乡村建设指南》这一国家标准的出台具有以下三点意义:一是体现国家对美丽乡村建设的重视,具有很强的权威性;二是推动美丽乡村建设实现"有标可依",具有很强的规范性;三是提升美丽乡村建设的质量和水平,具有很强的引导性。

总之,美丽乡村建设是一项庞大的系统性综合工程,将全国各地美丽乡村建设的经验、成果以国家标准的形式固化下来,作为可参考、可借鉴、可复制的样本,这本身就是一项开创性工作,这一国家标准的颁布与实施将有助于促进美丽乡村高质量建设,也表明美丽乡村建设这项利国利民的事业已站在了新的起点上。

3. 聚焦当下：美丽乡村建设现状及问题分析

3.1 群众和政府存在认知差距，建设参与度低

一方面，鉴于对美丽乡村建设了解的不深，各级政府及职能部门在开展或参与建设时，无法形成建设合力，无法整体联动、整合资源。少数单位和部门还没有真正深入地理解和把握美丽乡村工作的深刻内涵和重大意义，还没有从根本上把这项工作作为重大的民生工程来认真对待，个别基层政府积极性不高，导致工作推进滞后。在政策宣传方面，信息宣传相对滞后，部分农民群众对美丽乡村政策的了解认知和利用程度均有限。

另一方面，部分农民群众对推进美丽乡村建设的主体意识模糊，认为美丽乡村建设是政府行为，群众只是配合，"等、靠、要"依赖思想较为严重，积极性和主动性没有得到很好的调动和发挥，"政府热、群众冷""干部干、群众看"的现象仍然存在；在建设美丽乡村时，很多地方未发挥市场机制和社会力量的作用，而是单纯地依靠行政动员及采取运动式等方法。尽管垃圾处理、污水处理等设施得到了高标准建成，但因缺乏长效机制而无法长期运转。特别是，政府一方主导、农民参与不足的情况极为普遍，农民的主体作用得不到有效的发挥。如此一来，很多农民便认为，美丽乡村建设是政府的职责，久而久之，美丽乡村建设便出现"上热下冷""外热内冷"，甚至是"干部热情高、农民冷眼瞧"等情况，其症结为：美丽乡村建设主体错位，农民群众的积极性得不到充分发挥。

3.2 乡村建设规划牵引不充分

（1）市级层面没有编制美丽乡村建设总体规划，缺乏总揽全局的规划引领。比如，虽然毕节市委市政府出台了《关于大力实施农村环境综合整治 加快推进美丽乡村建设的实施方案》，但仅着眼于农村连户路硬化、院坝硬化和农村环境整治，在产业发展、农民素质、文化建设等方面没有明确相应的目标和措施，缺少通盘考虑，系统性、指导性不强。在泉州也出现了人才教育培训不足的问题，使得当地企业无法有效利用人才资源进行高端发展。商洛旅游文化丰富多彩，但若要深层次挖掘、利用农村文化特色，则更需要整体的有效规划。在美丽乡村建设中，一些优秀的传统文化、民间文化、非物质文化遗产急需抢救、保护和利用，一些特色文化内涵需要进一步丰富，各地的文化形象需要进一步提升。

（2）各县区对美丽乡村建设规划工作的重要性、紧迫性认识不足，对美丽乡村建设的长期性、复杂性考虑不够，许多地方甚至把美丽乡村建设当作一项单纯的阶段性创建任务，单一片面地强调点的建设，就建设而建设、搞"突击"现象比

较普遍,没有有效地处理当前建设和长期发展的关系。

(3)在村级层面,也没有编制美丽乡村建设规划,乡村建设缺乏科学论证,与资源禀赋、地缘条件、产业发展结合不密切,没有充分挖掘资源优势、地方特色、民俗风情、人文内涵等要素,同时与土地利用、村庄布局等衔接不紧密,规划的引领作用没有充分体现。如商洛这样多为山地的地区,立地条件差,农业生产发展约束性大;资金、技术、信息三要素缺乏;基础设施、公共服务、市场培育滞后;贫困群众发展产业难度大,产业发展比较优势难以确立。针对这样的地形和资源状况,更应该因地制宜,发展当地特色产业,而非盲目发展,跟风随大流。

3.3 产业发展缺乏持续动力

整体来看,美丽乡村建设中产业支撑能力较弱的问题比较普遍。主要表现在:

第一,规模小,品牌少,主导产业弱,产业特色不突出。包括商洛、泉州在内的各地在美丽乡村的产业建设方面均面临产业同质化严重的问题。产业差异化程度不足,在一定程度上造成了这些产业抗市场风险能力弱、总体竞争力下降、资源利用不够有效等。

第二,合作组织覆盖面小,龙头企业产业链条短,产业带动能力弱。如商洛、泉州等地产业在产业链分工的过程中龙头企业带动作用还未得到充分发挥,龙头企业和其他中小企业协作关联程度有待提高,多数企业规模小、技术含量低、产业链条短、经营业绩差、盈利水平低,提供就业岗位和带动产业发展能力不强。

第三,特色产业小而散,优而不强,产品缺乏竞争力。泉州的制造业企业以及商洛的养蜂业、冷水鱼业企业等在起步之初主要生产低技术含量、低附加值的中低端产品,通过低成本产品取得竞争优势参与市场竞争。近年来,这些企业虽然有了一定的发展,但其中的一些企业生产的产品集中在中低端,在中高端市场领域缺乏有竞争力的产品。

第四,资金投入不足,基础设施建设滞后,产业发展条件较差。虽然目前有部分村寨产业特色明显,但都还处于起步阶段。由于受各种因素的限制,产业品牌化、规模化、效益化等还明显不足;同时,农村其他新兴产业的培育和引进也比较难。在资金投入方面,资金投入较为分散,没有形成合力,导致投资回报率不高。商洛2016年全市地方财政收入42.93亿元,财政一般预算支出193.63亿元,是典型的"吃饭财政"。在激励机制方面,利益联结机制不完善、不紧密。大规模政府补贴使得受帮扶企业利益最大化的激励不足,导致企业盈利能力、市场竞争力不足。企业与贫困户之间的激励机制也尚未完善,贫困户的生产积极性未能被充分调动起来。

第五,"空心村"现象依然严重,农村的青壮年劳动力大量流失,导致农村建设缓慢,缺乏动力。如河南新县等地,青壮年劳动力进城务工,导致留守的都是孩子或者年纪较大的老人,所以在劳作的也基本上都是五十岁以上的老人,效率不是很高,能耕作的土地也有限,工资当然也非常有限,不能实现真正的脱贫致富,美丽乡村建设尚缺乏持续的动力和永久的生命力。

结合实践经验,搞好美丽乡村建设规划,应注重统筹兼顾、城乡一体;同时,规划设计应做到因地制宜,充分发挥当地特色,建设当地富有特色的产业,提高产品层次,并打造美丽乡村中的龙头企业。

二、政府主导多元产业布局典型模式分析与对比

1. 政府主导多元产业布局典型模式分析

十八届三中全会勾画了建设美丽中国、打造生态文明的宏伟蓝图,美丽乡村建设是其中的重要一环。习近平总书记对建设社会主义新农村、建设美丽乡村,提出了很多新理念、新论断、新举措,党的十八届五中全会提出了"创新、协调、绿色、开放、共享"五大发展理念,为我们研究美丽乡村建设指明了方向。中国国土辽阔,各地农村实际情况和发展条件大不相同,在统一的发展理念指导下,各地因地制宜地探索了众多各具特定的发展模式。从系统地理解美丽乡村建设的愿景出发,我们广泛地查阅了全国美丽乡村建设典型村、模范村的相关资料,对它们的发展模式进行了初步的总结,并与实际调研案例进行了初步对比。

1.1 产业发展型:江苏省张家港市南丰镇永联村

永联村是江苏省乡村发展最具代表的乡村之一,全国美丽乡村首批创建试点村,地处江南、长江之滨,隶属于江苏省张家港市南丰镇。

永联村曾被称为"华夏第一钢村",曾是张家港市面积最小、人口最少、经济最落后的村。改革开放初期,村领导组织村民挖塘养鱼、开办企业,陆续办起了水泥预制品厂、家具厂、枕套厂等七八个小工厂以及村集体轧钢厂,收益颇丰。在村集体的共同努力下,永联村不仅完全脱贫,还跨入了全县十大富裕村的行列。永联村是以企带村发展起来的,村集体有了经济实力,就可以为新农村建设、美丽乡村建设"加油扩能"。

近十年来,永联村投入数亿元用于新农村建设,村里的基础设施及社会公共事业建设都得到了快速的发展。此外,为解决数量过万的村民的就业问题,村党委还利用永钢集团的产业优势,创办了制钉厂等劳动密集型企业,有效地吸纳了村里的剩余劳动力。村里还开辟了 40 亩地用于建设工业园,统一建造生产厂房,廉价租给本村各个私业主;另外,还利用本村多达两万人的外来流动人口的条件,鼓励和引导村民发展餐饮、娱乐、房屋出租等服务业。

随着集体经济实力的壮大,永联村不断地以工业反哺农业,强化农业产业化经营。2000 年,村里投巨资于"富民福民工程",成立了永联苗木公司,将全村 4 700 亩可耕地全部实行流转,对土地进行集约化经营。这一举措,不仅获得了巨大的经济效益,同时大面积的苗木成为永钢集团的绿色防护林和村庄的"绿肺",带来了巨大的生态效益。目前,永联村正在规划建设 3 000 亩高效农业示范区,设立农业发展基金,并提供农业项目启动资金,对发展特色养殖业予以补助,促进高效农业加快发展。

近年来,永联村先后共投入 2.5 亿元,积极发展以农业观光、农事体验、生态休闲、自然景观、农耕文化为主的休闲观光农业,初步形成了集苏州江南农耕文化园、鲜切花基地、苗木公司、现代粮食基地、特种水产养殖基地、垂钓中心于一体的休闲观光农业产业链,休闲观光农业年收入达 7 573.7 万元。村里建设的苏州江南农耕文化园为张家港市唯一一家四星级乡村旅游区。[1]

以永联村为代表的产业发展型美丽乡村建设模式,注重把产业集体经济作为发展的基础,注重发展本地第二、第三产业,有效利用土地流转和当地人力资源优势发展支柱产业,以产业发展成果反哺带动新型农业发展和环境治理,统筹协调生态建设,鼓励多产业协同发展,促进居民收入持续增长,基础设施建设日趋完善,最终实现以产业发展成功带动美丽乡村环境治理和生态建设。但在该模式下,乡村经济发展需要格外注重经济建设和生态建设的平衡,以避免走上先污染再治理的老路。[2]

1.2 生态保护型:浙江省湖州市安吉县山川乡高家堂村

高家堂村位于全国首个环境优美乡山川乡境内,全村区域面积 7 平方公里,

---

[1] 姜林萌,赵瑾璐.从北京高碑店村和江苏永联村对比看社会主义新农村建设先进经验[J].中国发展,2013,13(2):73—80.

[2] 袁振宏,罗文,吕鹏梅,王忠铭,李惠文.生物质能产业现状及发展前景[J].化工进展,2009,28(10):1687—1692.

其中，山林面积9 729亩，水田面积386亩，是一个竹林资源丰富、自然环境保护良好的浙北山区村。高家堂村是安吉县生态建设的一个缩影，以生态建设为载体，进一步提升了环境品位。高家堂村将自然生态与美丽乡村完美结合，围绕"生态立村——生态经济村"这一核心，在保护生态环境的基础上，充分利用环境优势，把生态环境优势转变为经济优势。现如今，高家堂村生态经济快速发展，以生态农业、生态旅游为特色的生态经济呈现出良好的发展势头。全村已形成竹产业生态、生态型观光型高效竹林基地、竹林鸡养殖规模，富有浓厚乡村气息的农家生态旅游等生态经济对财政的贡献率达到50%以上，成为经济增长支柱。高家堂村把发展的重点放在做好改造和提升笋竹产业上，形成了特色鲜明、功能突出的高效生态农业产业布局，让农民真正得到实惠。从1998年开始，全村对3 000余亩的山林实施封山育林，禁止砍伐，并于2003年投资130万元修建了环境水库——仙龙湖，对生态公益林水源涵养起到了很大的作用，还配套建设了休闲健身公园、观景亭、生态文化长廊等。另外，新建林道5.2公里，极大地方便了当地农民的生产、生活。

此外，高家堂村着重搞好竹产品开发，如将竹材经脱氧、防腐处理后应用到住宅的建筑和装修中，开发竹围廊、竹地板、竹层面、竹灯罩、竹栏栅等产品，取得了一定的效益，并积极为农户提供信息、技术、流通等方面的服务。同时，积极鼓励农户进行竹林培育、生态养殖、开办农家乐，并将这三者有机地结合起来，特别是农家乐乡村旅店，能够接待来自沪、杭、苏等大中城市的观光旅游者，并让游客自己上山挖笋、捕鸡，使旅客亲身感受到看生态、住农家、品山珍、干农活的一系列乐趣，且不失休闲、度假的本色。此项活动深受旅客的喜爱，得到了他们的一致好评，而农户本身也得到了实惠，增加了收入。①

生态保护型美丽乡村建设注重以优美环境配合基础设施建设，在有效保护生态环境的基础上，实现当地经济资源的有效开发和利用，例如有效利用山林资源发展特色林业，积极用现代农业技术带动特色旅游，从而实现生态环境保护与乡村经济发展两手抓。但该模式需要较大的前期投资额度，需要一定的资金支持，而对于部分乡村来说则可能存在一定的困难。

---

① 吴理财，吴孔凡.美丽乡村建设四种模式及比较——基于安吉、永嘉、高淳、江宁四地的调查[J].华中农业大学学报（社会科学版），2014，33（1）：15—22.

1.3 高效农业型:福建省漳州市平和县三坪村

三坪村是国家 4A 级风景区——三平风景区所在地,该村共有 8 个村民小组 2 086 人。2012 年,该村农民人均纯收入 11 125 元。三坪村共有山地 60 360 亩,毛竹 18 000 亩,种植蜜柚 12 500 亩,耕地 2 190 亩。该村在建设美丽乡村过程中,充分发挥森林、竹林等林地资源优势,采用"林药模式"打造金线莲、铁皮石斛、蕨菜种植基地,以玫瑰园建设带动花卉产业发展,壮大兰花种植基地,做大做强现代高效农业;同时整合资源,建立千亩柚园、万亩竹海、玫瑰花海等特色观光旅游,构建观光旅游示范点,提高吸纳、转移、承载三平风景区游客的能力。

为了改善当地村民居住环境,提升景区周边环境品位,三坪村实施了美丽乡村建设工程,现如今建设中的美丽乡村已初具雏形,身姿靓丽,吸人眼球。2013 年,平和县斥资 1 900 万元,全力打造闽南金三角令人神往的人文生态村落。其建设内容包括铺设村主干道 1 公里、慢步道 2 公里、河滨休闲景观绿道 1.3 公里,以及开展村中沿街立面装修、污水处理、绿化美化、卫生保洁等。截至目前,当地已累计完成投资 960 万元,占年度计划投资的 50.5%。

几年来,三坪村特有的朝圣旅游文化和"富美乡村"的创建成果,吸引着众多的游客,也影响着当地村民的精神生活,带动了当地旅游产业的茁壮发展,走出了一条美丽创造生产力的和谐之路。该村先后获得"国家级生态村""福建省生态村""福建省特色旅游景观村""漳州市最美乡村"等荣誉称号,是漳州市新农村建设的示范点和福建省新农村建设的联系点,连续五届蝉联省级文明村。

高效农业型美丽乡村建设注重发展高附加值农业、林业,利用当地充足的自然资源实现发展。为产品添加高附加值,避免了自然资源的过度消耗和浪费,在此基础上利用自然资源发展现代农业和观光旅游业,从而进一步带动了基础设施建设。但该模式的推广存在一定的局限性,由于高附加值农业建立在其农业产品稀缺性的基础上,广泛发展容易引起附加值的降低。

1.4 休闲旅游型:江西省上饶市婺源县江湾镇

国家特色旅游景观名镇江湾地处皖、浙、赣三省交界,云集了梦里江湾 5A 级旅游景区、古埠名祠汪口 4A 级旅游景区、生态家园晓起和 5A 级标准的梯云人家篁岭四个品牌景区。依托丰富的文化生态旅游资源,着力建设梨园古镇景区、莲花谷度假区,成为婺源"国家乡村旅游度假试验区"的典范。中国美,看乡村,一个天蓝水净地绿的美丽江湾,正成为美丽中国在乡村的鲜活样本,并以旅游转型升级为拓展空间加快成为中国旅游第一镇。

江湾镇旅游资源丰饶,生态绿洲的晓起名贵古树观赏园荟萃了600余株古樟、全国罕见的大叶红楠木树和国家一级树种江南红豆杉,栖息着世界濒危珍稀鸟种黄喉噪鹛以及国家重点保护的黑麂、白鹇鸟等。江湾镇森林覆盖率高达90%,既是一个生态效应的示范镇,也是一个文化底蕴丰厚的千年古镇。该镇依托丰富的历史人文文化和良好的生态环境,成功地打造了"伟人故里——江湾""生态家园——晓起""古埠名祠——汪口"三个品牌景区。以品牌景区发力于乡村旅游,将江湾打造成为一个乡村旅游的省级示范镇。

28个省级示范镇之一的江湾镇,近年来积极发展乡村旅游,着力打造乡村旅游的示范镇,促进乡村旅游与农业、农民和农村发展有机结合,使乡村旅游参与主体的农民成为受益主体;投资8 000万元建设的篁岭民俗文化村和投资7亿元重点开发的以徽派古建筑异地保护区定位的梨园古镇景区处于紧张的建设阶段,这两个重点旅游工程的建成,将使更多的群众受惠于乡村旅游;积极引导开发农业观光旅游项目,打造篁岭梯田式四季花园生态公园,使农业种植成为致富的手段,成为乡村旅游的载体。

作为全国首批特色景观旅游名镇的江湾镇,乡村旅游效益逐年提升,2013年旅游接待游客达250万人次以上,联票收入6 800万元,旅游综合收入5.56亿元;围绕旅游"吃、住、行、游、购、娱"六要素,旅游带动旅游工艺品生产销售、旅游管理导游等相关产业从业人员近3 000人,旅游商品生产、宾招饮食服务企业330多家,农家乐120家。

江湾镇作为休闲旅游型美丽乡村建设模式的典型,主要体现在其尤其注意当地基础设施建设,同时充分利用当地自有的人文风光配合自然景观建设旅游风景区,文化与自然有效地结合从而吸引到充足的游客前来进行休闲旅游,为当地居民创造了巨大的收益。但该发展模式可能会碰到旅游业发展的天花板,同时,如果不能有效地管理和监督,那么过度增加的游客则会对乡村的发展产生一定的破坏作用。

1.5 文化传承型:河南省洛阳市孟津县平乐镇平乐村

平乐村地处汉魏故城遗址,文化积淀深厚,因公元62年东汉明帝为迎接西域入贡飞燕铜马筑"平乐观"而得名。该村以农民牡丹画而闻名全国,农民画家已发展到800多人。"一幅画、一亩粮、小牡丹、大产业",这是流传在平乐村村民口中的一句新民谣。近年来,平乐村按照"有名气、有特色、有依托、有基础"的"四有"标准,以牡丹画产业发展为龙头,扩大乡村旅游产业规模,探索出了一条新时期依靠文化传承建设美丽乡村的发展模式。

千百年来,平乐村村民有着崇尚文化艺术的优良传统。改革开放后,富裕起来的农民开始追求高雅的精神文化生活,从事书画艺术的人越来越多。随着牡丹花会的举办和旅游业的日益繁荣,与洛阳有着深厚历史渊源而又雍容华贵的牡丹成为洛阳的重要文化符号。游人在观赏洛阳牡丹的同时,喜欢购买寓意富贵吉祥的牡丹画以作留念,从事书画艺术的平乐村村民开始将创作主题集中到牡丹上。

经过20多年的发展,平乐村农民画家们的牡丹画作品远销我国的西安、上海、香港以及新加坡和日本等地,多次参加各种展览并获奖。2007年4月,平乐村农民画家自愿组建洛阳平乐牡丹书画院,精选120余幅作品在洛阳市美术馆隆重举办了农民书画展,展示了平乐村牡丹画创作的规模和水平。

小牡丹画出大产业。如今的平乐村,已拥有国家、省市画协、美协会员20多人,牡丹画专业户100多个,牡丹绘画爱好者300余人,年创作生产牡丹画8万幅,销售收入超过500万元。2007年,平乐村被河南省文化厅授予"河南特色文化产业村"荣誉称号,平乐镇被文化部、民政部命名为"文化艺术之乡"。中共河南省委书记徐光春先后两次就平乐村牡丹画产业发展做出批示。

文化传承型美丽乡村建设模式的核心是以文化传承落实乡村文创,调动当地丰富的文化资源,以农民的日常文化生活作为产业发展的落脚点,通过鼓励个体的创作来为乡村创收,进而带动其他产业和基础设施的建设与发展。这种模式的关键在人才,因此保持好可持续性的人才吸引尤为重要。

2. 实践调研情况与典型模式对比

我们从全国较为先进的美丽乡村转型为美丽经济的建设模式中,总结出了较为共性的几个特征:

第一,以上五种模式都依托于三种美丽乡村建设资源:其一,生态资源,依托生态,也就是天然的自然资源,主打旅游及现代农业、林业;其二,历史与文化资源,依托历史与文化,将各类文化遗产有机结合,主打旅游、传统技艺的工艺品制作;其三,产业资源,依托当地产业优势,将原有产业做大做强,以第二产业发展带动当地美丽乡村建设。

第二,众多美丽乡村不仅仅具有一类特色资源,而是当地的产业发展呈现出多样性,具有遍地开花的意味。比如永联村先依托产业资源,带动集体经济发展和农民致富,之后又发展现代农业和休闲旅游业;高家堂村在整治环境、打造村居生态的同时,利用当地特色的竹木资源,发展高附加值的现代农业,为农民创收,此外也主打生态环境,构建休闲旅游。

第三,在产业发展方面,众多美丽乡村虽然具有多个支柱产业,但各个产业的布局都具有主次之分。永联村就是以核心支柱产业——钢铁冶炼为抓手,利用核心支柱产业的快速发展为农民创收致富,将核心支柱产业的收入投资于其他产业,进一步发展出其他支柱产业。

第四,美丽乡村转型为美丽经济,大致可以分为两种路径:一种是通过美丽乡村基础设施的建设和环境整治,依托一系列的建设成果,进一步发展当地的特色产业,通过产业发展转型美丽经济,可以参考高家堂村的模式;另一种是以经济发展为核心,将大量的乡村建设资金投入当地产业的发展,通过产业发展创收,帮农民致富,下一步再投入资金,改善农民生活环境,同时将当地产业转型为可持续发展的"绿色"产业。

通过将上文中提到的美丽乡村建设的相关模式,与我们实地调研的美丽乡村建设模式进行对比,我们归纳梳理出了如下几个比较明显的不同之处。美丽乡村建设要想在长期内向全国先进模式靠拢,将美丽乡村转型为美丽经济,则需要做出有针对性的改良和努力:

第一,政策和口号性误导。美丽乡村转型为美丽经济的方式绝不仅仅只有休闲旅游一种,泉州市在美丽乡村的口号中将"宜游"放到了与"宜居,宜业"同等重要的层次,旅游业仅是美丽经济发展模式中的一种,无论是现代农业还是文化创意产业、特色制造业都可以成为美丽经济的发展模式。上级政府有明确的产业导向,直接导致了美丽乡村发展的同质化现象,"沃土计划"调研小组途经的几乎所有乡村都将休闲旅游业作为其美丽乡村发展的重点。实际上,并不是所有的乡村都适合发展休闲旅游业,旅游业的发展不仅需要生态环境和自然资源,还需要历史文化资源和地理位置、交通的优势,同时旅游业是产业发展中的奢侈品,需要大量的资金投入和设施建设,每个乡村独立开来进行美丽乡村建设很难取得实质性的进展。

第二,特色产业发展不明确。调研各地的美丽乡村都具有多个支柱产业,但其资金投入上并不明确。各乡镇应该重点扶持核心的支柱产业,先将某一产业做大做强,再带动其他产业的发展。

第三,休闲旅游业发展同质化现象严重。很多乡村都具有发展休闲旅游业的先天优势,但这绝不意味着所有的乡村都可以将休闲旅游业作为发展的重点。

很多乡村的休闲旅游业发展以乡镇为单位,甚至以村为单位,其筹集资金的能力很差,在生态资源上也相对单一。由于受限于资金支持和政府对旅游业的精准规划,诸多美丽乡村的休闲旅游业趋向于同质化发展,都建设了诸如木栈道、玻璃栈道、冒险绳索、卡丁车等娱乐设施,实际上形成了一个美丽乡村休闲旅游的完全竞争市场,分散了客流。很多乡村已经认识到这一问题,开始打造一村一特色的整体规划。我们认为,应该将这一规划上升到县级甚至市级的层面,后文中还会详细地介绍。

第四,各级政府缺少对美丽乡村的精准规划。在整体的产业布局上,各级政府缺少较为整体的考量。现在的美丽乡村区域划分还是偏重于建设和资源分布,缺少对产业发展的整体规划。同时,在资金分配上,不应该按照乡镇人口的标准进行平分,美丽乡村的建设资金应该有所区分,将建设资金和产业发展资金分割开来,产业发展资金至少应该由镇一级宏观把控。

在以上典型模式与调研情况对比的基础上,在此有针对性地给出以下宏观发展战略的初步建议:

第一,从以基础设施建设为重点转变为以产业建设为重点,以产业发展为核心,落实美丽乡村的协调发展。依托产业建设进一步带动美丽乡村的整体建设,既可以实现和谐发展、可持续发展,也可以帮助乡村居民进一步改善物质生活。

第二,引入社会力量,创新政府和企业的合作模式,激发社会资本对美丽乡村建设投资的积极性。不能靠政府重金打造"盆景",不能靠财政资金大包大揽,因为这样的模式不可持续,也难以复制。引入市场机制,以政府补助资金为引导,鼓励吸引民间资本、银行信贷和社会力量参与美丽乡村建设。在美丽乡村建设的具体项目(如垃圾收集、运输和处理)以及产业发展的过程中,积极探索政府购买、合资企业等模式,交由企业和市场去运作,形成长效运营机制。

第三,广泛发动农民群众,美丽乡村的可持续建设是在农民独立自助的基础上完成的。对于村庄内部公共服务设施的维护和运营,要积极发挥村民自治和社会组织的作用,大力培育和发展乡村社会组织,探索农民自我组织、自我维护和自我管理的社会民主治理模式。

第四,统筹规划和建设,规划是美丽乡村可持续建设的核心。尤其是在美丽乡村转型为美丽经济的发展阶段,各级政府一定要对产业发展进行明确的规划——乡村的支柱产业是什么?哪些乡村着重发展这一产业?不同的乡村在里面扮演着什么样的角色?政府资金投入的重点在哪儿?产业规划应该深入每个乡村，尽可能地避免不同县或乡镇间的同质化竞争；更加注重规划的科学性、时效性，更加平易近人、接地气，尽可能地让普通村民理解规划希望实现的发展愿景，进一步调动村民的建设积极性。

第五，建立统一的领导机构，政府成立美丽乡村建设领导小组，牵头各相关部门开展专项建设。参考其他省市美丽乡村的建设经验，成立市级或者县级的美丽乡村建设领导小组，统筹农业、住建、财政、水利、金融等各个部门，加强政策落实的有效性。同时，学习重庆等地的优秀经验，将不同部门的发展建设资金，交由领导小组办公室统一管理，在规划方面将建设资金统筹协调，全面提升资金的使用效率。

第六，确定工程建设标准，依托建设标准落实建设思想的一致性。针对上下级政策解读方式不同、意见和重视程度不统一的问题，使规划和建设美丽乡村的标准更加精准。按照规划和建设标准进行常态化考核，保证工程实施的整体效果。

第七，美丽乡村建设分步管理，环境治理和产业带动两手抓。在30%乡村基础设施完善建设的基础上，在5年内力争落实70%以上乡村卫生环境整治和道路修整工作；在30%美丽乡村完成环境整治的基础上，发展一批产业带动的典型样板村。不同发展阶段的美丽乡村应该具有不同的发展和经营模式，可以参考上文中美丽乡村建设的成功经验，未来5年内，在确定一批产业带动的样板村的同时，推动环境整治工程覆盖大多数乡村。

3. 政府主导开展特色农业和林业发展探讨——以泉州安永德（安溪、永春、德化）地区为例

现代农业和林业的发展不仅能够带来可观的经济效益和社会效益，还能够带来显著的生态效应，是贯彻科学发展观，坚持可持续发展道路的重要组成部分，对社会经济的发展有着极其重要的意义。作为第一产业重要组成部分的农业和林业对国家经济发展有着基础性的作用。而农业和林业的现代化发展意味着传统农业和林业根本性的改进，有利于解决传统农业和林业中的积弊，使其更加适应于当前的经济新常态，为经济结构的调整和产业的转型升级做出经济方面和社会方面的贡献。尤其值得一提的是，不同于第二、第三产业，第一产业是基于自然资源和生态环境发展的产业。农业和林业的现代化发展更有利于自然资源的有效利用和生态环境的保护改善，不仅达到了生态发展、绿色发展的可持续发展目标，还进一步为其他产业的发展提供了更好的发展环境，更有利于人民

生活质量的提升及和谐社会的构建。因此,农业和林业的现代化发展在当下具有极其重要的战略意义。

农村地区是农业和林业现代化发展的主战场。对于农村地区而言,农业和林业是农村经济的支柱产业,大力推进其现代化发展对于增加农民收入、提高农民生活质量具有重要作用,是"三农"政策的重要组成部分。机械化水平较低、分散经营等特点使得传统农业生产效率较低,农民收入微薄;而农业和林业的现代化发展有利于改善当前农村地区生产结构单一的现状,为农村经济发展和农村生态环境建设注入源源不断的动力。目前,新农村建设的大力实施给农村生态产业的发展提供了更好的基础支持和广阔的发展空间,农业和林业更应抓住这一机遇,通过自身的现代化发展进一步推动新农村建设的高效进行。

从这一点出发,"沃土计划"调研组在泉州的安永德地区展开调研,对当地的农业和林业发展现状进行了调查,并结合全国其他地区的相关案例,提出了农业和林业现代化发展的建议,对当地农业和林业的发展以及第一产业整体的转型发展都具有重要意义。

3.1 特色农业和林业发展典型案例

(1) 合江荔乡发展为全国性品牌

合江县位于川黔渝结合部,是中国晚熟荔枝之乡,因盛产荔枝又名荔乡。合江荔枝有近两千年的栽培历史,是全球同纬度最晚熟、最优质的品种,也是四川省唯一入选2008年北京奥运会的鲜果。为充分发挥合江荔枝的品牌优势和巨大的增收潜力,县委、县政府把荔枝产业基地建设作为"三农"工作的重中之重,按照"扩大规模、提升品牌"的发展思路,集中建设10万亩核心区,强力推进现代农业基地建设,实现全县荔枝种植面积在2012年达到15万亩,2015年达到20万亩,把荔枝产业打造成为合江特色农业的第一品牌。

第一,切实做好大荔枝产业,发挥规模效益。以科学发展观为统领,发挥特色资源和优质品牌优势,利用政策扶持和目标考核手段,突出发展荔枝产业,建设万亩荔枝专业乡镇、千亩荔枝专业村,走"一镇一业""一村一品"的路子,全面开展荔枝产业基地建设。

第二,切实加强生产管理,发挥品质效益。围绕打造生态、有机品牌,抓紧制定荔枝栽种、管理、采摘、保鲜、储运等各环节的规范化生产流程,并认真组织落实,开展荔枝标准化管理示范,缩短投产周期,提高单位面积产量。积极示范和推广优良品种,不断引进新品种,提高荔枝品质,发挥品质效益,实现农民增收。

第三,切实开展品牌营销,发挥市场效应。一是充分利用"中华名果"等知名品牌,通过发行宣传画册,在新闻媒体上开辟宣传栏目,在公路两旁设立大型广告牌等形式,进一步扩大合江荔枝的知名度和影响力。二是采取"走出去建市场,引进来建基地"的方式,积极与重庆大市场和各大中城市开展农商互动对接。

第四,切实转变产业模式,发挥创意效益。依托荔枝产业基地建设,走集观光、休闲、娱乐于一体的创意农业新路子,最大限度地发挥荔枝产业基地建设的创意效益。

(2)清流县花卉产业协同发展

福建省清流县自 2004 年开始发展花卉产业,历经 10 年发展,已成为福建省花卉主产区之一,被授予"福建省花木之乡"等称号。2013 年,全县花卉生产总面积 533.3 公顷,年产鲜切花 5.4 亿枝,产值近 2.2 亿元。

清流县的花卉产业主要有三种经营模式:一是"农户+公司+市场"模式,这是清流县花卉流通至市场最为主要的模式,其运营过程是农户从花卉公司获取花苗,种植出满足公司需求的花卉;种植过程中花卉公司给予农户适当的生产技术等指导,以保证花卉质量;种植成功后花卉公司成批地收购花卉并推向市场。此种模式主要适用于散户花农,对于种植者而言比较便利。二是花卉专业合作社模式。此种模式主要是让分散开的花户加入花卉专业合作社,把个别的分散种植转化为联合种植,这对于花卉品牌的建设与发展极为有利。三是培育集生产、销售于一体的经营模式。此种模式的代表企业为森源兰蕙生物科技有限公司,其拥有集优质兰花组织选育、自动化拣苗、兰花培养于一体的现代化国兰种植基地,配有无菌操作室、子瓶室、母瓶室、配药室、拣苗室等,引进了台湾优质组织培育、湿控无土栽培新技术,采用了喷灌、滴灌、温控等现代化栽培管理模式,大棚生产管理均实现了标准化、规范化操作,设备齐全,科研能力强,成品兰花销往全国各大中城市。

在产业政策与科技投入方面,清流县县委、县政府先后出台了《清流县花卉产业发展规划(2010—2020 年)》等一系列扶持政策,以为花卉产业发展提供保障,对新技术、新品种给予奖励。同时,清流县同各大高校、科研机构建立了长期合作关系,有效地实现了种苗繁育技术的持续提高,这为清流县花卉产业的迅速发展提供了强大的技术支持。

经过几年的发展,清流县花卉生产经营实体呈稳步递增的趋势。现如今,全县花卉苗木企业总数已达 62 家（其中规模较大的有 23 家），花卉苗木协会（合作化）53 个，通过推行"公司+基地+农户"的"农企合作、农企双赢"模式，带动了全县 3 450 多家农户加入了苗木花卉的种植与经营，其中，相关的直接从业人员多达 1.5 万人，花农的人均纯收入达 2.6 万元以上。

（3）京东众筹奶牛牧场模式探讨

众筹是指一种发起人向群众募资，以支持发起的项目的行为。众筹针对的是大众市场，而京东恰恰拥有大量的大众用户，所以京东众筹是一个值得依赖的众筹平台，并且也出现了大量成功的项目，其中一个便是澳倍康的私人定制牛奶"包养澳洲奶牛"众筹项目。

澳倍康"包养澳洲奶牛"众筹项目通过京东众筹平台发布，众筹成功众筹者即可认养一头澳大利亚纯天然农场里的奶牛，所产牛奶生产的奶粉将直邮到家。澳大利亚作为世界六大优质奶源地之一，既拥有大片的天然草原，又拥有符合自然规律的天然牧场管理方法，每头奶牛都通过 ATM 系统（动物身份和移动系统）进行了注册，众筹成功的消费者能够及时了解奶牛的位置和健康状况。另外还有先进的低温密封挤奶机器，能够保证奶粉、奶源的安全。此次众筹最低价格仅 99 元一罐，对比现阶段市场中其他进口和国产奶粉每年动辄 2 万元的费用，优势非常明显，然而该众筹名额非常有限。最终，该众筹项目大获成功，在项目截止前便筹足了资金。

对于消费者来说，这种众筹模式让他们有机会参与到云牧场的建设和运营中，使其距离自己喝的牛奶更进了一步，也改变了传统牛奶的营销生态，提高了食品安全和农牧产品管理效益，优化了管理半径。

（4）三坪村林药间作形式

林药间作是以林为主，充分利用林下空间来发展中药材的一种模式，它可以充分地利用空间、生长季节、土壤养分，提高土地利用率，增加单位面积的经济收入。

三坪村位于福建省漳州市平和县，是国家 4A 级风景区——三平风景区所在地。该村在建设美丽乡村过程中，充分发挥森林、竹林等资源优势，采用"林药模式"打造金线莲、铁皮石斛、蕨菜种植基地，以玫瑰园建设带动花卉产业发展，壮大兰花种植基地，做大做强现代高效农业；同时整合资源，建立千亩柚园、万亩竹海、玫瑰花海等特色观光旅游，构建观光旅游示范点，提高吸纳、转移、承载三平风景区游客的能力。

3.2 农业和林业典型案例与泉州产业布局对比

(1) 岵山荔枝与合江荔枝品牌对比

与合江荔枝相比,岵山荔枝虽然品质好,但面对大量同时期上市的荔枝,并没有什么突出的优势。为此,岵山镇一方面走文化营销之路,注册、打响岵山荔枝品牌,另一方面融合旅游,为荔枝增添人气。

第一,打造文化品牌。岵山荔枝种植历史悠久,当地村民习惯于在房前屋后种上荔枝树。北宋名臣蔡襄因岵山荔枝皮薄核小、肉厚汁多、味道清甜、爽滑可口,把它载入《荔枝谱》。在当地,荔枝树是长寿、福气的象征,一直被视为风水树。也因此,目前镇里保留着近2 000株百年荔枝树,其中,树龄最大的是两株500年的"夫妻树",更有4棵300多年的荔枝树,人称"四大美女",它们一字排在溪边,是游客拍照取景的必选之地。该镇打造百龄荔枝品牌,针对不同树龄的荔枝,按照500年、300年以及50—100年3个不同树龄进行营销,卖年份荔枝,树龄越高价格也越高,像500年的,每公斤价格可达60元。此外,结合岵山的传统民俗举办岵山荔枝文化节等活动,让参与者零距离感受岵山荔枝的独特魅力。

第二,结合旅游推广。除了古荔枝树,岵山还是一个以"古厝、古寨、古街、古民俗、古文化"为特色的千年古镇,拥有350多座明代至近代的闽南传统民居,以及明朝福茂寨、清代炮楼、和塘古街、清水祖师故里仙崆岩等文物古迹,是闽南文化生态保护区规划中的历史文化村镇保护区域,茂霞、塘溪、铺上、铺下四个村还入选了中国传统村落。近年来,该镇大力发展古镇游,通过古镇开发与保护并举,把原本零星分布的古厝、古树、古街、古寨等古镇资源加以整合,使之连成一体。该镇精心地推出了内涵丰富的旅游互动,结合旅游打造与岵山荔枝相关的旅游活动。当地的旅行社也借机推出"游古镇、采摘荔枝、品尝美食、体验民俗"等相关旅游路线,不仅荔枝、土鸡蛋、土鸭蛋等特色农产品畅销,民宿、农家乐饭店也因此爆满,当地群众真正从旅游开发中受益。

通过对比两地的荔枝产业,我们对岵山荔枝产业提出如下建议:

第一,充分发挥区位经济优势、气候生态优势、技术产业优势,引进优质品种资源,提升技术,进一步提升荔枝品质,增强品质硬实力。在区位方面,福建地处东南沿海,是国内两大经济发达区域——长三角和珠三角的结合点,交通运输便捷,经济辐射面大,具有广阔的经济发展空间;在气候方面,岵山地处亚热带,中部属山间盆地,小岵溪穿流其中,年平均温度20.4℃,年降雨量在1 700毫米左右,土壤是呈微酸性的沙质红壤地,十分适宜荔枝的生长;在技术产业方面,岵山已经具有良好的荔枝采后加工及产品处理能力,且经过多年经营,已形成较为完整的产业链。岵山应突出这些优势,并收集引进国内现有晚熟荔枝良种,开展优质晚熟荔枝良种选育及配套栽培技术研究,优化福建荔枝品种结构,丰富荔枝资源;加强果园规范化、标准化栽培与品质提升技术,增施有机肥,推广营养诊断与测土配方施肥等优新实用技术,提高品质,提升市场竞争力。

第二,加大产业规模,走规模经济之路。岵山荔枝产量较少,应利用政策扶持,做大果园规模,全面开展荔枝产业基地建设,发挥规模效益。

第三,保持并加强旅游推广,增强文化软实力。岵山荔枝知名度仅在永春及泉州境内,在外并不高。可以利用新媒体比如微信公众号、朋友圈等,加大宣传力度,让更多人了解到岵山荔枝。

(2)虎邱花卉未来发展思路探讨

在安溪县虎邱镇虎邱长潭生态农业公园,采用生态旅游模式,发展葡萄采摘园+荷花养殖观赏+水利项目,其中,荷花养殖观赏项目,每日可吸引3 500名游客,每年可实现20余万元收入;在永春县桃城镇丰山村,规划生态茶花观赏园,种有400多种6 000多株茶花,大力发展乡村旅游观光业;在蓬壶镇美山村,花卉基地已初具规模。除此之外,各地还散落着众多小规模的花卉企业和个体户花农。

种植花卉有利于调整农业结构,丰富农业产品种类和数量,给农民带来高水平的经济回报效益,美化及改善环境,与建设美丽乡村的理念相符。然而与云南相比,福建的花卉种植面积虽与其相当,但年产值却不及云南的40%,主要原因是经营品种价值不高、规模化不足以及营销市场不够发达,在种植面积和单位面积产值上都有较大的发展潜力;与云南相比,福建花卉的出口优势比较明显,但也说明其国内市场占有率不高。所以福建的花卉产业仍有很大的发展空间,有待进一步建设。具体到虎邱镇、丰山村和美山村,则可以借鉴清流县的发展经验,并在其基础上加以改进。主要可以从以下几个方面入手:

第一,政府指导和扶持花卉产业,支持花卉产业发展。福建的花卉研究与研究经费投入目前还处于较低的水平,而没有一定的资金支持,就难以使花卉的生产形成一定的规模,并进行专业化的生产,这样会造成生产的花卉产量不高、品质参差不齐。为了解决这个问题,就需要政府的引导和扶持,开通融资、投资渠道,建立花卉产业的经济支持体系,带领当地的花卉产业更快、更好地走向专业化生产,并且形成一定的规模。

具体地,政府可以从以下两个方面来完善花卉产业的经济支持体系并提高花卉产业的竞争力:

首先,拓展花卉产业资金融资渠道和提高花卉产业融资便利性,提供多方向、多方式的融资方式,在最大化利用政府发展资金的情况下,开发民间投资市场,鼓励企业参与投资或者拉动境外投资等,给当地花卉产业的发展提供稳定的资金后盾。

其次,提供有助于激发花卉从业者积极性的实惠政策,如减少或免除花卉生产者的税收,对优秀的花卉产业领头者给予资金补助等。这方面各地政府可以借用荷兰等花卉产业发达国家的先进经验。荷兰对本国花卉产业制定了非常完善的补贴规则,当地政府根据其花卉产业的生产规模大小、花卉企业对环境的保护或者污染的实际影响情况和花卉生产中对能源的保护能力大小等不同情况,对花卉产业实行了不同的税收减免和资金补贴措施,其中,效果最好的当属对花卉产业领头者实行出口免税政策;同时设立专门款项用于保证花卉产品质量、培育研发花卉新品种、保护本土的花卉品种等方面;对于花卉生产经营者,当地政府专口设置了用于花卉产业的农业贷款、花卉生产启动基金和花卉规模发展补助基金。除此之外,政府还应该尽早完善花卉产业的风险保障制度,尽可能地降低花卉生产者和经营者的产业风险,让其能够更好地发展。

第二,健全花卉产业一体化服务体系。花卉产业是具有高回报但同时也具有高风险的产业,零散的个体户花农这类小规模的花卉生产者因缺少资金保障,无法接受到一定的技术水平培训,同时也难以抵抗生产过程中所产生的风险。

为此,应通过完善花卉产业沟通体系,建立花卉产业一体化服务体系,把广大花农的实际情况和花卉企业的现有资源结合起来,形成产业内的有效交流,建立产业整体化的大规模生产。这方面也可以借鉴荷兰等花卉产业发达国家的成功经验。荷兰分别在花卉植物生产之前、成品制作完成后、花卉产品流通销售中、花卉产品售后服务等不同阶段配置了相对应的独立部门,如花卉产业信息咨询、病虫害防护与治疗、技术培训交流服务、质量监督体系等配套的一体化服务体系,以对每个阶段的重要环节进行实时的跟踪。

各地应发挥政府的带动作用及地方或者省级花卉协会的引导作用,深入研究开发花卉产业生产的各个阶段的配套服务体系,在提供标准化生产技术指导的同时,加强对花卉产品的质量监测服务,切实保障花卉产品的质量品质达到国内花卉产品标准,切实保障从花卉生产到花卉产品销售这一系列过程中的质量检测机制的稳定性,保证花卉产品的市场流通性,建立完善的花卉产品销售渠道。

第三,利用科技发展花卉产业,增强竞争力。首先要引进花卉产业的技术人才。政府部门可以从农业高等院校、国内外花卉先进组织等花卉技术人才多的院校和组织,引进产业发展迫切需要的各方面专家、高级技术人员和技术开发人员等。

其次要增加花卉研究投入,利用科技发展花卉产业。各地的花卉产品还处于较低水平,暂时没有培育出非常好的花卉品种和同产业中高品质的花卉品牌,只有增加花卉的研究投入和用科学的方法提高花卉产品的品质才能够有效地提高清流县花卉产业的竞争力。一方面,将提高花卉产品品质、花卉技术推广以及花卉品种研究开发三方面结合,共同促进花卉产业的发展;另一方面,引进新的花卉品种,开发新的花卉技术,配置新的花卉设施。

(3) 京东众筹模式推广至铁观音茶园

安溪县的铁观音目前采用的是外包、承包的商业模式,这种模式盈利空间大,但规模受到需求的限制,因此,可以采用京东众筹的方式,进一步扩大生产规模,同时使现金流更加灵活。在众筹过程中要注意以下几点:

第一,定位好产品的回报档价位和预计筹集总金额。产品的回报档价格不能太低也不能太高,太低了对产品以后的市场定位有冲突,太高了会让顾客需求减少;筹集总金额要依据产品的单价和实际的市场销售情况,根据公司每月的销售额及产品在市场上的占比进行分析,确定好筹集总金额,太低了利润和产出不成正比,太高了需要花费的成本会超过利润或者难以控制进度。

第二,推出众筹项目时要做好产品的文案和图稿设计。众筹的吸引力在很大程度上取决于文案和图稿的设计,文案是产品的核心,图稿是产品的精髓,好的众筹项目除了需要好的产品,还需要好的文图与之相结合。文案部分可以简单介绍产品的功能和特性,图稿部分可以让产品更加生动,使客户看到图片就对产品产生好感,此外有故事情节的设计可以让客户对里面的内容有继续浏览下去的动力并增加对产品的购买意向。同样的产品在京东众筹,比的就是差异化,如何让产品深入人心,文案和图稿的设计显得尤其重要。

第三,运用媒体平台宣传推广。媒体平台推广、网络评测文章宣传、公司全体员工合力转发分享等,都可以扩大产品的宣传力度和品牌的知名度。好的宣传、外部引流、制造炒作热点、提高产品和品牌的曝光率,有助于加快众筹成功的速度,扩大其额度。可以借助媒体平台、众筹平台提升销售额,这也相当于对产品进行了一定的曝光和品牌定位。

(4) 林药间作形式山区广泛应用

三坪村的林药间作模式带来了高经济效益,对于永春县和德化县的山林地区具有很强的借鉴意义。林药复合种植模式是稳定增收的重要模式,在山地实行林药复合种植,有利于扩大中药材种植面积,提高耕地复种指数,很好地解决了经营林业效益周期长的问题,提高了温光水土资源的利用率和经营林业地的单位产出效益,促进了林药协调发展;同时有利于培肥土壤,增加土壤植被覆盖,减少水土流失,构建稳定的林药生态系统,实现林地生物多样性,对保护大别山地区生态环境和林业可持续有着极其重要的意义,与美丽乡村建设的理念相符。这种模式在德化县水口镇已初具规模,并取得了较好的生态和经济效益,但还有待进一步发展。永春县和德化县的其他很多地区也都有丰富的山林,可以进行考察,探索进行林药间作的可能性。

在采用林药间作模式时,要注意以下几点:

第一,坚持科学搭配,如选择高杆与矮杆植物搭配、深根与浅根植物搭配、喜阳与喜阴植物搭配,同时还要注意根系分泌物要互相无害。

第二,坚持因地制宜,根据土壤、地形、气候和种植时间等因素来选择最佳林药间作的品种。如在林木种植之初及郁闭度不大时,对于土壤条件好、海拔较低且平坦的丘陵和山地,就选择种植效益高的品种;而对于土壤条件差、海拔较高的丘陵和山地,就选择种植耐寒、耐瘠、耐旱的品种以及一次投入、多年受益的品种。在林木种植后期及郁闭度较大时,就选择种植喜阴类品种。

第三,坚持科技兴药,在林药间作时,要有主次之分,处理好植物之间的矛盾,保证间作植物合理的密度,避免相互争光、争肥水。为确保丰收,必须精耕细作,提供充足的水分和养分,使间作植物平衡生长;在田间管理时,更应区分植物的不同要求,采取不同的管理措施,以确保高产、优质、高效的目的实现。

3.3 政府主导驱动特色农林业发展总结

现代农业的关键在于规模、科技和品牌,这是未来农业发展的必然趋势,泉州市美丽乡村、美丽经济建设也应向现代农业的方向发展。上述以荔枝、花卉、京东众筹和林药间作模式为例,借鉴业内优秀典范的经验,提出了打造规模经济、科技兴农、品牌效应、产业链经营的建议。

在规模经济方面,要扩大规模,并在政府的引导下,形成特色的产业集群,以此降低生产成本,产生规模效应;在科技兴农方面,政府要提供政策支持和补贴等,来推动技术研发和不同机构之间的科研合作等;在品牌效应方面,要着力挖掘品牌特色,并大力开展品牌营销,尤其要重视互联网的作用,进行网络宣传等;在产业链经营方面,要在产业集群的基础上,加强上下游各个环节的紧密对接,实现不同环节的优势互补,产生协同效应。

最后,值得一提的是,随着现代农业的日益兴起,现代农业与现代服务业的融合发展将成为一种重要的服务形态,这也是安溪、永春、德化三县的很多地方正在尝试和实践的。二者相互渗透、相互融合、共同发展,有利于推动第一、第二、第三产业的要素以新的方式紧密结合,促进现代农业的转型升级,进而加快农业经济发展。

4. 政府主导开展特色制造业和文化创意产业发展探讨——以泉州安永德地区为例

在经济发展进入新常态,时代呼唤产业转型升级的当下,第三产业的发展可谓蒸蒸日上。老牌产业不断创新进步以寻求长期发展,新兴产业则如雨后春笋般不断落地生根,整个行业呈现出欣欣向荣的景象,对国家经济发展做出了重要而独特的贡献。而在这一队伍中,不得不提的是发展势头强劲的文化创意产业。文化创意产业对传统的生产要素依赖程度较小,更加强调创新发展,具有创办成本低、地区适应性强、差异化发展明显、辐射作用强等特点,适应了当下文化经济一体化的发展潮流,更有利于经济的长足发展。与此同时,以文化创意产业为核心的特色制造业也在蓬勃兴起。依托不断壮大起来的文化创意产业,制造业引进了相应的创新观念和创新发展措施,实现了制造业的特色化发展,成为制造业转型升级过程的重要一环。

文化创意产业不受地域限制,不仅在城市发展迅速,在农村也开拓了巨大的发展空间。依托独特的农村文化资源,营造浓厚的文化氛围,农村文化创意这一新兴产业具有加快经济发展和提高农村居民素质的双重作用,成为农村经济新的突破口,是农村经济结构转变的重要途径和培养新一代中国农民的重要支柱,有利于农民收入的增加和生活水平的提高,在美丽乡村建设和新农村建设中扮演着不可或缺的角色。

在这一背景下,本案例深入地考察、研究了安永德地区文化创意产业和特色制造业的发展现状,通过对当地三个典型文化创意产业及相应的特色制造业的案例分析,进一步探求了经济发展大背景下农村文化创意产业和特色制造业的发展前景,以此独特视角为美丽乡村建设提出了具体的建议。

4.1 安溪县特色藤铁工艺产业发展经验

(1) 安溪县藤铁工艺产业发展概况

自20世纪70年代起至今,历经40余年的发展,藤铁工艺已成为安溪县仅次于茶产业的一大特色支柱民生产业,其出口额约占全县出口总额的80%,对增大经济总量、扩充税源、吸纳和转移农村剩余劳动力均有强力的带动作用。安溪县于2002年被农业部授予"中国藤铁工艺之乡"称号,是全国最大的藤铁工艺品生产和出口基地。

安溪县藤铁工艺产业的发展现状呈现以下特点:

第一,产业发展规模壮大,产业集聚态势初成。至2010年年末,全县拥有工艺品企业356家(其中,规模以上工艺品企业67家),加工点近3 000个,年实现总产值40亿元,上缴国家税收1.6亿元,出口创汇4.5亿美元,解决近12万人的就业问题。2010年,全县工艺品行业实现自营出口2亿—39亿美元,同比增长36.13%,行业出口呈现复苏势头。经过30余年的发展,安溪县工艺品行业经历了由工厂到公司,由集体到民营(三资),由个别乡镇发展成为以县城城区为中心,凤城、城厢等乡镇为主要生产基地,西坪、龙门等乡镇为主要配套产业发展基地的区域产业集群的发展阶段。

第二,产品体系渐趋丰富。安溪县工艺品最初以竹、藤、芒心为主要材料,经过30余年的探索创新,开发出了金属、陶瓷、木材、树脂、皮革、丝花、玻璃、大理石、板金、马赛克等众多新材料,已发展为融家居饰品、花园用具、休闲摆设、创意礼品等为一体的综合制品体系。

第三,销售市场较为广阔。安溪县工艺品以外销为主,出口市场涉及美、欧、日、东南亚、中东等104个国家和地区,但国内市场占有率目前仍然很低。

第四,品牌建设取得成效。安溪县已有10家藤铁工艺品企业的产品通过了ISO9000质量认证和ISO14000环保认证,该县英发家具装饰有限公司、聚丰工艺品有限公司、恒发工艺品有限公司等企业,已将400多件工艺样品报送福建省版权局备案登记,聚丰工艺品有限公司已被泉州市确定为"泉州市政府版权保护重点企业",同时,"安溪藤铁工艺"证明商标已上报到国家商标总局审核。

(2) 尚卿乡尤俊村"藤云小镇"美丽乡村建设

尚卿乡地处安溪县中部,尤俊村位于安溪县尚卿乡西南部,山地面积广、自然环境优。该村距县城49公里,已属边远山区,以纯农业为主的单一经济结构导致尤俊村长期贫困。近30年来，尤俊村充分发挥山地资源优势和传统藤铁加工工艺优势，搭乘当下电子商务蓬勃发展的快车，形成了自己独特的"藤云"模式——藤铁工艺品不仅吸引了30多个国家和地区客商的目光，而且借助网络销售渠道，其外贸出口逐步向自产自销转变。2016年，全村总产值2.65亿元，农民人均收入2.5万元，共接待游客10万余人次，旅游经营收入达760多万元，同比增长39.4%，工业产值达2.5亿元，创造税收1 100多万元。顺应时代发展和市场发展需求，尤俊村的藤铁工艺街已成规模。19家藤铁工艺企业、150家各类网店为尤俊村的经济发展注入了强大的活力，其中年产值500万元以上的规模企业有7家、上千万元的企业有1家，吸纳了上千名从业人员，极大地提高了当地人民的生活水平。

1972年，福建省第一家工艺品企业安溪县尚卿竹编厂成立，第一任厂长为国家级非物质文化遗产传承人陈清和大师。经过四五十年的发展，尚卿乡已形成从原材料工业到研发设计、生产加工、电商物流的完整的产业链。尽管历经了几轮企业向城区工业园的调整和搬迁，尚卿乡几十年积淀的优良产业基础仍是其他地方所无法具备的优势，当地还有众多村镇企业仍从事生产加工工作。安溪县藤铁工艺品主要以外销为主，异域风情和国际化视野为藤编、竹编这种古老的手艺增添了时代活力，而内销的逐步扩大又推动藤铁工艺品适应人民的需求，进而走进千家万户的日常生活。单一的藤、竹材料已扩大到金属、陶瓷、木制、树脂、丝花、玻璃、板金、马赛克等一系列新材料，为藤铁艺术的创新创造、与时俱进提供了极大的空间。

尚卿乡相对不便的地理位置，使得招商引资有一定的困难，却也激发了当地自主创业的潜力。借助电子商务发展的热潮，尚卿乡以网络扩大产品销售渠道，2013年，中国评选的首批淘宝村中，福建省有两个，尚卿乡灶美村即为其中之一。做电商的一般是年轻人，是具有创造力的群体，大学生党员返乡创业做电商，可在一定程度改善农村"空巢化"状况。村镇与大城市相比，具备用地、用工成本低等优势，当地积极提供免费办公等有利于电商文化创意产业发展的条件，为创业者保驾护航，为其提供了实现自身价值的平台。藤铁工艺产业和电商的结合不仅吸引了大学生，还吸引了许多异乡人，这是尚卿乡影响力和凝聚力提高的体现。

围绕"藤铁+电商"的发展模式，安溪县着重打造工业园区、电商文化创意区和宜居区。宜居区为电商文化创意区服务，建有主题公园、茶庄园、木栈道等基础设施,逐渐形成了别具特色的"藤云小镇"。建设特色小镇并不是单纯地建设工业园区,也不是新的人造城运动,而是围绕产业发展打造城镇。尚卿乡因交通不便,难以升级成新城,只有以特色产业为基础,推动要素向产业集聚,并围绕产业做好配套服务,方可实现长期稳定发展。

美丽乡村建设在当地具体体现为宜居区建设。以尚卿乡尤俊村为例,农耕园、水果采摘园等的发展使得"全村旅游"初具规模,农耕体验项目、酒店、餐饮、购物已经形成完整的配套服务,迈出了美丽乡村到美丽经济转型的领先一步。旅游业发展投入大、回报慢的特点,使得今后美丽乡村的发展难以依靠外来投资,因此工业反哺农业和旅游业的作用尤为重要。例如,尤俊村的农耕园业主即是当地的企业家,通过企业的收入持续投入建设,经营十余年方有当下的成就。

美丽乡村反哺美丽经济须因地制宜,田园综合体应是美丽乡村的发展方向。尤俊村绿康乐蜂蜜养殖专业合作社等项目利用沿溪两岸荒废的田地、农地和山坡地,发展可供观光旅游、农耕实践的温室大棚,种植葡萄、草莓、蜜柚等水果蔬菜供现场采摘,很好地整合了山地资源,创造了增收条件。只有把游客吸引进来,使他们享受宁静的田园生活,并延长停留时间,加大消费力度,在这里购物、旅游、居家,工业配套的宜居区和乡村旅游才能真正产生经济效益,发展乡村旅游才能真正成为壮大集体经济、增加农民收入、建设美丽乡村的有效载体。通过农民以土地入股参与企业分红、租赁土地集中经营等方式,当地充分利用农业效益低的山边无水田地,开建农耕文化园旅游项目,既能提高山区土地附加值,又能增加农民收入,实现了旅游业发展后又反哺农业和农村建设的目的。农业、工业、旅游业相互支持、融合发展,便形成了美丽乡村转型为美丽经济的良性循环。

(3)藤铁工艺产业发展问题及对策建议

目前,安溪藤铁工艺产业的发展主要有以下问题:

第一,品牌建设不足。粗放的工艺品生产模式和创新产品设计的缺乏,制约着藤铁工艺品向高端产品的转变,另外对品牌文化的重视程度也不够,这些因素都导致藤铁工艺品在贸易链中易处低端。

第二,龙头企业带动作用有限,产品同质化严重且大小企业分工不明确。大企业向城区迁移和集聚,对乡镇企业的辐射带动作用削弱,加之线下实体店的成本较高,农村企业选择网上销售渠道也实属无奈。不同企业分工不明确、产品差异程度低易导致恶性竞争,不利于形成大小企业协调发展的完整产业链。

第三,管理和营销理念相对滞后。藤铁工艺为传统手艺、农村经济,企业主多为农民或技工转化而来,长期考虑的是销售和重复性生产,对人才引进、市场定位、国内外形势、企业管理和企业文化培育等方面的重视程度不够,不利于企业的转型升级。

第四,融资担保、招商引资困难。由于工艺品企业对厂房的需求较大,且每年参加两届中国进出口商品交易会也需要较多的参展资金,导致企业生产设备资金投入较少;此外,由于当前企业在银行融资过程中手续较为烦琐,又遇上厂房质押借款常遇到产权证不齐等原因,企业流动资金运作常出现困难,制约了企业扩大再生产的能力,也打击了企业开发创新及做大规模、形成集约化生产的积极性。

针对以上问题,我们提出以下建议和思考:

第一,创新宣传方式,打造品牌文化。一是借鉴该县建设"中国茶都"的成功经验,建设集工艺品展示、宣传、产品研发、贸易、原辅材料及配件市场等功能于一体的"中国工艺城",通过每年举办工艺品展览会,吸引全国工艺品集聚,以更有效地开拓国内外市场。二是加强国外营销网络建设。鼓励有条件的工艺品企业通过赴境外投资办厂,设立办事处、产品营销处或销售点,组建产品销售联盟及收购终端市场等形式,拓展国外营销网络,减少中间环节,扩大企业利润空间。三是注重拓展国内市场。以北京礼品展、广州家具博览会和上海家具展等为载体,帮助企业与知名家居市场、配送中心、大型超市或卖场建立合作关系,开设直销、专卖或加盟店,构建国内常年展销平台;以地方政府名义在有影响力的国内媒体上集中宣传推介"安溪中国藤铁工艺品出口基地",扩大"安溪藤铁工艺"品牌的知名度。四是涵养品牌文化,以安溪县手工竹编的传统文化内涵为主,倡导质朴求真的工匠精神、实干兴邦的创业精神、与时俱进的创新精神,提升文化创意的精神内核。

第二,引进创新人才,促进研发设计。一是促进政府、企业和高校的合作,政府提供场地、资金等必要的政策支持,高校着眼于工艺设计、市场分析,企业着眼于材料研发、技术更新和营销宣传。还可邀请高校专家举办有关国内市场开拓的讲座和培训,策划内销定位和方向,组织参观内销成功的企业,提高企业自主开拓内销市场的主动性和积极性。二是举办艺术节、采风会等艺术活动,吸引全国各地的文艺工作者,为艺术设计和创造注入活力。三是建立和完善工艺品知识产权保护制度。可举办年度工艺品设计大赛,对获奖的优秀产品向版权部门申请备案保护并由当地政府予以奖励,以此推动工艺品行业研发创新氛围的形成。

第三,加大金融扶持力度,积极推进产业发展壮大。一是加大信贷资金投入力度。对信誉良好的工艺品企业,特别是对其中有发展潜力的龙头企业、成长型企业等可适当放宽授信条件,扩大授信额度,扶持企业做大做强;应根据工艺品中小企业发展情况,因地制宜地把贷款审批权限下放给县级支行,简化贷款手续,提高办贷效率。二是丰富对外贸易金融产品。积极拓展信用证融资、押汇、保理、福费廷、发票融资、商业票据贴现、出口退税账户质押融资、信用保险单融资和"外保内贷""内保外贷"等业务,鼓励企业加快"走出去"步伐;指导企业合理运用远期结售汇等汇率避险工具,引导企业在跨境贸易中以人民币计价结算,以规避汇率风险,减少汇兑损失;创新出口信用保险服务方式,加大对出口企业、重点出口基地的扶持力度;对出口企业在保险费率、保费限额和理赔服务方面给予优惠,持小额贸易承保,扩大区域统保试点,提升出口信用保险渗透率。三是拓展融资担保方式。可创新推出应收账款质押贷款、存货质押贷款、由法人代表承担连带责任贷款和联保协议贷款;设立融资担保公司;依托行业协会或商会,在产业集群内设立融资性担保公司,为发展潜力大、贷款手续不完备的企业提供融资担保,解决企业融资担保难问题。四是拓宽融资渠道。可通过资本市场、风险投资、租赁、信托、典当等渠道筹集资金,减少企业对银行信贷资金的过度依赖;积极引导民间借贷的发展,规范其经营行为,以增强县域金融信贷服务的整体功能,满足中小企业发展的多元化融资需求。五是建立风险补偿机制。可出台专项贷款贴息、专项贷款保险、专项贷款税收减让等政策,调动金融机构放贷的积极性。

第四,加强文化创意,开发体验式旅游新模式。整合当地藤铁工艺资源和山水景观资源,与农耕相结合,延长旅游时间,丰富旅游体验。可带领游客亲手体验竹编、藤编,制作简单的工艺品,并融入传统工艺文化宣传,甚至可开展亲子活动、游学活动、竹编创意比赛等,拓展藤铁工艺促进旅游业发展的形式。同时,增强旅游的商业化程度,可建设与餐饮、娱乐、酒店等行业相结合的特色藤铁工艺集市,出售手工艺品和其他相关产品,以更好地打造尚卿乡"藤云小镇"名片。

4.2 德化陶瓷文化创意产业发展经验

(1) 德化陶瓷产业发展概况

德化县位于福建省中部,与江西景德镇、湖南醴陵并称中国三大瓷都,是中国陶瓷文化的发祥地之一,在中国陶瓷文化史上占有极其重要的地位。早在宋元时期,德化瓷已大量销往东南亚、中亚、中东,成为流通于"海上丝绸之路"的重要商品,为制瓷技术的传播和中外文化的交流做出了重要贡献。

德化县拥有独特而深厚的陶瓷文化。德化造瓷始于新石器时代,兴于唐朝,盛于明清,其高超而别具一格的技艺薪火相传,至今仍在不断地继承和创新之中。德化县是世界瓷塑的发祥地,当地人何朝宗首创的"象牙白"瓷雕,被誉为"国际瓷坛明珠",以"中国白"享誉世界。1996年以来,德化县先后被授予"中国陶瓷之乡""中国民间陶瓷艺术之乡""中国瓷都·德化"等称号;2006年,德化瓷烧制技艺入选第一批国家级非物质文化遗产;2011年8月,德化县获"中国陶瓷历史文化名城"称号。

德化陶瓷业自唐代中后期起日臻成熟,瓷器生产不断发展壮大,制瓷技术不断创新,直到晚清由于战祸,陶瓷业一度陷入低谷。中华人民共和国成立后,德化陶瓷业重振旗鼓,传统瓷雕再添异彩,明代象牙白复产成功,建白瓷、高白瓷、瓷雕被誉为现代中国瓷坛的"三朵金花"。20世纪90年代以来,陶瓷产值、出口交货值增长迅速,是福建省政府重点扶持的产业集群之一。陶瓷产业已成为德化县的支柱产业,并形成了传统陶瓷、西洋陶瓷和日用陶瓷齐头并进的产业格局。

借助陶瓷产业的勃兴,德化县的经济发展速度长期居福建省前列,工艺陶瓷生产和出口总量领先于全国各大陶瓷产区。目前,德化陶瓷产品远销150多个国家和地区,陶瓷出口占全县陶瓷产值的80%以上。2010年,德化陶瓷产值达82.38亿元,占全县工业总产值的64.2%;纳税2.45亿元,占全县税收总量的68.7%;全县出口交货值达57.6亿元,继续跻身于福建省重点出口创汇大县行列。陶瓷产业的快速发展,带动了矿产采掘、瓷土加工、陶瓷化工、陶瓷机械、彩印包装、交通运输、陶瓷旅游等相关行业的快速发展,对吸收就业、创造税收、提高人民生活水平功不可没。

大规模工业化生产的陶瓷制品主要销往大众市场,而小规模手工陶瓷制品则瞄准小众精品市场。随着经济水平的提升,人民生活日渐富裕,对新颖别致、具有文化审美和艺术情趣的产品需求增大,手工陶瓷制品也有着较大的市场潜力。以浔中镇石鼓村为例,石鼓村将废弃、闲置的老旧民房以较低的价格租给有创业和创作意向的年轻人,供他们自行进行陶瓷的设计和烧制,目前已吸引30余名青年前来创业。石鼓村打造"青年创客村",响应德化县构建青年创客村、大学生创作基地、青年电商创业孵化园等创业创新支撑平台的号召,营造了良好的创业氛围,有利于吸引大学生返乡创业,推动美丽乡村建设;同时,配合村容整治和旅游业的发展,结合体验式旅游,不仅扩大了创业青年陶瓷制品的销路,还带动了全村增收致富。

(2)文化创意与陶瓷产业

陶瓷文化创意产业是指以陶瓷文化资源为载体,通过一系列创意活动,引起生产和消费环节价值增值的柔性产业。它具有高附加值、高创意、高流通的特点,是一类低能耗高产出的新型绿色产业,市场前景十分明朗,盈利空间非常广阔。陶瓷文化是中华文化的重要组成部分,精致优雅、温润如玉的陶瓷文化,不仅在历史长河中熠熠生辉,对中国人的生活方式、精神品性、思想情趣产生了重大影响,而且在当下仍具有不可替代的意义。陶瓷文化创意与陶瓷产业相结合,创造别具一格、新颖奇特的陶瓷文化产品,推进陶瓷文化创意产业品牌建设与文化营销,对打造德化"中国瓷都"名片、提升德化陶瓷文化创意产业的区域影响、促进陶瓷文化创意产业的发展具有重要意义。

近年来,德化文化创意产业方兴未艾,发展态势良好。德化陶瓷文化创意产业基地为福建省发改委确定的重点培育发展的海峡西岸十大创意产业园区之一,儒苑礼品有限公司、三德陶瓷有限公司、月记窑陶瓷文化创意中心有限公司等三家省级文化产业示范基地落成,月记窑六国陶艺家国际壶艺联展等活动也相继展开,这些都将引导德化陶瓷产业从传统的制造型逐步向文化创意产业型转变,促进德化陶瓷产业转型升级,提升德化陶瓷产区的影响力和竞争力,继而加快德化陶瓷文化旅游品牌的建设。

德化制瓷历史悠久,瓷窑遗迹众多,制瓷技艺高超,地方风情独特,这些都是德化陶瓷旅游文化的优势资源。当地拥有宋、元、明、清窑址238处,其中,"屈斗宫德化窑遗址"等被列为全国重点文物保护单位。祖龙宫、月记窑国际当代陶瓷艺术中心、陶瓷博物馆、陶瓷展销城、陶瓷街等景点共同形成陶瓷文化旅游群,陶瓷文化旅游初期探索取得成功。近年来,旅游业已成为德化县重要的支柱产业之一,陶瓷文化旅游已成为当地旅游业发展新的增长点。

(3)发展对策及建议:以江西景德镇为借鉴

中国是闻名遐迩、历史悠久的"瓷国",瓷器的精美、瓷艺的精湛让世界为之赞叹。目前,中国有三大瓷都:江西景德镇、福建德化和湖南醴陵。德化与景德镇同为瓷都,研究景德镇陶瓷产业和文化创意产业的发展,可为德化陶瓷文化创意产业的发展提供借鉴。

景德镇瓷器有千年历史,瓷文化积淀丰厚,瓷器品牌享誉世界。据不完全统计,景德镇现有国家级历史文物保护区5片,各类文物遗迹1 500余处,其中,文物保护单位98处,含国家级文物重点保护单位3处,这些文化遗产大多与瓷有关;南河流域有136处古代窑业堆积,市区地面陶瓷文物遗迹有200多处,馆藏和单位收藏陶瓷文物20余万件,瓷文化资源广博、保存完整,是世界其他任何产瓷地和窑口所无法比拟的,具有极强的文化吸引力。景德镇陶瓷文化创意产业主打"党政主导,市场运作,社会参与",不断强化其世界瓷都品牌名片,并突出陶瓷和生态两个特色,弘扬陶瓷文化、历史文化和生态文化三大文化,其文化创意产业和文化创意旅游均有较好的经济效益和较大的影响力。与景德镇相比,德化陶瓷的文化营销还需加强,品牌建设还需跟进。

浔中镇石鼓村的大学生创业模式为德化陶瓷的文化营销、文化创新提供了新思路,也为粗放的陶瓷工业生产向精致独特、定制化生产转变提供了借鉴。这一转变,需要政策支持和推动。具体来说,我们提供以下建议和思考:

第一,进行文化定位,进一步做好小众精品陶瓷制品的品牌营销及宣传。目前,德化瓷主要销往欧美,生产同质化严重、缺乏创意的低端工业产品,往往失其文化本源、毫无民族特色,十分不利于德化瓷的名片打造。石鼓村创客模式对德化瓷进行文化定位,需重点突出其与闽南文化相结合的独特古典意韵,由此开展一系列文化宣传活动和传统文化再生活动,才能使德化瓷文化焕发生机、独秀于中国众多瓷都。例如,可挖掘德化古窑、德化瓷雕的历史文化资源,通过影视作品、文艺作品、交流活动等推介出去,向世人展示德化瓷文化的精神内涵和深厚底蕴;通过网络销售、文化旅游、体验式旅游等形式,推动乡镇创客村陶瓷制品的品牌文化建设。

第二,优化文化创意产业布局,以文化创意研发设计为重点、文化交流为推手、文化创意产业集聚为目的,推动电商文化创意陶瓷制品的发展。建设一批陶瓷艺术研究设计基地,培育兼具传统技艺和创新能力的研发设计人才,帮助返乡创业大学生提高设计能力和水平;推动展览会、艺术节、交流会、娱乐演艺、影视文艺作品、网络节目等多种形式的文化交流活动,在创意设计、生产流程、质量监控、市场营销上下功夫,为乡村手工陶瓷制品的包装、宣传、营销提供便利;注重陶瓷消费和陶瓷文化旅游的配套设施建设,吸引产业集聚,扩展电子商务销售半径和展示平台。陶瓷文化不仅可应用于陶瓷制品的研发设计,还可应用于服装、箱包、家具、广告和其他艺术品,在创意包装方面也十分有潜力,可鼓励大学生创业企业承接高端定制和设计研发咨询。

第三,加强文化产业规范引导,促进陶瓷文化创意产业投资、融资。进一步加快改革陶瓷文化创意产业投融资体制,放宽市场准入条件和领域,鼓励和支持社会资金参与陶瓷文化设施和陶瓷文化项目建设。可借鉴国内外发展文化创意产业的经验,给予当地企业引导和帮助,加快发展陶瓷文化经纪、文物及艺术品评估鉴定、技术交易、推介咨询、担保拍卖等中介服务机构,引导其规范运作。

第四,加强物流仓储等基础设施建设,为陶瓷制品的网上销售提供便利。鼓励有条件的制瓷企业在各大城市设置销售网点,便利运输和网上销售;为大学生、年轻人创业提供良好的孵化环境,例如提供办公和仓储地点、解决教育及医疗保障问题等,鼓励通过网络渠道,扩大产品销售范围,增强陶瓷制品的知名度和吸引力。

4.3 永春县达埔镇"香都"文化创意产业发展思考

永春县达埔镇制香已有300多年的历史。达埔继承制香技艺、传承香道文化,如今香产业已成为当地的支柱产业之一。达埔与河北古城、厦门翔安、广东新会并称"中国四大制香基地",有制香企业296家,产品种类达300种,产业链年产值超过50亿元,带动从业人员3万余人,实居四大制香基地之首。在国内,永春县香产品市场覆盖率达80%以上。

2012年,永春县推出了促进香产业发展的八条措施,鼓励制香企业规模化发展、促进公司制改革、引导抱团集聚,香产业发展更加兴旺。目前,达埔镇制香企业共有136个产品获得国家专利,拥有省、市著名商标各8枚,有13家制香企业通过了ISO认证。

永春县提出了打造百亿香产业集群的策略,并专门在达埔建设了香产品产业园,吸引了来自国内外的十余家企业入驻投产;在发展香产业的同时,大力拓展香产业链、开发香文化旅游,使得"中国香都"的名声更响;晒香花、品香茶、观香艺、制篆香等活动丰富了当地的特色旅游,吸引了大量游客。

为适应时代发展的需要,制香工艺的研发创造也在不断推进。从2010年起,当地以传统蒲氏香方及中医药理为背景研发了中药养生香、车载熏香器、书侣熏香等功能性创意产品,探索从传统朝拜香到养生文化香的转变思路,以便香文化更好地走进百姓的日常生活。同时,达埔也在力争打造具有闽南地方特色的中国重点制香产业基地和特色产业旅游目的地,形成全产业链发展。

然而,相对陈旧的发展理念、滞后的管理方式、分散的产业规模仍制约着达埔香产业的发展;对品牌建设和文化营销不够重视,使得香产业长期居于产业链低端,难以提高附加值。因此,增强品牌、增大凝聚、创新发展模式显得尤为重要。针对以上问题,我们提出以下建议和思考:

第一,挖掘香文化,配合闽南特色茶文化、瓷文化等,形成综合文化宣传模式。香道表演、制香体验等具有文化情趣和审美意向的活动能够极大地促进香文化的传播,提高香产业的文化内涵,从而提升品牌形象。香文化和茶文化、瓷文化的结合也可提高审美愉悦,丰富文化旅游的层次。

第二,形成完整的产业链,强化集聚的同时注重分工。当下香产品同质化竞争激烈,产品精致度和包装宣传程度远远不够。要注重产品线的区分,将不同层次的香产品加以区别,重点经营和推出具有影响力和广阔市场潜力的明星产品,以文化和设计作为包装,提高高端产品的附加值。

第三,活用香文化元素,向家居领域延伸。香器、香艺、香摆件等与香文化有关的物品不仅可以直接用于销售,而且其内涵元素也可用于服饰、家居等物品的设计,更可在影视、动漫、广告等文化产业中使用。可运用这些元素开发不同领域、不同门类的产品,增强香文化的号召力和渗透力。

第四,注重活动推介,举办香文化博览会等交流活动。可建设香文化博物馆、品香文化节、制香工艺展览、香文化主题公园等,增强吸引力、扩大知名度,拓宽销售渠道,这对加速香产业发展有着极其深远的意义。

5. 政府主导开展特色文化旅游产业发展探讨——以陕西商洛为例

5.1 商洛文化旅游产业发展现状

商洛市旅游产业综合收入和接待人数均逐年上升,保持持续增长态势。2012年以前,商洛市的旅游产业发展基础薄弱,起步时期增长率高达30%。近年来,旅游产业进入稳定发展时期,其增长率稳定在10%以上,高于地区GDP增长速度,旅游产业有望在未来一段时间成为该地经济发展的重要引擎,带动第三产业的壮大和当地经济的发展。

商洛市地处秦岭腹地,正积极打造成为省会西安的"后花园",目前商洛市的总体发展落后于陕西省平均水平。2016年商洛市《政府工作报告》中,市政府将"全域旅游"作为五大"攻坚战"之一,提出了"精品景区+特色小镇+美丽乡村"的层次发展模式。

精品景区旅游方面,商洛市共有A级景区27个,其中,5A级景区1个、4A级景区8个、3A级景区17个、1A级景区1个。景区类型以自然景观和历史文化为主,两种类型共占到总数的 76.67%。

特色小镇旅游方面,商洛市已建成 4 个省级文化旅游名镇,尚有大约 7 个秦岭特色小镇正在建设。商洛市的特色小镇大多缺乏具体产业依托,而是直接服务于文化旅游产业,缺乏核心竞争力,并且文化特色不鲜明,不同区域间文化深度、文化遗产相对接近,对游客的吸引力不足。

美丽乡村周边游方面,商洛市现有美丽乡村共 16 个,基本遍布商洛市各区县。2016 年共接待游客 1 330 万人,创造综合收益 27.2 亿元。商洛市的美丽乡村模式以休闲旅游和生态保护为主,其发展主要依赖周边精品景区的辐射带动作用。

5.2 实践调研与典型文化旅游产业发展模式对比

旅游资源方面,婺源县位于江西省东北部,其旅游资源以徽派古村落、田园风光以及生态资源为主,被誉为"中国最美乡村";商洛市旅游资源主要分为东西两线,东线为商於古道沿线景区及金丝峡等,西线为镇安、柞水一线,以历史景区与自然风光为主。

旅游产业发展模式方面,婺源县的主要模式为联动发展模式。1998 年,婺源县旅游局挂牌成立,县政府对各村旅游产业发展的影响力逐步凸显,各个村落纷纷开启了自身发展的"休闲旅游"之路;到了 2007 年,婺源县政府开始转变这种分散经营模式,将县内 14 个精品景区资源进行整合,按照"一个集团、一张门票、一大品牌"的思路,组建了婺源旅游股份有限公司,由这一家公司对婺源县内所有景点进行综合开发,以避免景观同质化、各村落恶性竞争抢夺游客以及部分村落不顾自身条件盲目发展旅游产业等问题。商洛市在 2016 年《政府工作报告》中指出,市政府将"全域旅游"作为五大"攻坚战"之一,提出了"精品景区+特色小镇+美丽乡村"的层次发展模式。商洛市的三种旅游发展模式中,目前仅有部分精品景区收取入园门票,直接创收能力较强。

宣传营销方面,婺源县注重加大宣传投资,树立"婺源"品牌,其采用微博、微信、网站、电视广播等全方位、立体式的宣传方式,在美国纽约时代广场、中央电视台、新浪微博、网易旅游、搜狐旅游等知名媒介面向全国乃至世界推广本县,并参与众多大型节目的录制,一句"美丽乡村,梦里老家"宣传语让婺源的知名度大大提升。商洛市整体而言,旅游产业的宣传力度严重不足,不仅外地游客对商洛市的旅游景点毫不知晓,甚至省会西安的游客也对这个城市知之甚少。对于商洛市的旅游产业,不能只靠民间的、自发的宣传,而是需要政府、旅游企业的积极介入。

景观设计方面,婺源县遵循增强参与性原则,为避免游客走马观花式的游览,设计出了更多参与性的项目,使得游客能够获得各种感官上的冲击和更深刻的旅游体验。例如,在视觉上除有静态的欣赏还有动态的参与(教游客跳傩舞等),在听觉上展示婺源徽剧的表演,在嗅觉味觉上让游客体验茶道文化等。商洛柞水—镇安线的旅游景观主打自然风光,以人文景观为点缀,主要突出其自然性、宜人性,从多方面满足游客的需求,重点在于营造舒适感;商於古道线的景观主要是人文风光,也有金丝峡这样的自然奇观,主要满足以探奇为目的的游客,由于其地理位置不如柞水等优越(距离西安较远),故在现阶段旅游发展程度不如西安。

景区管理方面,婺源县明确界定各个村落的商住功能分区,即景区、住区、镇区呈现三分格局,这样一来,可以极大地减少旅游景区管理的面积和任务量及投资金额。不过随着时间的推移,这一举措的弊端也日益凸显,景区内部传统民宅的空心化问题严重,过分的商业化使得更多的外地人开始负责景区的经营,对传统文化造成了很大的冲击。景区中一场场仿佛被精心安排的传统村落的"主题表演"也让婺源部分地区失去了其原有的味道。而商洛景区管理则缺乏规划,政府仅负责前期的建设工作和后期部分公共设施的维护,对居民的经营完全不予干涉,虽将几条街巷划作居民营业点,却未对销售的同质化商品进行管理,也未规定市场商户的最大容量,导致了极其激烈的竞争。

生态环境治理方面,婺源县采取督察暗访模式探访当地生态状况,每月组织一次暗访,采取"不打招呼、不要当地领导陪同、不在乡村用餐、不当场反馈情况"的形式进行,以确保暗访组能够接触到最真实的情况;此外,对于表现优异和较差的村落,还有具体的奖惩机制。纵观商洛市的旅游全局,由于待建、未开发的景区仍占大多数,客流量还未达到一个很高的水平,当地的生态环境依然保持在一个良好的状态,但伴随着商洛市文化旅游产业的崛起,生态旅游势必要提上日程。

5.3 商洛市文化旅游产业未来发展建议

(1)文化旅游产业资本运作方式探讨

第一,政府投资巨大、回报周期长,民间资本参与不足。商洛市旅游景区的投资主体目前以政府为主,兼有少量社会资本的参与。调研中发现,尽管政府积极推动投资主体的多元化,但是上百个投资项目的招标手册中,仅有少量项目有客商过问,前来实地考察的客商更是少之又少。调研中我们曾有幸与商洛市发改委领导一道,与宁夏客商前往牧护关景区实地考察。考察中发现,民间资本缺乏有以下几个主要原因:首先,受地形、自然环境保护、历史遗迹保护等因素的限制,商洛市旅游项目的投资巨大且回报周期长,具有很大的不确定性;其次,商洛市地处秦岭腹地,年降水量高达800毫米且地形陡峭,造成旅游旺季泥石流、山体滑坡等自然灾害频发,更加增大了投资风险;最后,商洛市尚属国家级贫困县,且贫困地区连片,周边居民消费能力不强,又不具备足够的知名度吸引省外游客,因此投资预期无法与陕西省富裕地区相比。民间资本的缺乏,使得景区的投资能力不足,加重了政府的财政负担。

"十三五"期间,商洛市政府把旅游产业放在了发展的核心位置,助力其成为经济发展的新引擎,因此在旅游项目上进行了大量的投资,精品景区数量有了迅速的增长,的确提升了景区的整体质量。但是,这部分投资的转化效果依然不够显著,需要提升景区管理的质量,加大宣传营销的力度,同时成立相应的管理委员会,从管理运营到收入分配全方位保障各方面股东的权利,提升民间资本的信任度。

第二,PPP融资可应用场景多、潜力大,可以重点关注。PPP(政府和社会资本合作)模式最早由英国政府于1982年提出,泛指政府与社会资本签订长期协议,授权社会资本代替政府建设、运营或管理公共基础设施并向公众提供公共服务的项目运作模式。我们通常采用广义的PPP定义,如财政部在《关于推广运用政府和社会资本合作模式有关问题的通知》中指出:政府和社会资本合作模式是在基础设施及公共服务领域建立的一种长期合作关系。但对PPP的通用模式进行阐述时则主要针对狭义的PPP定义,即通常模式是由社会资本承担设计、建设、运营、维护基础设施的大部分工作,并通过"使用者付费"及必要的"政府付费"获得合理的投资回报;政府部门负责基础设施及公共服务价格和质量监管,以保证公共利益最大化。财政部认为,PPP模式是政府与社会资本为提供公共产品或服务而建立的"全过程"合作关系,以授予特许经营权为基础,以利益共享和风险共担为特征,通过引入市场竞争和激励约束机制,发挥双方优势,提高公共产品或服务的质量和供给效率,商洛市在采用PPP模式时应注意以下问题:

首先,商洛市在应用PPP模式时,缺乏PPP模式应用的法律体系,契约精神薄弱,使得公共利益保障不足。由于中国没有清晰和完善的关于PPP模式的具体法律条文,使得目前股权转让与特许经营管理条例存在矛盾;投资收益率没有明确的法律规定或指导意见,造成投资商面临投资法律风险。涉及文化遗产、自然环境保护的旅游产业特许经营项目投资资金量大、投资利润低、投资回报渠道单一、投资回报周期长,企业的大部分或全部投资回报资金来源于政府财政补贴,一旦政府出现支付违约,企业便无法支持而陷入困境,特别是中小型企业,很容易出现资金链断裂的严重危机。尤其是部分政府官员主要强调企业的社会责任和义务,而忽略了企业盈利的重要性,违背了社会发展的市场规律。用政治需要代替发展规律,以行政命令代替经济合同,严重脱离了市场规律,使社会资本难以遵循市场规律做出决策。

其次,PPP项目价格形成机制不合理。由于迁居所涉及的问题较多且复杂,部分景区嵌入在乡镇村落中,与农户的日常生活紧密相连,具有非排他性、正外部性、非竞争性及自然垄断等特点,只靠市场无法形成合理的价格,必须由市场和政府共同决定。而成本定价法和投资回报率法两种传统的定价方法存在很大的局限性,成本利润率和投资回报率的标准难以确定、信息不对称、风险分担不公平以及价格构成中政府收费和税费混淆,使得政府监管不便,更为涨价创造了条件。政府在选择社会资本进行合作时,通常没有进行公开招标,或者招标时没有明确标准的标底,而是由合作的社会资本进行定价,此时的价格是个别企业的成本价格而不是行业的平均价格,使得价格偏离合理的轨道。

最后,风险共担原则缺乏,融资困难。PPP项目能否成功运作的关键因素是风险的预测、管理和合理的风险分担机制。每一个PPP项目都面临一系列的系统性风险及临时性风险,且由于山区自然灾害频发、景区施工量大、商洛市经济发展条件整体落后、基础设施有待完善等因素,PPP项目的风险更加复杂和不确定。例如政策法规及法律的频繁调整和变动、经济结构的调整等使得企业预测PPP项目的风险更加困难。在风险分担方面,政府习惯于把某一项目授权给私人投资者时连同政府的责任一同转移,而风险分配的不均衡导致私人投资者的总体风险增加,并最终导致成本增加。对于商洛市而言,"十三五"期间将旅游产业提升到了经济支柱的战略高度,投资规模大、期限长,使得PPP项目对中长期融资需求强烈。但是实地走访发现,当地金融机构规模较小,一级市场几乎没有发展,二级市场对提供中长期贷款兴致不高,特别是随着利率市场化的深入,金融机构对中长期贷款的风险予以规避,不愿意为PPP项目提供中长期融资,导致PPP项目融资难问题进一步凸显。

基于PPP模式存在的融资困难、监管不力、民间分散资本调动不充分等问题,调研组在实地走访过程中创造性地提出了"三方协力"的融资模式(如图2.1所示),此种融资模式适用于大型企业匮乏、资本市场不成熟的贫困地区,希望能为不具备特殊经济政策的贫困地区提供融资方面的新思路。

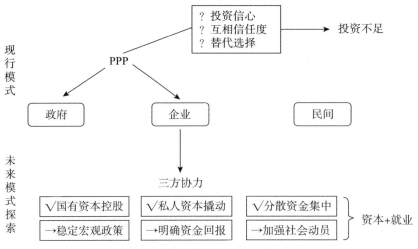

图2.1 现行模式和未来模式探索对比

第一方,政府:政府及国有企业掌握着财政资金及国有资本,财政资金的使用应该以撬动更多的民间资金为出发点。因此,政府应更多地扮演提供经济和政策支持的角色,而不是股权的主要掌握者。政府的经济支持包括:其一,物质支持,保障基础设施完善、提供可使用的劳动力等;其二,提供优惠政策,如税收优惠政策、利润分配及风险共担优惠政策、土地使用权优惠政策;其三,最低收益担保,如约束性长期协议、附加收益等。政府的行政支持包括:其一,减少审批手续,简化审批过程,提高政府效率;其二,成立专项小组或者指定负责项目的主管部门来规范服务,统一思想,协调有关各方的利益。此处应注意,专项小组只起到利益协调和监管的作用,具体的景区运营应该充分调动市场的积极性,尊重市场规律,由市场主导完成。还有其他方面的支持,例如防止他人竞争的保护,知识产权(如文化创意产品)和其他一些秘密信息的保护,以及完工和运营方面的奖惩等。

第二方,企业:旅游项目的投资方,主要分为旅游产业相关企业(如旅游公司、文化创意企业等)和大型投资集团(如风险投资、私募基金等)。在商洛市等贫困地区,由于资本市场不发达,一级市场十分不成熟,而且景区建设缺乏相关数据,使得一级市场融资从招标到风险评估再到定价管理都十分困难,因此一级市场融资不是贫困地区融资的重点方向。贫困地区旅游项目应将重点放在旅游产业相关企业上。首先,完善法律法规及政策,使得融资程序标准化、融资过程透明化,增加社会资本的信任;其次,邀请专业人士对项目进行综合评估并出具评估报告,给出项目未来发展方向及前景的专业分析,科学计算投资风险和资本的回报率,增强社会资本的投资信心,激发其投资热情;最后,规范定价机制及风险分配原则,签订具有法律效力的契约,明确价格形成体系和利润分配细节以及可能出现的风险调控机制,以降低三方违约的概率,促进项目的正常运行,充分保证股东权益。

第三方,合作社:贫困地区的资本市场不发达,因而民众缺乏投资渠道,投资理财方式以银行存款为主,回报率低,财产性收入低,降低了平均可支配收入。通过成立"资金合作社",可将民间资本最大限度地集中起来,投入地方的建设中。吸收民间分散资本,应注意以下几点:首先,签订契约,明确"收益共享,风险共担"的原则。通过合作社投入民间资本与发行地方债券不同,其无法保证稳定的资本回报率,但是通过对项目的整体规划和评估,能够形成一个预期的回报区间。此种方式减轻了政府的还债负担,同时为民众提供了一种相对高收益、高风险的投资方式。其次,鼓励合作社成员参与景区的整体运营工作,提高其劳动性收入。合作社成员既是股东,又是景区员工。此种方式有利于解决就业问题,提高员工的工作积极性,同时亲身参与也有助于提升投资者的信心。

(2)文化旅游产业定价模式探讨

商洛市的文化旅游产业大致可分为三类:自然景区、特色小镇、美丽乡村,不同的类别又具有不同的定价模式(在这里,定价模式涵盖了景点的一系列直接或间接的收费措施,如门票收费、演出收费、特色商品收费、食品饮料价格等)。在对商洛市的分析中,我们将结合经济学中的经典定价理论分析在此处盛行或有发展潜力的定价模式,并给出观察到的问题及些许建议。

第一,薄利多销模式应用的可行性。在此谈及的薄利多销模式并未囊括在本次的经典定价理论中,一方面是由于此种定价模式的具体表现与渗透定价模式一般无二,另一方面则是由于薄利多销目前广泛出现在旅游产业欠发达、旅游景点经营欠妥之处,与渗透定价相比成因更加消极,缺乏后续显著的成本经济效益。以下是对这两种定价模式的区分概述:

渗透定价是指在产品进入市场初期时将其价格定在较低水平,以尽可能地吸引消费者的营销策略。价格的高低与产品周期有关,实质上是以一个较低的产品价格打入市场,目的是在短期内加速市场成长,牺牲高毛利以期获得较大的销量及较高的市场占有率,进而产生显著的成本经济效益,使成本和价格得以不断降低。渗透价格并不意味着绝对的便宜,而是相对于价值来讲比较低。

薄利多销是我们自己的理解,它与渗透定价基本表现一致,即为了挣得更大的销量,商家定价相对价值较低,但实际销售产品并没有显著的成本经济效益,最终导致销量可观但利润微薄的困境,尤其是在市场中同质商家极多,近似完全竞争的情况下,若商家又缺乏相关的经济常识,无法结盟,则长久以来利润势必半点不存。

在此次实践调研中,我们参访了商洛市棣花古镇,在这个完全开放(无门票收费)的特色小镇中,有一部分商品的销售就采用了薄利多销的形式,如陕西凉粉等特色小吃。观察可见,从小镇小吃街起点到出口,每隔几米就会有一个陕西特色小吃铺,每家商铺都由小镇居民自行经营,相比外面的餐馆,定价很低,口味无太大差别,销量一天下来也算可观,但其经营所得仍不过勉能脱贫。

总结来说,若任由这种模式自行发展,居民们无法对同质化小吃的价格达成联盟、形成景区内垄断,那么在更大销量(市场份额)的诱惑下总会有人先开降价之举,最终酿成苦果。

促成这种薄利多销模式的原因如下:首先,小镇居民各自经营,文化水平有限。每家商铺都是私有,个人经营的情况下很容易为了挣得更多的市场而将定价一降再降,尤其是在市场进入成本很低(前三年房租政府补贴)的情况下,没有系统学习过这方面知识的居民往往将自己制作小吃的成本作为唯一的底线,太过关注卖出的数量而不是自己的总利润,因而陷入了降价反而利润降低的怪圈。其次,景区经营缺乏规划。政府仅负责前期的建设工作和后期部分公共设施的维护,对居民的经营完全不予干涉,虽将几条街巷划作居民营业点,却未对销售的同质化商品进行管理(整条街大部分都是卖凉皮、凉粉的),也未规定市场商户的最大容量,导致了极其激烈的竞争,以及联盟协商的高成本。

在我们看来,政府相关人员应对景区商品销售问题加以管理,如将售卖商品相同的商铺等距分隔开来,减少市场饱和感、密集度,也为消费者的可能选择提供更多的空间;政府可出面作为中间人,与售卖商品相同的商铺约定价格,通过对消费者需求的分析,找出利润最大化的价格,让小镇中的竞争之势转为垄断之势。

小镇居民也需要适度建立利润、品牌观念,从治本之处着手,增加自己售卖特色小吃的附加值,精炼工艺,从本质上杜绝打价格战的观念,这样为游客提供更好体验的同时也能增加自己的收入。

第二,高定价锚定模式应用的可行性。高定价锚定模式可以称作心理定价与撇脂定价的部分融合,简单来讲,这种定价模式会以前期的营销手段为依托,在刚进入市场时定一个较高的价格,以攫取价格弹性小、价格承受能力高的群体的金钱,并以高价格树立一个优秀的特色品牌形象(在全新产品或换代新产品上市之初,消费者对其尚无理性的认识,此时的购买动机多属于求新、求奇,利用这一心理,企业可以通过制定较高的价格,以提高产品身份,创造高价、优质、名牌的形象),从而吸引更多的消费者,带动整体旅游产业的发展。

之所以没有使用撇脂、心理等经典理论来描述这一模式,是因为旅游产品是一个大而宽泛的概念,而经典理论往往描述的仅是一个企业新产品的定价模式;而且高定价锚定模式更注重的是高端特色旅游产品对整个旅游产业的带动作用,而非仅这一种产品给企业带来的利润。在商洛市的旅游产业中,它往往是指限于一定空间范围(如某个景点)的一家或多家商铺共同作用下的某类特色产品的高价售卖;且在高定价锚定模式下,后期不会有进驻低端市场的行为。

高定价锚定模式带来的利润的确较高,但有限的市场容量和进入成本(成本很大一部分为宣传费用——打出名号)会导致财富的分配不均,先到先得优势在这种情况下十分显著,除此之外,强行采用高定价锚定模式而导致的夸张宣传、诚信问题也越来越受到人们的关注。

高定价锚定模式目前对商洛市来说只能算是一种具有发展潜力的模式,并未真正出现。以下以瑞士小镇格律耶尔为例,简要阐述该种模式的重要意义和商洛市的潜力。之所以选择格律耶尔小镇作为分析案例,是因为格律耶尔与商洛市有诸多相似之处。

格律耶尔小镇坐落在阿尔卑斯山脉的前山,春夏季繁花似锦、绿草如茵,冬季的皑皑雪山也别有一番风味;商洛市地处秦岭山地,因境内有商山洛水而得名,风景秀丽,拥有金丝峡、丹江漂流、牛背梁国家森林公园、天竺山、柞水溶洞等著名景点。二者皆以好山好水为旅游产业支柱。

格律耶尔虽坐拥天然去雕饰的美丽自然景观,而在处处美景的瑞士境内,这个优势并不足以让其异军突起,但它巧妙地运用了自身历史悠久的特色产业——奶酪。格律耶尔奶酪被称为奶酪中的贵族,更是瑞士国肴丰迪火锅的主要食材。平均每100克格律耶尔奶酪的市场价格为36瑞士法郎,而普通奶酪的价格仅在10瑞士法郎上下。如今慕名前往格律耶尔小镇的游客十之八九是为了品尝这享誉天下的"奶酪贵族"。小镇的年游客量在200万人次上下,包揽了瑞士境内一半的奶酪出口量,带来了庞大的利润。

商洛市地处秦岭山地,坐拥大好自然风光,天然食材丰富鲜美,特色小吃数不胜数。然而秦岭一脉不只穿过商洛一地,福泽覆盖了陕西境内数座城市,商洛市要想在旅游产业上有所作为,就必须找到自身与众不同之处加以发展宣扬。

在实践调研中,我们参观了商洛市数座新修仿古驿站和一些公园,其中,商南的阳城驿站给我们的印象最为深刻。阳城驿站与茶园紧密联系,开发了游客自采茶叶、观看炒茶等生态旅游项目,但这仍不足以成为吸引大量游客的卖点,商南茶叶的独特之处也没有完全体现出来。

众所周知,明前茶是清明节前采制的茶叶,受虫害侵扰少,芽叶细嫩,色翠香幽,味醇形美,是茶中佳品。同时,由于清明节前气温普遍较低,发芽数量有限,茶叶生长速度较慢,能达到采摘标准的产量很少,所以又有"明前茶,贵如金"之说。而且受限于气温气候,中国的明前茶产于江南长江流域一带,北纬30°以上的地区茶叶难以在清明节前出芽,就目前所知,唯一一个北纬30°以上能产明前茶的地区就是商南(北纬33°)。商南明前茶有着如此与众不同的地位,在当地每斤价格在200元以上,但却并不为外地人所周知。相较于瑞士小镇格律耶尔的奶酪,商南明前茶虽不及它的工序精妙、独一无二,却也具备了高定价锚定模式所必需的潜质。

在我们看来,论及高定价锚定模式,商南明前茶可以打头阵,但需要辅以多种手段,如精化采茶、炒茶等多道工序,提高明前茶的劳动成本,进一步将其特色化、差异化;前期辅以适当的营销宣传(多种途径结合,尤其是新兴的微信、京东、淘宝、小红书等),突出商南明前茶的来之不易,精准定位高端顾客群体;定价要足够高,以体现商南明前茶的质量卓绝,给予顾客心理暗示、购买动机;后期乘商南明前茶火爆之势,宣传开展一年一度的明前茶采摘、精炒、品味之旅,带动当地旅游产业的发展。除了明前茶,商洛市本地的特色小吃也可一争高端之式。当下颇为火爆的"吃货文化"对商洛市极具特色的饮食小吃可谓多有助益,据我们所知,商洛市的橡子米粉、水煎包、洛南豆腐、洋芋糍粑皆是当地特产,口味独特鲜美。虽有本末倒置之嫌,但格律耶尔小镇发展的经验却启示我们不妨先下功夫在特色小吃上,营销手段、精妙厨艺、高价撇脂三者结合很有可能吸引到一大批"吃货",如果将这些商铺放入旅游景区之内,那么商洛市旅游产业蒸蒸日上也就指日可待了。

第三,两部定价模式应用的可行性分析。两部定价模式所收费用由两部分组成:其一是消费者为获得某种商品或服务的使用权而支付的固定费用,这部分费用与消费数量无关;其二是与消费数量直接相关的使用费用。在旅游产业中,我们可以将其粗略地看作既收取门票,又对景点内部的一些游乐项目另行收费。

两部定价模式在旅游产业中十分常见,它往往可以帮助商家获得更多的消费者剩余,然而如何确定两部定价的固定费用和使用费用,使获得的产业利润最大化,也是一个难题。

在两部定价的研究过程中,需要用到一些基本的数学模型,其中又可分为单人定价模型和多人定价模型。在下文的分析探讨中,由于商洛市缺少这方面的研究数据,无法推导消费者需求曲线,因此论述只能以最基本的公式和最简化的模型展示,希望对以后的调研分析能够提供些许帮助。

通过实地参观阳城驿站、棣花古镇等景点,我们非常遗憾地发现,两部定价模式目前在商洛市只适合大型的外部性难以衡量的景点,如金丝峡、柞水溶洞等,对特色小镇、美丽乡村来说,景区的名号打响需要时日,可替代性太强,相似景点也基本完全开放,顾客的需求弹性极大,收取门票将导致客流量极大的损失。

在实地游玩了商洛市数个大型景区后,我们发现这些景区的门票定价或多或少存在不合理之处,门票定价过高尤其居多。以金丝峡为例,门票价格为120元,同时谷内的漂流项目还要另收85元,过高的定价无疑会损失相当大一部分市场,另外还会失去对回头客的招揽。

我们对过高的门票收费提出了两种猜想:景区经营过于注重门票利润的最大化;相关部门在制定门票价格时未仔细分析、结合现状。

以下是简单的数学推导和现今旅游产业门票大势分析。

设景区的需求函数为 $Q = Q(P) = \frac{1}{a}(b - P)$,景区的成本为 C,景区的门票价格为 P,非门票消费(旅游产业消费)为 $kP + m$,其中,m 为游客非门票的最低消费,k 为商品价格与景区关联度指标(一般门票价格越高的景区,物价水平和产业发展水平也就越高)。当景区以门票利润最优来制定门票价格时,门票利润

为 $\pi_{P_1} = Q \times P - C = \frac{1}{a}(b - P) \times P - C$。令 $\frac{\partial \pi_{P_1}}{\partial P} = 0$，得出门票价格为 $P_1 = \frac{b}{2}$，此时景区总利润为 $\pi_{T_1} = Q(P_1) \times P_1 - C + Q(P_1) \times (kP_1 + m)$。当景区以产业利润最优来制定门票价格时，景区总利润 $\pi_{T_2} = Q \times P + Q \times (kP + m) - C$。令 $\frac{\partial \pi_{T_2}}{\partial P} = 0$，得出门票价格为 $P_2 = \frac{b}{2} - \frac{m}{2(1+k)}$，此时景区总利润为 $\pi_{T_2} = Q(P_2) \times P_2 - C + Q(P_2) \times (kP_2 + m) - C$。因为 $P_1 - P_2 = \frac{m}{2(1+k)} > 0$，得出 $P_1 > P_2$；因为 $\pi_{T_1} - \pi_{T_2} = -\frac{m^2}{4a(1+k)} < 0$，得出 $\pi_{T_1} < \pi_{T_2}$。根据这两种研究结论，提出命题1和命题2。

命题1：景区以门票利润最优制定的门票价格高于以产业利润最优制定的门票价格；命题2：以门票利润最优为目标的景区总利润低于以产业利润最优为目标的景区总利润。

由表2.1可知，随着人均GDP、国家（地区）发达程度的提高，门票占人均GDP的百分比急剧下降，从世界趋势来讲，门票在长期发展中应当被淡化。表2.2中展示了与商洛市息息相关的陕西省和极发达的北京市的城镇月人均收入及景区门票状况，从中可以看到，北京、陕西5A级景区门票均价都远低于金丝峡的120元，从这里也可以看出其定价的不合理性。

表2.1 世界各国（地区）景区门票状况

国家或地区	人均GDP（当地货币）	景区门票价格（当地货币）	门票/人均GDP百分比
中国大陆	9 128	80	0.90
美国	37 746	20	0.05
日本	3 912 185	0	0.00
韩国	15 208 642	1 600	0.01
加拿大	38 842	7	0.07
中国台湾	432 234	0	0.00

资料来源：作者根据相关资料整理绘制。

表 2.2 陕西省、北京市城镇人均收入及景区门票状况

省市	城镇月人均收入(元)	景区门票价格				
		5A 景区	4A 景区	3A 景区	2A 景区	1A 景区
陕西	1 752.5	83.33	59.54	25.5	13.43	8.33
	门票占月收入比重(%)	47.50	34.00	14.60	7.70	4.80
北京	5 790.25	42.5	36.14	30.2	22.19	13.44
	门票占月收入比重(%)	7.30	6.20	5.20	3.80	2.30

资料来源:作者根据相关资料整理绘制。

在我们看来,商洛市金丝峡等大型景区门票价格急需调整降低,棣花古镇、阳城驿站等小景点应维持原状不收取门票。至于如何为大型景区确定一个合适的门票价格,建议采用人工智能技术收集消费者愿意支付(WTP)等必要数据,从中国其他相似地区的实例中寻找商品价格与景区关联度指标的确定方法,以景区产业利润最大化为目标确定门票价格。

(3)文化旅游景区建设发展建议

我们粗略地将景区建设分为基础设施、旅游景观、旅游产品三个方面。商洛市多数旅游景区处于建设的初级阶段,具体表现为基础设施建设相对完善(如卫生间数量、清洁状况、道路情况、路牌状况等相对良好),旅游景观缺乏新意,有的地方亟待建设,旅游商品不尽如人意;少数旅游景区,如武关、竹林关等处于未开发阶段。

景区建设是景区吸引游客的核心竞争力,具有核心地位,不论旅游产业发展到哪一阶段都应该加以重视。接下来重点讨论旅游景观和旅游商品两个方面。

第一,景区旅游景观开发思路。柞水—镇安线的旅游景观主打自然风光,以人文景观为点缀,主要突出其自然性、宜人性,从多方面满足游客的需求,重点在于营造舒适感。

商於古道线的景观主要是人文风光,也有金丝峡这样的自然奇观,主要满足以探奇为目的的游客,由于其地理位置不如柞水等优越(距离西安较远),故在现阶段旅游发展程度不如西安;但也正是这样的景点,更应该凭借景区建设的特色取胜。下面我们主要针对商於古道线旅游景区建设提出建议。

首先,景区建设应该极具特色,同时突出自然性和宜人性。以武关未来发展

建设的规划为例,主打的应该是历史、军事文化。目前有所规划的水上乐园固然可以,但应该注意两点:一是不能喧宾夺主,过于花哨,或者出现大量的钢铁、塑料结构,与景区应有的色调、韵味不符,大煞风景;二是注意一旦建设这样的景点,一定要尽最大可能保留原来的植被等地理景观。目前考虑,如果能依靠山水进行开发,而不是改造山水成为夸张的现代景观,则同样能够达到丰富景观多样性以及提供纳凉空间的目标,同时使景观统一、和谐。

其次,商洛市的很多老宅古迹亟待保护。从牧护关景区的精神核心——韩愈祠,到武关景区的几家大院老宅,这些古迹要么遭受风雨的侵蚀,梁檐破败,要么遭受现代建筑的侵蚀,一半被拆除盖起了"小洋楼"。如果继续任由其破败,不迅速加以保护,那么未来游客看到的可能就只能是粗劣的仿古建筑,里面陈列着旧建筑的遗迹——这无疑让景区的吸引力大大降低了。商於古道景观主打一个"古"字,失去了古建筑这样的历史见证者,商於古道的特色将无从谈起。

最后,连片的开发建设能够起到"1+1>2"的效果。围绕同一主题连片而各具特色的景区对游客的吸引力大于单个景区的吸引力之和。现在商於古道上棣花古镇相对建设较好,但景点单一,留不住人。要将一路上的当代景观与历史景观融合、人文景观与自然景观融合,就应该提高古道沿途景区的连续性,比如金丝峡景区和棣花古镇景区不应该是独立的两个点,而应该由其中间的景区将其联络起来,建成一条真正的旅游线路。唯有这样,才能实现从一日游向两天一晚游的飞跃。当然,为了做到这一点,必须保证沿途的住宿餐饮条件,这在下文会详细讨论。

还有一些补充性的建议。无论是自然景观还是人文景观,游客在观赏时在一定程度上都有满足其求知欲的目的。出于这种考虑,自然景区可以在特定的标志性草木旁边立上牌子以表明其名称、价值、相关的轶闻轶事等;而人文景区更应该标注出人文景区的由来和相关知识,比如棣花古镇的土坯砖墙,其制作过程、历史等都很有趣味性。如果能够把这样的知识普及做成特色,一方面可以点缀现有的景区、满足游客的需求,另一方面还可以为研学旅游打下一定的基础。

第二,景区旅游商品盈利探究。旅游商品产业是旅游产业中涉及面最广的一个产业,也是旅游产业中潜力最大的一个产业,更是一个关乎经济发展的重要产业,对扩大内需和消费有着举足轻重的作用。

旅游商品与旅游景区应该是相辅相成的。游客固然很少会为了吃一样东西、买一件商品而特意跑到一个地方,但对于现在的很多景区来说,其主打产品确实可以成为旅游主要的推动力。旅游商品应是景区建设者值得注意的重要问题。

反观现状,商洛市各景点的旅游商品结构不尽合理,问题比较严重。

总的来说,旅游商品缺少特色,同质化现象严重。以棣花古镇为例,当地有大量的特色产品,如槐花煎饼等,但这些可予以呈现、借此达到经济文化双丰收的特色产业,在古镇中却毫无体现。古镇中真正大行其道的是一个个卖浆水鱼的鱼摊子、卖瓶装饮料的推车、卖各种劣质木剑木刀等儿童玩具的商贩,甚至还有不少重庆美食店铺,唯独没有当地特色的一丝痕迹。可以理解,当地人日常的小吃可能确实不似想象中美好,但是文化旅游本身就是要满足游客(哪怕不合理)的想象。换句话说,只要卖的东西和西安不同,西安的游客就会觉得这是特色,就可能会买。但令人遗憾的是,我们走过整个景区,没有一丝想要购买的欲望——事实上,各种店铺的顾客也确实寥寥无几。

怎样实现旅游商品的"特色"呢?在此有以下两点考虑:

一是售卖的商品应该与当地的山水人文结合——或是当地有特色的农副产品,或是当地有特色的手工艺品。矿泉水之类的商品固然不能少,但绝不能让景区充斥着这类毫无当地特色的商品。

二是旅游商品的销售应该尽可能地转向体验型。亲手采摘当然在其列,但是绝不能仅限于此。商家都想延长游客的停留时间,而如果想留住游客,就需要给他们理由。观光型的、买完就走型的旅游注定留不住人,因此我们需要沉浸型的旅游服务——让游客参与、互动、感受。具体而言,相较于花20元登一座古塔,然后免费观看戏曲、染布,游客一定更乐意免费参观古塔,然后花40元跟着当地人学唱两句戏、亲手染一块布。一切可以让游客参与的活动,都应该尽量让游客参与;现阶段游客不能参与但是希望参与的活动,政府应该提供平台、企业应该想尽办法让游客参与。旅游的一大目的在于满足游客对一个地方不合理的美好幻想,那么作为旅游地,应该做到的就是让游客沉浸在这样的幻想中——游客想象这里(比如作为一个古镇)会有什么(比如古法染布、晒柿子饼等),这里就应该发展出什么。

体验型的旅游是未来旅游发展的方向;采用体验型的方法销售旅游商品,有多方面的好处:首先,这样可以使得旅游商品成为旅游景区的一个部分,二者协同发展;其次,这样可以无形中延长游客的游览时间,间接地增加周边住宿餐饮的收入;最后,这样的商品有利于景区形象建设,能够给游客留下更好的印象,用旅游商品带动旅游景区。另外,体验型的商品是"互联网+"大规模生产时代的必然选择——大多数旅游商品为工厂生产,网上可以轻易买到,价格甚至还低于景区。但在景区的体验是不能通过互联网传递的,其具有唯一性、垄断性。

进一步讲,要想实现特色的消费体验,需要很多"微创意"去弥补宏观政策所不能覆盖的方面,譬如具体的体验怎样实施、具体的特色怎样展现、店面如何装饰等。这需要现代的创新型人才,而这样的人才可能需要从城市引进。另外,要想发展传统文化的体验,则必须有一批传统的手工匠人。举例说明:现代社会木工这一工种逐渐式微,如果能够妥善利用这些老一辈手工匠人的手艺,则不但能够带动其脱贫,还能够打造旅游特色。

所以更深层次地,我们需要讨论如何引进人才。这里的"人才"既包括有管理、经营、服务、交际能力,能够在古镇文化经济中提供让游客满意的服务的人才,也包括有创新能力、能够发现新的经济模式、提高当地产业多样性的人才,更包括民间有各种才能、能够承载古镇文化核心的一批人才。

(4) 文化旅游景区配套设施建设

首先,景区附近的农家乐和旅馆、餐馆最应该注意的就是卫生状况。卫生的重要性无须多言,很多时候游客选择在景区附近的哪一家店就餐或住宿,主要取决于其第一印象,而卫生无疑是第一印象的重要组成因素。

其次,景区旅馆应该突出特色,重视文化元素的运用和体现。旅游经济的一个要点就是要满足游客哪怕是不合理的幻想,因此,尽管不可强求,旅馆等还是应该尽可能地体现当地的文化特色。而农家乐,顾名思义,也正应该体现农家特色中的优秀部分。大灶做饭、现场采摘等可能的步骤可以呈现在游客面前,一方面可以让游客监督整个加工过程,使之更加放心;另一方面无疑会增添农家乐的特色。

从建筑角度来讲,现在的农家乐基本上是清一色的二层或三层楼房,不能充分体现农村特色,而且其严重的同质化导致的结果一定是谁都无法发展起来。

农家乐应该是"农家"和"乐"的结合,这也要求景区附近餐饮住宿行业从业者从文化主题和卫生服务两方面进行改进。

在走访过程中,我们发现,商洛市景区附近(以及内部)的农家乐卫生状况整体上不容乐观,多数同行认为这样的卫生条件不能接受。具体表现在:苍蝇较多;桌面不洁,有油污;餐具直接扔在桌面上等。这样的卫生状况无疑在一定程度上给游客留下了不好的印象。

对于农家乐的卫生问题,有以下两点分析:首先,农家乐的很多经营者(即农民)仅仅是因为种地效益太差才转型做农家乐的,其一般还兼营田地。这些农民不仅缺乏服务、管理的相关知识,缺少实践的机会(因为来的游客较少),而且也没有精力完全投入农家乐的经营中,其本身卫生意识就相对欠缺,无法充分满足服务业的条件。其次,是因为没有人向经营者指出其存在的问题,并监督其整改。政府应该较频繁地不定期抽查,强制要求其整改;对合规的农家乐、旅馆等进行鼓励,对不合规的进行处罚。

农家乐未来应该朝着集约化、专业化、特色化方向发展。现在的农家乐市场同质化问题严重,结果导致谁都富不起来,既不能带动解决扶贫问题,也不能促进景区周边配套设施的进一步发展。

未来的一条发展道路是:政府牵头,带动农民集资成立集体企业,由政府负责帮忙招商引资、引进管理人才;农民在农闲时间进行服务培训,在集体企业工作;集体企业则发挥规模效益,进一步推动当地经济发展。

5.4 商洛市文化旅游产业未来发展方向思考

(1) 智慧旅游是旅游产业大趋势

智慧旅游的理念来源于"智慧地球"及其在中国实践的"智慧城市"。2008年国际商用机器公司(IBM)首先提出了智慧地球概念,指出智慧地球的核心是以一种更智慧的方法通过利用新一代信息技术来改变政府、公司和人们相互交互的方式,以便提高交互的明确性、效率、灵活性和响应速度。

2011年9月27日,苏州"智慧旅游"新闻发布会正式召开,苏州市旅游局正式面向游客打造以智能导游为核心功能的智慧旅游服务,通过与国内智能导游领域领先的苏州海客科技有限公司进行充分合作,将其"玩伴手机智能导游"引入智慧旅游中,以大幅提升来苏游客所接受的服务的品质,让更多游客感受到"贴身服务"的旅游新体验,为提升苏州市整体旅游服务水平打下了良好的基础。

2012年年初,南京市旅游局全力推进智慧旅游项目建设,项目分为六个部分,项目建成后,凡是使用智能手机的游客,来南京后都会收到一条欢迎短信。游客根据短信上的网址,可下载"游客助手"平台,该平台分为资讯、线路、景区、导航、休闲、餐饮、购物、交通、酒店等九大板块,集合了最新的景区介绍和活动、自驾游线路、商家促销活动、实时路况、火车票等信息。安装后,游客可以根据个人需要实现在线查询、预订等服务。南京市玄武区旅游局与苏州海客科技有限公司合作,全力建设本区内著名旅游景点手机端的智慧旅游。

我们发现,像金丝峡这类景点,其内部的网络、通信覆盖得非常完善,也即商洛市有基础、有能力来发展这样的智慧旅游产业。仍然以金丝峡为例,参观后给人的感觉是风景十分秀丽,但无奈一步一个景点,旁边又没有解说服务,游览一趟下来只能记住风景秀丽,对具体的景点名称却一个都叫不上来。针对金丝峡这种景点密集的景区,我们建议开发一个手机 APP(应用软件),以 GPS(全球定位系统)地图为主,游客在走到每个景点时会自动触发该景点的语音讲解,提供导游、导航、导览三重服务。

此外,商洛市还可以尝试采用人工智能技术等。人工智能就是智慧旅游用来有效处理与使用数据、信息及知识,利用计算机推理技术进行决策支持并解决问题的关键技术。据我们了解,阳城驿站曾打算收取门票,但因客流量不足而不了了之,门口的检票机如今处于废弃状态,如果事先用人工智能进行旅游需求的预测,那么这种浪费便可以有效避免;另外,一些大型景点的门票价格在经过具体的数据搜集和数学建模分析后也可以达到一个合理的水平。除此之外,人工智能还可以应用在游憩质量评价、旅游服务质量评价、旅游突发事件预警、旅游影响感知研究等诸多领域,帮助景区进行以人为本的建设维护,吸引越来越多的游客资源。

(2)研学旅游可以成为商洛市的布局重点

研学旅行是指由学校根据区域特色、学生年龄特点和各学科教学内容需要,组织学生通过集体旅行、集中食宿的方式走出校园,在与平常不同的生活中拓展视野、丰富知识,加深与自然和文化的亲近感,增加对集体生活方式和社会公共道德的体验。

发展研学旅游,具备经济和社会双重效益,且与商洛市经济、地理条件相适应。商洛市作为文明古城,保有大量的历史文明遗迹,如商山四皓墓碑、武关遗址等;近现代也涌现出了一批人文大家,如贾平凹等,保有作家创作时的原始田野风貌,具备重大的教育意义。同时,商洛市地处秦岭腹地,位于亚热带与暖温带的交界线、南北分界线,是重要的地理过渡带,在长期的地质作用下,形成了独特的地貌环境,其辖区内的牛背山森林公园、柞水溶洞等景区自然地貌奇险,具备独特的地方特色且开发较为完备,适合作为从启蒙教育到学术研究等各个阶段的考察对象。因此,商洛市的研学旅游具有巨大的发展潜力。

首先,有利于文化交流,提升商洛市的知名度及国际形象。旅游经济从根本上来说是一种文化经济,文化是旅游的核心和灵魂,是旅游景观吸引力的源泉。

商洛市历史悠久,不仅有丰厚的历史积淀,更有新兴的高新产业园。近年来兴起的研学旅游,是旅游产业中文化与经济一体化发展的典型模式,是商洛市提升城市形象的良好契机。通过研学旅游,可以让更多的青少年感受商洛、体验商洛,增进对商洛的了解,有利于进一步提高商洛市在全省、全国乃至全世界的知名度和美誉度,加强商洛市与其他国家和地区的文化交流;使"秦岭最美是商洛"的形象深入人心,通过研学旅行的文化宣传效果,吸引有识之士前来参观,扩大商洛市文化旅游的客源,提升其影响力。

其次,有利于促进旅游产业转型升级。发展入境研学旅游有利于产品升级,促进城市旅游的持续发展,适应商洛市打造高层次、精品化、品牌化旅游产品的发展方向,有助于旅游产品的优化升级,丰富产品的文化内涵,发动学生及文化学者的力量,共同创造商洛市特色的旅游产品。同时,因研学旅游属于深层次的文化旅游形式,停留时间长,对住宿、餐饮、会议等配套设施需求量大,对旅游地服务业的综合能力具备较高的要求,因此有利于促进商洛市的旅游产业由传统的观光型逐渐向包括娱乐体育、医疗保健、文化研修等在内的多功能、高层次的精品旅游项目发展。

最后,有利于产业联动,拉动地区经济发展。旅游产业是关联度极高、带动性极强的综合性产业,其乘数效应和加速效应异常明显。每逢金融危机和经济困境,旅游产业都充当启动和带动经济发展的先锋。根据世界旅游组织测算,旅游收入每增加1元,可带动相关行业增收4.3元;每增加1个就业岗位,可间接带动7人就业。研学旅游作为旅游产业的重要组成部分,其涉及教育、交通、餐饮、住宿、娱乐、购物等方面,有利于拉动其相关产业的发展,促进经济的快速、良好、可持续增长。

在实施方案方面,首先,可以加大研学旅游的宣传力度。要在现有的接待条件下,调整接待资源,增加海外宣传资金投入,加大宣传力度,扩大宣传范围。例如,建立专门的商洛市研学旅游网站,及时、快捷、准确地传递赴商洛市进行研学旅游的详尽信息。第一,要把产品线做得丰富详细、内容充实,并注重以学生的特点来设计交流平台,使得研学旅游在开发中能够得到一定的反馈信息或建议;第二,要对商洛市发展研学旅游的人文环境进行宣传,重点是商洛市旅游优惠政策及奖励政策的宣传,可举办景区文化历史内涵挖掘的相关比赛、活动,发动人文游客的力量共同丰富景区的文化内涵;第三,分层次进行宣传,在宣传方式上,可通过研讨会、展览等多种形式让全世界的媒体、学校了解商洛市丰富的高校资源及深厚的历史文化。

其次,进行多渠道的宣传营销也必不可少。积极发展旅游网络营销,旅游企业或政府部门可以建立专门的网站宣传研学旅游产品,要充分利用大众媒体,尤其是校园网、教育机构及学生感兴趣的报纸、杂志进行宣传,或在市区繁华点、学校相对集中的地区设立"研学旅游问询中心"等。重点发展陕西省内市场,逐步拓展到国内市场,并结合丝绸之路经济带建设,拓展中亚市场及新加坡、马来西亚市场等;也可以实行区域合作和政策优惠。应加强商洛市与周边地市的合作,高度重视各地市的旅游协作,力争开发主题多样的研学旅游产品,满足不同研学旅游者的需求;注重与周边其他旅游景点的差异化竞争,发挥地区独特的优势。另外,可根据学生有较高的文化需求这一特征,设计出差异化的旅游产品,开发出旅游费用适中的文化旅游专线,将学习与旅游紧密地结合起来,并注意休闲性与研学的严肃性有机结合,融知识性、参与性与趣味性于一体,让学生在商洛市游览的同时,能够较深刻地领略到商洛市独特悠久的民俗风情,感受到中国的历史文化。同时,可在交通方面给予学生优惠;对于开展研学旅游项目的旅行社,有关部门应从社会效益出发给予税收、线路安排等方面的关照;此外,还可培养一批专业的经营研学旅游项目的旅游企业,并给予一定的资金支持。政府还可以采取多样化的融资模式,设立学生旅游的专项资金,鼓励旅行社开拓学生旅游、亲子游、学者考察式旅游等研学旅游项目。研学旅游项目对文化内涵的要求较高,参加研学旅游的学生一般都有较强的求知欲,乐于与人切磋交流,因此要全方位地加强研学旅游人才的培养,配备一批专业素质高、景区知识全面、具备一定历史文化知识的导游,提高导游的文化素质,从而使研学旅游者在游览中不仅能得到美的熏陶,而且能学到广博的知识并得到道德情操的升华。同时,可以聘请旅游目的地的高校教师、课题组及旅游地有关的专家学者撰写景区介绍,并聘请高校相关专业的学生承担接待任务,加强旅游与文化的交流,增进彼此的了解和友谊,相互学习,共同进步。

(3) 生态旅游在商洛市有发展土壤

"生态旅游"的概念由世界自然保护联盟(IUCN)于1983年提出,是指具有保护自然环境和维护当地人民生活双重责任的旅游活动。中国以自然资源为主的风景旅游区较多,而此种类型景区的生态承载能力通常较弱。随着全球旅游产业规模的日益增大,过去被低估的环境影响正在受到重视。2010年4月,由国家发改委起草的《生态补偿条例》首次在环境保护中引入市场补偿机制,并最终形成了政府补偿和市场补偿两大生态补偿体系。

低碳经济时代,生态服装作为一种可持续的服装发展潮流,强调的是自然资源和能源的高效利用,注重人与自然的低碳共生,贯彻生态环保思想,关注材料的循环利用,服装使用后其处理不得对环境造成污染等且能够进行生物分解。

生态温室餐厅是将现代设施农业和绿色餐饮完美结合的产物,是以人为本、餐饮为主、景观为辅的一种大型温室类建筑,把温室轻巧、便捷、明朗的特点与建筑的多功能性融为一体。餐厅有充满绿色的自然环境,把大自然丰富多彩的生态景观"微缩化"和"艺术化",形成了以绿色景观植物为主,蔬、果、花、草、药、菌为辅的植物配置格局,并结合假山、瀑布、小桥流水、竹木亭阁的园林景观,为就餐者提供了绿色、优美、舒适、悠闲、宜人的就餐环境以及安全、可口的生态(有机)食品,同时采用节能、节水,残渣、废弃物循环再利用环保措施,是一种可持续运作模式。

生态旅馆的建筑材料可部分利用再生原料。旅馆提供的用品尽量不含化学物质,如不含酸的信纸、床单、毛巾等由在种植过程中未曾使用过化肥和化学杀虫剂的棉花或亚麻制成;肥皂由植物油炼制;电子过滤系统清除自来水中的氯化物和有毒微生物。客房内装配香味发生器,根据客人的要求,随时向房间释放出果香或花香。旅馆的废水可直接用于浇灌植物园,粪便可集中收集制作沼气,沼气再用于照明,沼气渣用作植物园的肥料。

纵观商洛市旅游产业全局,由于待建、未开发的景区仍然占大多数,客流量还未达到一个极高的水平,当地的生态环境依然保持在一个良好的状态,但伴随着商洛市文化旅游产业的崛起,生态旅游势必要提上日程。商洛市景点四周往往有多家农家乐,这为发展生态温室餐厅和生态旅馆提供了很大的便利。此外,景区内部也可仿照上述概念设立几家生态餐厅,尤其是像阳城驿站一般将茶园与驿站结合经营的景点,更加适合生态旅游发展(如生态茶餐厅等)。

三、企业主导重点产业发展典型模式分析与对比

1. 企业主导促进农村经济发展简述

龙头企业对一个地区经济发展的作用举足轻重,乡村龙头企业是乡村社会经济发展的驱动器。农民富裕、农村发展、农业产业化和现代化、城乡差距明显、农民和城镇居民收入差距大等"三农"问题,一直以来都是政府致力解决的问

题,但破解这些难题仍然任重道远,而乡村龙头企业可以很好地缓解这些问题,为乡村的经济发展提出全新的解决方案。

乡村龙头企业能够显著地解决当地的就业问题,促进农民职业分化,助力当地收入提升。中国有超过九亿的农民群体,事实证明,劳动力转移的政策并不足以满足农民发家致富的需要,农村劳动力向城市非农行业的转移已经引发了很多问题。而乡村龙头企业可以直接把当地农民吸纳为合作农户,直接解决农民在当地的就业问题。此外,企业在当地的采购、生产与销售等一系列经营活动可以直接面向当地百姓招工,也为当地广大的贫困群体提供了巨大的就业机会。龙头企业在自身生产活动的同时创造了极大的社会价值,不仅普遍提升了当地百姓的收入,还有利于维持农村社会的稳定和当地经济的长远发展。

地方性龙头企业对乡村基础设施建设和工业配套体系发展有强大的推动力。龙头企业在自主经营过程中,势必对当地的物流体系、原材料采集、能源供应等相关产业提出很大的需求与更高的要求。在农村等发展相对落后的地区,相关的配套设施建设无法满足龙头企业的需要,这种供需之间的矛盾会刺激企业与政府进一步合作,全面推动当地经济建设。此外,大多数成功的乡村龙头企业也会承担相应的社会责任,对当地的基础设施建设提供援助,以直接资助、政企合资等方式将企业资金注入当地建设的有关工程中去。

以广东温氏食品集团股份有限公司(以下简称"温氏集团")为例,温氏集团总部所在地簕竹镇良洞村的经济发展,就和温氏集团的投资扶持有密切联系。良洞村大约有300个劳动力,其中1/3在温氏集团就业,1/3在村办企业,还有1/3在家从事原材料的养殖工作。据调查,95.7%的养殖户认为,和温氏食品合作后,家庭生活水平有了显著的变化。在和当地政府联手共建新农村示范村的活动中,温氏集团对总部所在地簕竹镇的每个自然村各资助3万元以支持该镇的新农村建设,主要用于改善村容村貌,此外,集团还出资在县域内修建了多条村镇公路和乡村公路,仅在良洞村就出资铺设水泥路超过3.5公里。

温氏集团作为一个典型的乡村龙头企业,极大地解决当地农民的就业问题并提高了农民收入,支持农村各项基础设施建设,促进了农村社会经济发展,还潜移默化地对农村文体生活、新型农民培养、乡风乡容改善等领域产生了积极影响。结合这一成功案例和以上的背景分析,我们不难看出乡村龙头企业在当地经济发展中发挥的重要作用,这一模式也成为国家新农村建设和精准扶贫战略实施的重点。接下来,我们将聚焦河南新县,以河南羚锐制药有限公司(以下简称"羚锐制药")为例,深入探讨龙头企业在乡村脱贫中发挥的作用及存在的问题,并针对当地的发展现状与问题提出合理化建议。

2. 企业主导重点产业发展典型案例分析——以河南新县羚锐制药为例

2.1 新县乡村发展基本情况

新县地处北亚热带向暖温带过渡地带,属大陆性湿润季风气候,四季分明、雨量充沛、光照充足,比较丰盈、充足的降雨量和热量资源为作物生长提供了有力保障,可满足一年两熟或三熟,且适宜果树、林木生长,为多种特色农业的发展奠定了良好的气候基础,是发展优势特色农产品的理想地域;地处大别山腹地,大地构造单元属大别山系淮阳地盾的组成部分,县境轮廓近似长方形,大别山主脉经境内中间横贯东西,形似屋脊状,脊背中又有东、中、西三个高峰区,构成 W 形地势。新县平均海拔高 350 米,最高点与最低点相对高差为 951 米。以海拔高度和相对高差划分,属深山区的面积为 155.15 万亩,占山地总面积的 66.2%;属浅山区的面积为 79.2 万亩,占山地总面积的 33.8%。相对高差在 500 米以上的乡镇有 14 个,500 米以下的有 3 个。

大别山主脉形成江淮分水岭,岭南属长江流域,岭北属淮河流域。境内山峦起伏连绵,峰高谷深,溪河交叉。有 6 大水系,大、小河流 92 条,其中,源于境内的较大河流有潢河、白露河、寨河、竹竿河、倒水河和举水河。全县 5 公里以上河流总长度 684 公里,河网密度为每平方公里 0.6 公里。

良好的气候特征和多山的地理特点,加上横跨中国大陆南北植物过渡带的优越地理位置,带给了新县自然资源方面的巨大优势:物产丰富,资源充足,汇集了众多珍稀物种。它盛产林果、茶叶、中药材等,其中,板栗、银杏、茶叶、油茶、野生猕猴桃品质、产量均居河南之冠,被国家林业局誉为"中国名特优经济林之乡""茶叶之乡""板栗之乡""银杏之乡"。已探明各种矿藏 40 余种,是全国花岗石、石英石储量最大的县和天然金红石重要产区之一,享有"山上藏金,地下藏银"的美称。

新县是一个典型的山区农业县,也是全国扶贫开发工作重点县。全县总面积 1 612 平方公里,其中,常用耕地面积 36.52 万亩、山场面积 188 万亩、水域面积 6.73 万亩。全县发展超级水稻 18 万亩、双低油菜 10 万亩、花生 8 万亩、大棚蔬菜 4 000 亩、茶叶 30 万亩、油茶 23.6 万亩、山野菜 1.5 万亩、中药材 4 万亩。近年来,新县不断发展现代农业,产业结构不断优化,特色农业蓬勃发展。2016 年,新县新发展油茶 2.8 万亩、中药材 2 万亩,茶叶面积稳定在 30 万亩,淮南黑猪存栏量达3万头,新培育新型农业经营主体131家。

新县作为国家级贫困县,建档立卡13 229户43 715人、73个贫困村,还有104个有贫困人口的非贫困村。新县不断加快易地扶贫搬迁工程进度,重点做好低保、五保和残疾人群的兜底保障工作,加强财政资金的整合力度,鼓励引导发展扶贫产业。截至2017年5月,新县有6 736户20 305名贫困群口。

2.2 龙头企业羚锐制药在新县经济发展中的作用

羚锐制药在新县扶贫攻坚战中发挥了巨大作用,羚锐制药下属的信阳羚锐生态农业有限公司和河南绿达山茶油股份有限公司帮助新县乡村大力发展中药材种植产业和山茶种植产业。

中药材种植产业:

第一,新县盛产银杏、杜仲等特有的天然名贵植物,是一座天然药材库。羚锐制药就地取材,羚锐牌胃疼宁片、复方丹参片、银杏保健茶的主要原材料山楂、丹参、银杏叶等都取材于当地优质的中药材种植(养殖)示范基地。

第二,为了更好地服务于产业脱贫,同时也为了提高公司的原材料质量,羚锐制药成立了羚锐生态农业有限公司。羚锐生态农业有限公司主要经营标准化中药材种植(养殖)示范基地,基地的主要任务是研发相关中药材的种植技术,研发出的技术向公司主要原材料种植(养殖)示范基地推广,基地种植出的原材料直接供应给羚锐制药各事业部。

第三,在产业扶贫领域,羚锐生态农业有限公司采用"公司+基地+农户"的扶贫模式。羚锐生态农业有限公司投资1 500万元建立的中药材种植(养殖)示范基地,规划面积2 100亩,已建成颠茄草、丹参、白芍、水蛭等中药材种植(养殖)示范基地1 500亩。基地集中在浒湾乡曹河、康河、陈河3个村民组,对于附近农户,家里有土地的,可以将土地流转给羚锐生态农业公司,然后收取租金;不愿意流转土地的,基地免费向农户提供草药幼苗和种植培训,最终按照高于或等于市场价格的标准收购作物;同时,基地优先雇用基地附近农户为基地耕作,基地向其支付工资。如此一来,农户的收入有了稳定的增长,生活质量得到了改善。羚锐生态农业有限公司中药材种植(养殖)示范基地,涉及农户260户(其中,贫困人口25户55人),每亩每年支付农户租金480元,土地流转可为当地农民年增收72万元;基地日常生产劳务用工,可为浒湾乡曹湾村、郑店村、游围孜村提供120个就业岗位,其中,常年在园区就业的建档立卡贫困人口保持在90人以上,每人每天工资60元,安置就业可帮助贫困户每户每年增收5 000元以上。羚锐生态农业有限公司还免费向当地农户推荐、培训中药材种植技术。截至目前,中药材种植推广面积达3 000余亩,辐射带动全县9个乡镇、23个行政村、863户贫困户,每户年均增收3 000元以上。羚锐制药通过推动中药材种植业的发展,促进了周边乡村脱贫致富。

山茶种植产业:

第一,新县地处大别山腹地,油茶种植历史悠久,油茶资源十分丰富,拥有天然野生油茶林10多万亩。然而长期以来,新县的山茶资源没有得到很好的开发。羚锐制药董事长熊维政在不同公开场合多次阐述了羚锐制药开发山茶资源的原因:"新县位于大别山腹地,原始生态保护良好,那里的地域位置和气候条件非常适合稀缺树种山茶树的生长,那里的山茶树天然无虫害、无污染,当地农民世世代代手工采摘茶油果供自家食用,但他们自己没有能力对山茶资源进行很好的开发和利用,反而一直陷于贫困,很多人远走他乡,导致茶园荒芜,同时留下了大量的留守老人和儿童。"依托丰富的山茶资源,羚锐制药先后组建了河南绿达山茶油股份有限公司和信阳绿达山油茶资源发展公司负责山茶油资源的开发。

第二,河南绿达山茶油股份有限公司采用"公司+合作社+基地+农户"的模式,扶持山茶种植业。

第三,合作社:河南绿达山茶油股份有限公司已将新县周河乡近10万亩的天然有机油茶园流转到了绿达油茶农民专业合作社,在全乡11个行政村(居委会)设立了油茶产业发展服务站(涉及贫困户799户2 533人),积极对接国家油茶产业扶持政策,对低产油茶林进行改造提升,未改造前每亩天然油茶林产茶油15斤,通过低产林改造后可提升至30斤,每亩可增收750元。公司已完成低产林改造2万亩,2017年计划完成3万亩,至2020年全部完成低产林改造。新县现有油茶种植面积30万亩,计划到2030年将油茶种植面积扩大到70万亩。

第四,基地:为了给木本油料产业提供种质资源保障和技术支撑,河南绿达山茶油股份有限公司投资建设油茶良种培育基地和油茶种质资源库,已建成1万平方米的现代化油茶育苗温室大棚和64个品种的油茶种质资源库。油茶良种培育基地和油茶种质资源库的技术及种质优先提供给当地专业合作社。

第五,农户:羚锐制药鼓励农户以油茶林为资源入股合作社,成为合作社社员;同时,将农户组织起来成立专业队,对低产油茶林进行改造。合作社整合所有社员入股的油茶林资源,集中经营和管理,流转后的油茶林交由农户管理、改造。一方面,农户根据老油茶林面积入股享有保低分红权利,另一方面,贫困户通过山茶种植活动获取务工报酬。改造后的油茶林,油茶产量由原来的每亩15斤提高到15—30斤,每亩增收750元,加上地里的其他收入,按照人均5亩地计算,仅油茶林一项,人均年增收可达4 250元。合作社每年还以高出同等市场价格的方式收购山茶果、山茶籽,让利于民,确保农民增收。

2.3 龙头企业助力乡村经济发展中存在的问题

龙头企业在乡村经济发展中发挥的作用往往与政府的产业扶贫政策相结合,但是我们在调研中发现,政府的产业扶贫政策可能会对企业扶贫产生不同性质的影响。下文中,我们将简略分析产业扶贫政策对企业扶贫产生不同性质影响的原因。

根据产业扶贫政策选择开发的资源和产业,我们可以把产业扶贫分为两类:一是特色资源已经有广阔市场的产业,例如珍贵品种的茶叶、油橄榄、水果种植产业;二是特色资源潜在市场较大的产业,例如山茶种植产业、黑天鹅养殖产业等。以羚锐制药在新县的扶贫实践为例,中药材种植属于第一类,而山茶种植属于第二类。

(1) 第二类产业扶贫需要注意的问题

第一,特色资源产品需求量小,生产特色资源经济效益有限。政府之所以要发展此类特色资源,往往是由于其未来的发展潜力大,但是企业作为实际生产经营的主体,必须面对此类特色产品当前市场需求量小、经济效益有限的问题。例如黑天鹅养殖产业,如果成功售出一只黑天鹅,则可以获得1 000元的收入,并且黑天鹅有很高的观赏价值,养殖条件也较同类鸟宽松。随着对中国城市规划要求的提高和公共绿地建设的加强,城市公园、中高级酒店对黑天鹅的需求会增加。现在中国黑天鹅市场主要的客户群体是城市公园和高级酒店。但是目前中国对观赏用黑天鹅的接受程度较低,市场需求较小。加上黑天鹅的养殖要求较低,养殖分散,规模较小,产品同质化程度高,市场竞争激烈,农户的市场竞争力较低。此外,黑天鹅目前的客户集中在城市,黑天鹅养殖场与客户距离较远,运送成本也较高。因此,黑天鹅养殖的经济效益有限,龙头企业在发挥带头作用时,必须考虑市场需求和产品经济效益的问题。

第二,政治任务,不考虑经济成本。我们在调研中发现,与产业扶贫相关的龙头企业通常是央企、国企,且项目投入巨大甚至不计成本,而企业常常把扶贫作为政治任务,几乎没有企业考虑扶贫产业相关业务的经济收益和效率。这种违背市场规律的做法,不仅导致扶贫资源使用效率低下,还导致企业对政府政策补贴的依赖过大,难以形成自身在该项业务上的核心竞争力,不利于产业的持续健康发展,难以为农村经济发展提供持续的动力。一旦政府减少对该产业的补贴和支持,则企业和产业会遭受较大打击,也容易导致乡村返贫现象的出现。

羚锐制药在绿达山茶油的发展中出现了上述问题,我们将对河南绿达山茶油股份有限公司在产业扶贫中出现的具体问题进行分析。

首先是山茶油市场需求不足对企业扶贫实践的影响。在国际市场上,山茶油和橄榄油并列作为高端食用油品种,并且美国FDA(食品药品监督管理局)也证实山茶油的营养价值比橄榄油更高。理论上,山茶油的市场需求和橄榄油的差距不应过大,但是根据我们小组的调查数据(具体见图2.2),在中国市场上,无论是用于食用还是送礼,选择橄榄油的消费者都超过山茶油的2倍。总体上来看,目前中国山茶油产品销量最高的山茶油企业金浩茶油股份有限公司,年销量也不到10亿元人民币。

山茶油的市场认知度不高导致需求不高,从而导致其价格较低,目前,中国食用山茶油的价格是菜籽油的3—5倍。在日本,山茶油的价格是菜籽油的7.5倍;在美国,山茶油的价格也高于橄榄油。山茶油的价格不高且需求量较小,导致发展山茶油产业带来的经济效益有限。在市场销量有限、价格较低、经济效益较低的情况下,河南绿达山茶油股份有限公司还将很多精力放在扩大生产规模和提高产量上,这不利用公司和当地山茶油产业的持续发展。

其次是羚锐制药扶贫中不经济的做法。国家设立21亿元专项资金扶持山茶种植产业的发展,新县政府也通过税收减免、贴息贷款、财政补贴等手段支持山茶种植产业的发展,现在每亩山茶树的种植补贴在200元左右,在此政策激励下,河南绿达山茶油股份有限公司主要采取三种措施开展扶贫实践:

其一,流转农户土地补贴。河南绿达山茶油股份有限公司为流转土地的农户提供每亩8元的补贴,但农户土地上种植出的山茶果依旧归农户所有。

其二,农户劳动力高回报。河南绿达山茶油股份有限公司优先雇用贫困户作为基地的劳动力,并向其提供每天150元的报酬。然而,众所周知,贫困户往往劳动效率较低,此类劳动者的市场报酬通常应为当地最低工资的标准。新县当地的最低工资为12元每小时,按一天工作8小时计算,一天的工资应为96元。因此我们可以发现,河南绿达山茶油股份有限公司给贫困户的工资报酬远远高于市场价格。

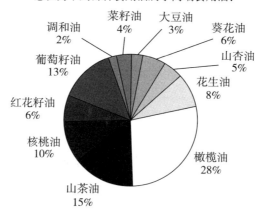

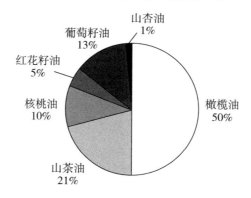

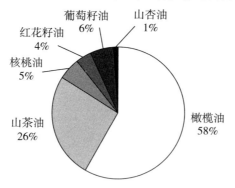

图 2.2　市场问卷调查情况汇总

其三,高于市场价格收购山茶果。河南绿达山茶油股份有限公司以每斤高于市场价格0.4元的标准向贫困户收购山茶果。

上述扶贫措施已经为河南绿达山茶油股份有限公司带来比较大的经济负担,除此以外,公司在扶贫实践中还有很多不经济的做法:收购协议不完善,即公司与农户签订的是预收购协议,全部收购农户生产出来的山茶果。并且,公司没有对农户山茶果监控的具体标准,不管农户的山茶果质量如何,公司都会收购。如果农户的山茶果质量不高,公司仅仅会口头提醒。山茶果收购到公司之后,公司再统一组织员工进行筛选。河南绿达山茶油股份有限公司过度地承担了生产者的责任,不利于其业务资源的合理分配。

此外,公司负责人表示,2017年是公司落实生产的第一年,项目带来的产能提升收益能否覆盖扶贫带来的额外支出尚无定论,因此从上述行为可以看出,公司扶贫基本上没有考虑经济成本。

(2)对上述问题的理论分析

第一,市场需求不足。对于潜在市场需求广阔,但是目前市场需求较小的产业而言,如果企业不参照目前市场的实际需求,盲目扩大生产,则不仅不会促进当地经济的发展,甚至还有可能阻碍当地经济的发展。

我们用山茶油市场来具体分析盲目扩大生产可能造成的负面影响。

首先,我们看整个山茶油市场。在产业扶贫政策出台之前,当地山茶资源的生产维持在一个较低的水平,因此我们认为,此时山茶油市场处在长期市场均衡状态。

其次,我们看单个山茶种植农户面临的市场供求。我们认为,单个农户面临的市场价格是给定的(即单个农户面临完全竞争市场),因为如果没有成立合作社,则鉴于自然和社会资源在一定区域内的同质性,当地潜在山茶种植农户的数量多,且基本上提供同质化产品,会导致单个农户没有议价能力。如果成立了合作社,则由合作社统一与企业议价,合作社农户的收购价由合作社给定,而没有加入合作社的农户,议价能力较低,因而也必须接受这个价格。所以即使有合作社,单个农户也必须面对给定的价格。

在这个模型的基础上,如果山茶油总市场的需求不变,政府或者龙头企业帮助每个农户提高山茶果的生产效率,使生产偏离均衡点,则会损失一定的经济效益,这也是部分地区产业扶贫越扶越贫的原因。

但是,如果山茶油的市场需求扩大,总市场的需求曲线向上平移,供给曲线不变,则我们得到新的市场均衡点及市场价格。由于单个农户面临的市场价格上升,在没有新的农户进入山茶种植市场的情况下,单个农户可以获得更多的经济收益;如果更多的农户进入山茶种植市场,则虽然单个农户只能获得正常的经济报酬,但是更多的农户可以从山茶种植中获得收益。

虽然我们认为,山茶种植产业潜在市场规模大,但市场规模的扩大需要一个较长的过程,在这个过程中,当地农户有可能因为盲目扩大生产而受到损失。并且潜在市场规模大,并不意味着我们不做任何的消费者教育工作,市场需求就能够自行扩大。企业的当务之急是扩大市场需求,而不是扩大生产。

第二,扶贫措施缺乏经济性。我们经过实地考察认为,企业扶贫之所以存在很多不经济的措施,主要是因为在产业扶贫的过程中,当地政府和龙头企业往往都存在混淆企业和合作社在扶贫中的作用的问题。

企业在扶贫中的作用应为:针对当地的特色资源,开发特色产品,拓展特色产品的销售市场。以羚锐制药为例,羚锐制药的作用主要集中在销售端,即教育消费者,开发山茶油市场,扩大山茶油销售。在原材料生产端,羚锐制药唯一应该做的是制定清晰的原材料收购标准,规定山茶果的质量标准和相应的收购办法。

而合作社在扶贫中的作用则应为:合理分配资源,包括土地和劳动力,引进先进的生产技术,组织农户有序开展生产活动。以羚锐制药为例,羚锐制药应当将企业和合作社的职能分离,由村合作社负责土地流转、农民劳动力雇佣、山茶果统一收购,政府补贴的对象也应是村合作社,而不是把补贴给羚锐制药,再由羚锐制药去承担建立合作社的职责。

(3)解决上述问题的核心

在分析了龙头企业产业扶贫中存在的问题之后,我们认为,为了解决上述问题,当地政府和企业应当实行精准扶贫(如图2.3所示)。

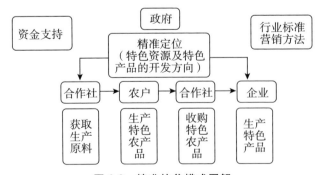

图2.3 精准扶贫模式图解

首先，政府应该在实地调研和市场可行性分析的基础上，确定当地可以发展的特色资源，并且应当明确这一特色资源最终产品的形态和市场规模。然后，由合作社统一获取生产原料（包括流转土地、组织农户生产、引进先进的生产技术、购置肥料等）。政府扶贫补贴的直接对象也应是组织生产的合作社，政府可以通过财政补贴帮助合作社顺利进行生产基地的基础建设。农户在合作社的指导下，生产特色农产品，在农户收获农产品之后，由合作社统一收购，交付企业。企业在获得生产原料后，开展特色产品的生产，价值链的重点是企业负责把特色产品售往市场。特色产品在市场上的稳定收入将为特色农产品生产提供源源不断的动力。在价值实现的最后一个环节——销售上，政府应当做的不是为企业提供补贴，而应是制定恰当的行业标准，防止企业无序竞争，为企业提供健康的市场环境。研究机构和公益组织也可以把精力放在帮助企业教育消费者、开拓特色产品的市场上。

（4）企业扶贫的建议

针对羚锐制药在乡村扶贫中出现的问题，我们向羚锐制药提出以下具体建议：

第一，调整关于企业在乡村扶贫中作用的认识。羚锐制药应当认识到自己在市场资源开发价值链的最后一个环节——销售上的重要作用。企业应当认识到绿达山茶油和羚锐银杏保健茶的重点应放在拓宽销售上，只有山茶油和保健茶的销量稳步增长，新县乡村的经济才能获得持久的发展动力。

第二，调整企业多元化经营战略。在认识到企业销售的重要作用后，我们考查了羚锐制药绿达山茶油和羚锐银杏保健茶的销售情况，发现这两者的销售情况都不理想。尤其是羚锐银杏保健茶，我们在走访药店时发现，羚锐银杏保健茶在货架上布满灰尘，生产日期显示多为去年或前年生产。我们认为，上述现象出现的原因是企业的多元化经营战略选择不当。我们调研时发现，羚锐制药多元化经营战略的思路为：调查当地有哪些特殊资源，然后再了解该特色资源的制成品是否有市场需求，如果该制成品有一定的市场需求，则企业就会考虑进入该产品制造业。但是企业多元化经营战略创造价值的途径一般有下列三种：一是控制竞争。然而羚锐制药进驻的产业领域多为食品相关行业，企业的竞争对手中，少有同时在食品行业和药品行业发展的企业，企业多元化经营战略难以发挥控制竞争的作用。除此之外，粮油行业的竞争本身就十分激烈，企业需要投入大量的资源来应对该行业激励的市场竞争。二是行为共享及共享价值链上的核心环节。羚锐制药主打产品多在药店、医院销售，而山茶油多在商超销售，山茶油和膏药的研发、生产、供销环节几乎没有重合的部分，企业难以通过行为共享实现多元化经营的价值。三是核心竞争力的传递，即多个业务使用同一种核心竞争力。羚锐制药的核心竞争力是先进的膏药生产工艺和严格的质量管理体系。由于膏药和山茶油、银杏茶生产工艺差距较大，因此难以共享先进的生产工艺。并且膏药与山茶油、银杏茶的质量管理要求不同，所以此山茶油和银杏茶也需要根据自身生产时间改进膏药的质量管理体系。由此，我们认为，羚锐制药现在的多元化经营战略发展思路和发展实践与创造价值的多元化发展途径差距较大，企业可以调整多元化经营战略，缩小经营范围，集中企业资源发展一项特色产品，提高该特色制药产品的销量，以为新县乡村建设提供源源不断的资源需求。

针对羚锐制药在乡村扶贫中的误区，我们向新县政府提出以下建议：

第一，政府应当关注特色资源发展的可持续性。如果特色资源的市场需求没有提高，那么特色资源生产也就难以持续发展。然而，特色资源的市场需求不会自动地迅速提升，需要企业引导消费者，顺应时代发展的潮流。只有当特色产品有了稳定的销售时，特色资源才会有稳定的需求。作为精准扶贫的有机组成部分，龙头企业在价值实现的最后一个环节——销售上发挥着不可替代的作用：龙头企业实现特色资源的最终价值，为产业提供持续的动力。因为企业是价值实现的主体，政府关注企业的发展就是在关注产业的可持续发展。

第二，当地政府还应当深化对农工关系的认识。以工促农，不仅包括工业反哺农业，为农业提供资金、技术、就业岗位，更应当包括工业发展为农业提供稳定的原材料需求。不仅龙头企业引进先进的种植技术、流转土地、帮助农民发展特色农作物种植属于企业扶贫实践，企业积极扩大特色产品市场需求和增加销售收入也应当算作企业扶贫实践，政府同样应当提供适当的引导和支持，以真正实现用特色产品制造业的发展促进特色农产品种植业的发展。

第三，当地政府应当理清自己在扶贫各个环节中的作用。我们认为，政府在生产端可以发挥强有力的作用，例如出台适应当地情况的土地流转具体办法，组织并且支持当地农业生产合作社的发展，帮助当地农户解决交通、资金、技术上的困难。但是在销售端，当地政府应当减少政治任务对企业的干预，为企业减轻扶贫负担，使企业适应市场环境，将更多的时间和精力放在提高市场竞争力、扩大特色产品市场需求上。政府还应当帮助协调生产环节和销售环节的关系，帮助企业和农户相互理解，构建和谐关系，更重要的是，在选取当地特色产业时，可以多咨询企业对市场的看法，在充分了解市场需求的情况下，制定适当的产业发展政策。

第三板块
新区建设

一、序

2014年以来,中央鼓励地方开展各类新区试点,以期在全面深化改革的征程中通过区域试点发掘新的增长极。在此过程中,各地政府踊跃尝试,着力钻研,全国范围内涌现出了一批各具特色的新区。

"沃土计划"自启动以来,始终对各地发展战略和产业政策保持高度关注,希望由此探寻中国基层政府的运行逻辑和经济转型升级之路;诸多新区、自贸区、产业园区也对相关的调研、学习给予大力支持。经过调研我们发现,各地的新区建设定位不同、方法各异、侧重有别,但均立足于国家层面的政策红利和当地经济的客观条件,想方设法调动各个方面的积极性。

在本章当中,我们将聚焦于三类新区的建设与发展。第一是以广州南沙为代表的国家级新区,其特点在于级别定位较高、战略意义深远,自中央政府至地方各级政府支持力度大。第二是以青海海东为代表的工业园区,其特点在于人才引进、配套基础设施建设和强化财政金融支持手段。第三是以云南腾冲为代表的特色园区,其特点在于发掘比较优势、寻找支柱产业,通过专业化分工建立自身增长极。

在本章各部分叙述中,我们会首先介绍当地的基本情况,包括地理位置、区位优势、产业禀赋和政策定位;而后对新区的产业选择、配套措施、建设战略进行梳理和分析;最后给出自身评价和建议。

二、国家级新区

作为自由贸易区和国家级战略新区,广州南沙正处在发展的重大机遇期。如何发挥好身处粤港澳大湾区的区位优势、自贸区先行先试的政策优势、高起点产业布局全面的平台优势,是亟待解决的重要问题。在本部分,我们将从南沙的邮轮产业、跨境租赁产业、资产管理产业的角度探讨南沙发展的现状、暂存的问题和可能的解决措施。这三个产业分别代表新兴产业、国际合作产业、金融创新产业三个方向,符合南沙的战略定位,可以从三个侧面勾勒出南沙潜力无穷的发展前景。

1. 背景介绍

广州南沙新区位于广东省广州市最南端,地处珠三角地理几何中心,东临狮子洋与东莞市隔洋相望,西隔洪奇沥水道与中山市相对,北依沙湾水道与番禺区相邻,南滨珠江入海口,距香港38海里、澳门41海里,是广州通向海洋的通道,也是连接珠江口两岸城市群和港澳地区的重要枢纽性节点。以南沙为中心,方圆100公里范围内覆盖珠三角9大城市和5大国际机场,区位优势十分明显。全区面积803平方公里,总人口77.8万人,下辖6镇3街,即万顷沙镇、黄阁镇、横沥镇、东涌镇、大岗镇、榄核镇、南沙街、珠江街和龙穴街。

目前,南沙已经形成双区叠加的战略优势。2012年9月6日,国务院正式批复《广州南沙新区发展规划》,南沙新区成为继上海浦东新区、天津滨海新区、重庆两江新区、浙江舟山群岛新区和兰州新区之后的第六个国家级新区。2014年12月,国务院批复《中国(广东)自由贸易试验区总体方案》,明确南沙自贸片区定位为:依托港澳、服务内地、面向世界,将自贸试验区建设成为粤港澳深度合作示范区、21世纪海上丝绸之路重要枢纽和全国新一轮改革开放先行地。

如何利用好这种战略优势,是目前南沙需要优先考虑的问题。我们认为,一个新区的发展离不开其中的产业,如果能够利用战略优势发展好南沙的优势产业和特色产业,那么这些产业将成为南沙发展的重要推动力。所以,实践团在南沙区政府的指导下,选取了邮轮、跨境租赁、资产管理三个最具特色的代表性产业,力求从三个不同的维度展现南沙发展的现况和前景。这些产业分别代表新兴产业、国际合作产业、金融创新产业三个方向,既符合南沙的战略定位,也能够利用南沙的现有资源来发展。

2. 新兴产业助推南沙发展——以南沙邮轮业为例

2.1 邮轮业宏观状况

（1）产业简介

邮轮产业也称邮轮业，通常是指以邮轮为载体，以海洋环游为方式，为乘客提供观光、餐饮、住宿、娱乐、探险等综合服务的海上观光与休闲业。邮轮经济是由于邮轮业的运行与发展而推动与拉动相关产业的发展，形成多产业共同发展的经济现象。

由于邮轮旅游拥有设施服务全、性价比高、产品特色突出等特点，作为一种独特的休闲生活方式，正逐步吸引越来越多游客的目光。从目标顾客群体来看，邮轮面向的顾客群体具有收入较高、年龄偏大的特点。老年游客在选择旅游产品时更偏好于美丽的自然风光或独特的人文风貌，他们对旅游过程中的舒适、安全和品质要求较高，因此要求途中时间短、景点时间长、行程安排节奏舒缓，同时需要配置健全的医疗安全设备和服务体系。邮轮作为一种移动的游览目的地，兼顾景点的性质和舒适的行程特性，同时其完善的医疗安全设施配置和专业的服务团队也能够满足老年游客对旅游过程中的安全和健康要求。CLIA（国际邮轮协会邮轮市场报告）的调查显示，全球邮轮市场中游客有以下五个特点：大多属于中高收入群体，家庭年平均收入近万美元；非全职工作人员比例超过40%；71%的邮轮游客年龄在40—74岁，中老年居多，平均年龄为50岁；已婚人士超过80%；2/3以上受过高等教育。亚洲邮轮市场老年游客市场份额及2014年中国与北美邮轮市场年龄分布比较如图3.1和图3.2所示。

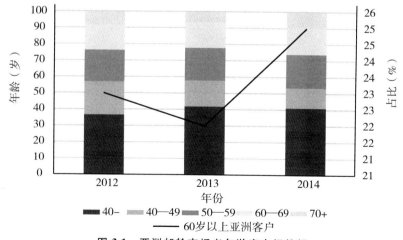

图 3.1 亚洲邮轮市场老年游客市场份额

资料来源：作者根据相关资料整理绘制。

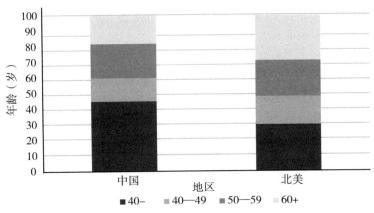

图 3.2　2014 年中国与北美邮轮市场年龄分布比较

资料来源:作者根据相关资料整理绘制。

而中国的邮轮业具有低渗透率、相对年轻化、低客单价、高成长性的特点。就中国邮轮游客的总体特征而言,平均年龄为 42 岁,相比欧美邮轮市场的主要消费者更年轻。其中,70%月收入为 1 万—2 万元,人均消费能力在 5 000 元左右。受休假制度和消费能力限制,中国游客选择的大多为价格较低、期限较短的邮轮产品(如图 3.3 所示),91%的亚洲游客选择的目的地在亚洲范围内。

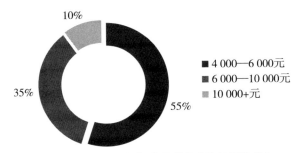

图 3.3　中国游客邮轮产品选择(按船票价格)

资料来源:作者根据相关资料整理绘制。

(2) 邮轮母港

世界邮轮港从功能类别来看,一般有母港型、停靠港型和小码头三种。母港建设处于产业链的上游部分,其发展带来的巨大拉动效应不可忽视。邮轮母港可以给地区带来大量的就业岗位并促进消费力的提升。根据 CLIA 的统计,每接待一位邮轮游客获得的收入是接待普通国际游客的两倍,邮轮母港的经济带动效应是接待港的十倍。邮轮母港范围包括邮轮停靠码头及其周边相关配套区域,是邮轮旅游航线的起始港、邮轮游客的集散地,一般地理位置优越,岸线长,近市中心,可定期和不定期停泊若干大型或巨型邮轮(大型邮轮为注册总吨位一万吨,巨型邮轮为注册总吨位万吨以上),邮轮公司往往在此设立地区总部或者公司总部,能为邮轮提供补给、维修、废物处置、通关、安全、环保、法律、人才、金融、交通、商贸、住宿、旅行等公共和商业服务,在母港形成了邮轮经济较为完整的产业链。

2.2 邮轮业现状分析

(1)南沙邮轮业外部环境分析

从区位优势来看,南沙新区位于广州市最南端、珠江虎门水道西岸,是西江、北江、东江三江汇集之处;东与东莞市隔江相望;西与中山市、佛山市顺德区接壤;北以沙湾水道为界与广州市番禺区隔水相连;南濒珠江出海口伶仃洋。地处珠江出海口和大珠江三角洲地理几何中心,是珠江流域通向海洋的通道,连接珠江口岸城市群的枢纽,广州市唯一的出海通道,距香港38海里、澳门41海里,周边100公里范围内分布了珠三角最繁荣的11个大都市,聚集了6 000多万相对富裕和高端的人口,占中国约1/7的国民生产总值,总面积783.86平方公里。南沙是广东对外开放的重要平台,中国21世纪海上丝绸之路的重要枢纽。

从政策环境来看,2013年南沙区政协将《加快建设邮轮码头,大力发展邮轮经济》列为中国人民政治协商会议第三届广东省南沙区委员会第二次会议重点提案。2017年广东省第十二次党代会提出"把南沙建设成承载门户枢纽功能的广州城市副中心"。南沙海事处也在政策上进行了创新,以扶持南沙邮轮业的发展。例如其一,围绕简政放权,营造良好的营商通关环境:推进"三互"大通关、"单一窗口"建设;减免船舶港务费、登记费和检验费等费用;全面取消船舶签证,推进"无纸化"政务。其二,围绕事中、事后监管,大胆探索机制改革创新:海事"诚信船舶通关零待时"机制;"PSC(港口国监督检查)创新工作室"+"一站式"服务;实施船舶清污作业远程电子检查;"五个一"支持明珠湾核心区建设;设立南沙自贸区海事调解室;设立南沙自贸区海事宣教中心。其三,围绕海事智能建设,提供高效安全保障:"智慧海事"打造海上高速公路;研发全国首个船载危险货物比对快速通关系统;成立全国首个自贸区无人机智慧口岸服务队。

(2)南沙邮轮业内部状况分析

航线设置方面,目前南沙邮轮航线已经开通了两条,一条是南沙—香港—南沙航线,时间一共3天2晚,在陆上共停留8个小时,另一条是南沙—那霸/冲绳—八重山群岛—南沙航线,时间一共6天5晚,在陆上共停留15个小时。目前航线设置的限制条件主要有:①国内放假时间的安排。国内的法定节假日最长为 7 天,最短为 3 天,同时中国公民的年休时间长短也基本上为 5—15 天,所以在航线的设置上偏向于短程路线,目的地也局限于亚洲地区。纵观国内的其他邮轮母港,上海、天津、深圳等地设置的航线时长也以 4—7 天为主,远程路线的时长也在 10—20 天,基本上符合国内放假时间的安排,体现出放假时间对航线设置多样性的限制。②外籍邮轮来南沙的成本。与外籍邮轮合作意味着外籍邮轮需从国外行驶到南沙接客,在途中会消耗燃油,有一定的成本。而现在国外邮轮公司的几条大型邮轮都主要在固定的几个著名海域行驶,很难要求其开设关于亚洲的航线。

设施建设方面,南沙邮轮母港位于南沙客运港北侧的珠江出海口岸边。在邮轮母港规划中,两个邮轮泊位岸线总长 770 米,一个 22.5 万吨级邮轮泊位,码头岸线长 445 米;1 个 10 万吨级邮轮泊位,码头岸线长 325 米。陆域范围为码头前方 50 米的码头平台和配套的建筑面积 3.5 万平方米。其中,10 万吨级邮轮泊位属于近期工程,22.5 万吨级邮轮泊位属于远期工程。南沙国际邮轮码头项目总工期 2.5 年,预计 2019 年投入使用。

工程总投资估算为 22.05 亿元,资金来源考虑 30% 为自有资金,70% 为银行贷款。从用地情况来看,港区用地总面积 3.1 万平方米,用海总面积 6.6180 公顷,其中,透水构筑物码头用海面积 0.9730 公顷,港池用海面积 5.6450 公顷。南沙建设邮轮母港的优劣势具体如表 3.1 所示。

表 3.1 南沙建设邮轮母港的优劣势

南沙建设邮轮母港的优势	
优越的地理位置	地处珠江出海口和大珠江三角洲地理几何中心,是珠江流域通向海洋的通道,连接珠江口岸城市群的枢纽。南沙是广东对外开放的重要平台,中国 21 世纪海上丝绸之路的重要枢纽。
完善的周边配套	毗邻粤港澳,有着丰富的旅游资源,旅游景点选择较多。周边地区有着配套的邮轮业上下游工厂,有高效的邮轮维修、保养基地。
充足的腹地客源	邮轮业在中国作为一个新兴的旅游产业发展迅速,吸引着大量的游客消费。南沙作为一个新参与者,一年的时间内邮轮业的旅游人流量达到 60 万人次,跃居全国第三,客源储备充足。
政府的大力扶植	国家颁布多项政策鼓励保护南沙地区的邮轮业发展,同时南沙区政协把《加快建设邮轮码头,大力发展邮轮经济》列为中国人民政治协商会议第三届广东省南沙委员会第二次会议重点提案,南沙地区邮轮业发展有着巨大的政策优势。

(续表)

南沙建设邮轮母港的劣势	
邮轮的港口条件	南沙地区通过多次的航道拓宽加深工程,初步实现了10万吨级和15万吨级船舶的双向通行。但是南沙邮轮航线开辟后,进出港的船舶数量以及大型邮轮船舶数量快速增加,岸上码头的监督设施、基础服务设施以及物流交通设施都面临不小的挑战,大型船舶和邮轮全天候进出港与单向航道通航能力不足的矛盾将更加突出。
不成熟的行政管理	邮轮业作为一个新兴的产业,我国的相关政策还不够完善,在邮轮的管理方面可能会缺乏系统的规划。

2.3 邮轮业现存问题分析

（1）外部问题分析

第一是多点挂靠政策问题。根据中华人民共和国交通运输部报告,外籍邮轮经特案批准,可在华开展多点挂靠业务。虽然此政策出台有助于推动外籍邮轮在国内的发展,但是还存在某些不足导致外籍邮轮在中国多点挂靠较难实现,包括其一,外籍邮轮在中国多点挂靠,其在中国两个以上沿海港口间的运输,在性质上属于国内运输,须经特案批准方可开展。故外籍游轮必须向交通运输部递交申请,地方政府无法批准邮轮停靠。其二,外籍邮轮规划上会提前一年做好航线规划,而审批时间尚无法做出明确结点,从而对外籍邮轮的航线规划形成障碍。其三,多点挂靠的申请规定为一船一批,无法以邮轮公司为单位进行整体审批,导致邮轮多点挂靠难以得到量的提升。

第二是通关速度加快问题。国内对出入境检查较为严格,游客乘坐邮轮出入境时须依次通过卫生检疫—边检—海关—动植物检验检疫四个检查关卡。因为出入境邮轮客流量大、人员密集、行李量大,疫情交叉感染概率大,加之高端邮轮游客往往追求"品质服务",对通关速度的要求高,安全与速度如何兼顾成为有关部门工作的重难点。为了优化通关流程,减少通关拥堵,上海、大连、深圳、南沙等母港的边检部门相继开辟了邮轮口岸出入境自助通关通道。同时,各地母港都在积极研究通关流程优化的办法。上海吴淞口邮轮母港按照入境、离港流程,将客运楼分为四大重点区域,根据监控平台实时观察各区域内的人数变化情况,进行隔断限流、分级引导,确保各区域内游客数量均衡。通过实施错峰离港、登船并随时监控调整的方法,2016年以来,港口游客出境通关速度为每分钟

40人,效率提升了33%;入境通关速度为每分钟25人,效率提升了25%。

第三是交通不便问题。经济发展,交通先行,南沙的跨越式发展需要便捷发达的交通网络作为支撑。邮轮母港作为邮轮出发和返程并进行后勤补充与修整的固定地点,也是游客的集散地,物资进出频繁,人员往来密集,需要发达的配套陆、空交通网络来保证其运转良好。但目前,南沙的交通发展尚存在较大不足:到达周边国际机场、铁路枢纽的交通便利程度不足,耗费时间较长;区内轨道交通(包括铁路、地铁)数量不足,难以满足旅客与当地居民的需要。以到广州市中心的交通方式为例,区内仅有一条地铁线路,搭乘地铁进入广州市中心需要一个半小时的时间;班车数量较少,非高峰期发车频率仅为半小时一班;搭乘出租车花费高昂,给游客、居民往来广州市中心带来了较大不便。交通方面的不足将直接影响邮轮母港的客流来源,影响其发挥地理区位的优势。

(2)内部问题分析

邮轮经济的发展离不开邮轮母港、航道等基础设施建设作为支撑,基础设施的建设程度将直接影响产业的正常发展。母港最大排水量、航道宽度和稳定性、双向通行能力以及岸上码头的服务设施等指标都决定着产业的发展前景。专用港口设施、航道运载能力、物流交通设施建设的规划,将是未来港口持续建设发展的保障,同时也能给投资者足够的信心,吸引其前来投资。

目前,南沙港周边100公里范围内分布了广州、深圳、香港、澳门和珠海五大国际机场;南沙港区已开设国内外班轮航线近百条(其中,国际航线77条),具有1 800万标箱吞吐能力,开通水上穿梭巴士50余条,在泛珠三角157个城市开设无水港;广州港深水航道拓宽工程将南沙港区龙穴岛作业区以南至珠江口外临洲岛西侧全长66.6公里的航道由目前的243米拓宽至385米,设计底标高-17米;珠江口内50公里航段实现10万吨级与15万吨级船舶双向通航;南沙还已初步构建起区内、与广州市区、与周边地区紧密联系的交通网络。但是广州南沙港作为世界最繁忙的黄金水道之一,2015年,广州港集团10万吨级及以上进港船舶达563艘次,航道管制629次,日均1.72次;南沙邮轮航线开辟后,进出港的船舶数量以及大型邮轮船舶数量快速增加,岸上码头的监管设施、基础服务设施以及物流交通设施都面临不小的挑战,大型船舶和邮轮全天候进出港与单向航道通航能力不足的矛盾将更加突出。

2.4 产业分析与政策建议

(1) 百舸争流,奋楫者先;通力合作,同舟共济

广州、深圳、香港的邮轮母港相互之间既面临竞争,也面临合作,南沙邮轮母港要想成为珠三角地区的国际邮轮中心,需要从以下几方面发力:

第一是要进一步发挥广州市、南沙区的独特优势,进行差异化定位。其中,最关键的在于立足国内市场。对华南地区的居民而言,相较于从香港出发坐邮轮,从省内邮轮码头坐邮轮出航更加方便、快捷。游客乘坐从香港出发的邮轮出航,还要再多一道出入境手续,经历漫长的多次排队通关才能登船;相比之下,从南沙出发只需要一次通关,更加方便、快捷。南沙邮轮母港应充分利用这一优势,吸引更多国内的邮轮游客。

第二是要在保有自己独特优势的同时,大力加强三地之间的邮轮业合作。香港、深圳、广州三地之间互动频繁,人员交流充分,如何在竞争中加强合作是南沙邮轮业发展的关键。南沙应充分发挥粤港澳庞大的消费群体、完善的城市基础设施和丰富的旅游资源优势,与香港、深圳共同构建粤港澳邮轮经济产业链,形成粤港澳国际化邮轮旅游目的地,从而整合珠三角核心区的旅游资源,力争建成多港共赢模式,促进珠三角的服务水平在整个邮轮业中占到上游,使更多的邮轮游客选择珠三角地区作为邮轮旅行出发地,形成珠三角邮轮经济带。

(2) 筑巢引凤,海纳百川;博采众长,因地制宜

第一是要加强资金支持,多源引入资本。母港建设的资金问题也是限制邮轮业发展的重要原因。目前,南沙母港建设的资金主要来源于政府,资金来源相对单一,未来如何扩大资金来源将是要研究的一个问题。南沙母港建设可以借鉴首都国际机场建设,以国家注资为主,成立一个专门负责邮轮母港管理的股份公司,并在发行公司股票的同时,大力宣传发展优势和进行前景展望来吸引社会资本。具体为在有一套完整的建设规划的基础上,大力宣传区位优势,吸引私营企业家注资,并建设一套以资本为主要联结纽带,以母子公司为主体,由母公司、子公司、参股公司及其他成员共同组成的集团公司体系;在邮轮母港前期运营稳定之后,开始由直接运营者向管理型母港转型,进行零售、餐饮及广告业务的特许经营,不再自营若干非航运性业务,而是将其授予专门的运营商特许经营,从而吸引更多的投资和获取特许经营收入。

第二是要加强智力支持,学习先进经验。邮轮业在南沙是一个相对而言新兴的产业,邮轮母港的建设相对缺乏经验,但是在其他一些邮轮业发达的地区,

已经构建出了一套成熟的邮轮母港以及周边配套设施体系。政府可以借鉴一些成功的经验,结合南沙地区毗邻港澳、周边人口密集、内河航运发达的特点,规划出一套具有南沙特色的母港建设体系。

(3)交通整合,多元出行;联程联运,连贯出行

要依托现有及未来交通规划,大力推进港口旅客多元联程联运。港口旅客多元联程联运是指以港口为节点的现代多式旅客联运体系,由海海联运、海河联运、海公联运、海铁联运、海空联运等多元交通方式构成。在旅客在不同交通方式之间换乘十分频繁的背景下,如果能够搭建一个基于旅客运输需求的综合交通服务系统,为旅客提供全程的一站式交通出行服务(如一票联程、出行的私人定制等;未来旅客仅凭一张身份证或护照,就能轻松到达目的地),那将会使旅客的出行更加便捷,同时交通运输的资源配置也将得到优化。2013 年 3 月 7 日,国家发改委《促进综合交通枢纽发展的指导意见》明确提出,要积极推进铁路、公路、水运、民航等多种运输方式的客运联程系统建设,普及电子客票、联网售票,推进多种运输方式之间的往返、联程、异地等各类客票业务,逐步实现旅客运输"一个时刻表、一次付票款、一张旅行票"。然而,目前中国旅客联程联运管理机制尚不健全,不同交通方式发展呈现的特点不一,不同交通方式之间的衔接和优化是综合运输体系建设面临的关键点与难点,这其中既有历史的原因,也有现实条件的客观约束。南沙应站在国家级新区和国家级自由贸易区的战略高度,推行交通方式创新,抓住机遇,成为旅客联运方式创新的先行者。而邮轮作为南沙大力发展的朝阳产业,是推行港口旅客联程联运的绝佳试验地,既能方便邮轮旅客的行程,又是制度创新的契机。

目前,南沙区政府高度重视南沙区交通设施建设。市内交通方面,2016 年,广州市提出轨道交通建设规划"应突出对南沙新区、南沙自贸区的支持,着重规划建设南沙新区与中心城区和广州南站、白云机场等重大枢纽衔接的快速轨道联系"。地铁建设方面,目前南沙已有地铁 4 号线,4 号线南延段也于 2017 年 12 月 28 日开通。地铁 18 号线、22 号线的建设也提上了日程,将直接接驳广州区,预计 2021 年建成。市外交通方面,根据广州铁路枢纽总图规划和珠三角城际轨道交通线网规划,南沙在既有广深港高铁的基础上,通过加快建设深茂铁路、赣深客专南沙支线、肇南城际、中南虎城际和广中珠澳城际,可实现南沙与深圳、东莞、中山、佛山等邻近城市半小时互达、与珠三角主要城市 1 小时互达的目标,有效提升南沙的区位优势,支持南沙新区及南沙自贸区的建设,实现南沙和珠三角

地区的便捷交通联系。南沙应充分发挥新区建设的后发优势,将邮轮母港和其他交通方式有机结合,促成港口旅客多元联程联运建成。具体而言:

第一要开展旅客联程联运发展策略及思路研究。要推进旅客联程联运,就必须开展基础性、前瞻性研究,界定旅客联程联运的定义、内涵及特征,提出旅客联程联运发展思路和战略。

第二要建立旅客联程联运管理体系。现行体制下,各种运输方式自行发展,各自管理的场站、运输装备、运输线路、运营企业都是独立的,此次交通运输大部制改革,虽然运输服务司具有协调各种运输方式的职责,但是协调的内容、深度、范围都没有具体明确。推进旅客联程联运必然对现有管理部门的职责、工作机制、管理方式、管理范围、管理程序做出较大调整,需要开展前瞻性研究。

第三要制定旅客联程联运票务及价格体系。在现行运营模式下,各种运输方式各自制定票务政策,定价机制、定价规则、计价方式、票面形式、结算方式、售票方式、票务信息系统等都不相同。"一票联运"是旅客联程联运的基本特征之一,迫切需要开展票务和价格研究,建立与旅客联程联运相适应的票务和价格体系。

3. 国际合作促进产能转移——以南沙跨境租赁业为例

3.1 南沙跨境租赁业发展概况

近年来,随着国家各个自贸区的建设,政策的倾斜和旺盛的需求使得融资租赁业独具吸引力。自 2015 年 1 月以来,从李克强总理的高度关注到广东省《关于加快南沙融资租赁业发展的指导意见》的颁布以及广州市政府提出的将南沙建设为华南融资租赁产业的集聚中心,南沙自贸区融资租赁业的建设发展受到了市级、省级单位乃至国家的关注与大力支持。

一方面,截至 2017 年 5 月,南沙共有 291 家融资租赁公司,总注册资本高达 847 亿元,其中不乏注册资本超 10 亿、20 亿元的公司;此外,目前广州共有 6 家公司挂牌金融租赁公司,南沙有 2 家获批,占比 1/3。在地理优势与政策战略优势的双重背景下,南沙的融资租赁业务得到了迅速的发展,业务范围覆盖飞机、汽车、高端装备、医疗设施等,为南沙带来了相当可观的直接经济效益,包括固定资产投资额、实际利用外资、税收收入等。

另一方面,政府在跨境租赁业务方面尽可能地为相关企业优化政策环境,提供发展便利,如 2016 年,南沙区政府为融资租赁公司共划拨了 1.1 亿元的奖励和补贴。南沙融资租赁创新服务基地专业的服务团队以"专家+管家"的服务模式为相关企业提供全流程的服务,在进行平台信息化建设的同时,适时举办与中国融资租赁联盟、广州融资租赁协会等的座谈会,为融资租赁公司的发展提供全方位的服务。目前,融资租赁业在南沙的发展态势向好,在全省乃至全国都具有影响力,吸引了大量内外资,大量大型央企、国企、地方性大型企业进驻南沙,以飞机租赁、船舶租赁为代表的融资租赁业务迅猛发展。而除这两种租赁业务以外,将交通设备、海工平台等大型机械设备出口到东南亚、非洲等"一带一路"沿线国家的业务也得到了青睐。与进口大型飞机、船舶不同,这种业务在收益更丰厚的同时,也需要我们设计整个业务链条,并承担更大的风险。进而,如何设计合理的政策来帮助企业顺利开展业务便成为重中之重,这也是本部分所研究的主要问题。

3.2 南沙跨境租赁业存在的问题及对策建议

(1) 出租人融资渠道进一步拓展

在租赁出口业务中至关重要的一环便是出租方的融资问题,其直接关系到服务能否有效地开展下去。在南沙自贸区,融资方式主要包含贷款融资、信托融资、保理融资。

经过参访等环节,我们获知,目前南沙自贸区非金融租赁公司在与金融租赁公司的竞争中处于劣势地位,其中一个较为关键的原因就是融资渠道的不同。除了自贸区的创新奖励更多地流到了金融租赁公司手中这一现状,金融租赁公司凭借着得天独厚的银行(银行贷款基本上是资金成本最低的一种融资方式)背景,在为购置标的物进行融资时省去了极多的交易成本,同时也导致银行更少地将资金贷给非金融租赁公司;而除从银行融资这一渠道外,发债亦不适用于非金融租赁公司,原因在于该手段要求主体信用等级在 AA 级以上,从而排除了诸多新兴的、没有政府支持的非金融租赁公司,而且缺少的银行背景也导致评定信用等级时需要花费更多的时间进行深入了解,这无疑会增加非金融租赁公司的资金周转负担。

针对这一情况,我们建议由政府成立专家团队,对已成立的非金融租赁公司进行调查,调查范围包括但不限于:该公司的股东背景(借此可以更好地了解该公司的股东资质如何,是否应当因该股东的个人原因适当降低融资限制)、已完成交易的成败情况及因由(借此可以获悉该公司的实际运营情况如何,并且在分析因由时建议既听取该公司员工对成败的原因解释,又进行实地考察,通过专家团队的分析,将二者进行对比,取共性部分,即可得知真正起决定性作用的原因在何处,分析出该公司的资质如何,从而借此考虑是否可以适当简化该公司业务的审核步骤)、该公司主要成员情况及其背景(旨在分析出该公司的资质如何),以上步骤可能需要3—6个月的时间,在此期间这些非金融租赁公司可以继续按照现有状态执行业务,一旦上述调查完成,即可根据结果对不同的非金融租赁公司实行不同的扶持政策,并建议银行对不同的非金融租赁公司适用不同的贷款额度,并且在之后过程中保持对现有非金融租赁公司的监管,对其实行动态监控,此外每年重新进行调查,调查力度大小视该公司本年度的业绩、新招收员工情况、股东变动情况而定。

除银行贷款融资之外,租赁公司还有以下两种方式实现出口融资:租赁出口信托融资、租赁出口保理融资。其中,租赁出口信托融资是指融资租赁公司利用信托公司募集资金的功能优势获得业务资金,主要包括两种操作方式,一是信托公司通过发行信托计划募集到资金后,以信托贷款的方式将资金交由融资租赁公司使用,二是信托公司将募集到的资金用于受让融资租赁公司已形成的应收租赁款。在这种手段下,融资租赁公司可以借助信托公司完成较大金额的业务,实现类似杠杆的效果,实际操作中涉及以信托资金购买收益权和以收益权募集资金两种基本模式,但是由于信托计划成本较高(比如贷款的成本一般为7%—12%,公司债、私募债的成本一般为6%—18%,而信托融资成本最低的在12%左右,一般为15%,若是较差的企业更要达到18%—20%),不是多数融资租赁公司的选择,并且更多的属于房地产业务的融资方式,因而在此不对其具体的业务分类进行赘述。

至于租赁出口保理融资,是指在租赁出口业务中,租赁出口公司(出租人)将其在租赁合同中对承租人享有的尚未到期的租赁债权转让给保理商(通常为银行),由保理商提供应收租金账户管理、应收租金融资、应收租金催收等服务并承担应收租金坏账风险,以实现对出租人的融资。在实际操作中,商谈的租赁出口保理融资的额度通常最高不超过出租人在租赁出口项目中实际投放的资金总额,以避免较大的杠杆带来较大的风险,并且成本基本高于人民银行同期贷款利率,不过由于其操作简单、流程所耗时间较短,是很重要的一种融资方式。但是观之南沙自贸区,并没有太多的保理商在此设立,距离较近的保理商聚集地在深圳。不过随着南沙完善交通设施力度的加大,在不久的将来位于深圳的保理商即可轻松快捷地为南沙自贸区的融资租赁公司提供保理服务,同时由于保理商需要为不同的客户提供不同的专享服务,所以通过保理进行融资的方式要想在南沙自贸区蓬勃兴起尚需时日。

（2）风险刻画及对冲策略进一步完善

由于国内的跨境租赁业务刚刚兴起，法律法规不完善、国内融资租赁公司经验不丰富、境外国家市场环境信息不充足导致风险过大、国内尚缺乏对跨境租赁的保险制度等问题，导致跨境租赁行业的发展受到了很大的阻碍，面临较大的风险。企业经营关注的是利益与风险的平衡，本部分将从风险控制的角度提出建议，以期在为跨境租赁扫除障碍，帮助中国制造更好地"走出去"方面做出些许贡献。

对于最小化风险，可以分为风险评估、担保、保险、风险分散四部分。风险评估是最困难，也是最关键的一环。承租方企业在自身初始资源禀赋、战略愿景、盈利水平、经营管理能力、未来财富占有波动的可能性、宏观因素影响等方面都拥有私人信息，即在事前阶段拥有信息优势。因此，其在与融资租赁公司进行合作时，为了更顺利地取得标的物、支付更低的租金、满足自身利益需要，在主观上具有隐藏、隐瞒自身诸方面缺点的动机。在客观上，由于承租方企业位于境外，融资租赁公司对其政治生态、经济环境等潜在风险都没有十足的了解，且调查成本高、调查时间长、调查范围广、调查结果不稳定等问题也制约了很多融资租赁公司"走出去"的步伐。即使是很多大型企业，也承受不了花费巨资去某国调查，发现风险较大不适合进行跨境租赁的消耗。而国内一部分跨境租赁企业是从出口贸易转型而来的，或与外贸公司有合作从而能够进行信息共享，因此拥有信息优势，对亚非各国的经济形势都较为了解，在选择承租方时风险控制便较为容易。而这对于一般的融资租赁公司来说是做不到的，并且容易造成行业垄断，反而不利于该行业的发展。对此，我们有以下建议：

一是建立跨境租赁信息服务平台，对亚洲、非洲"一带一路"合作伙伴国家从政治生态、经济环境、行业形势、金融稳定情况等方面做一个总体的评估，为跨境租赁企业提供免费咨询，使其对承租方国家有一个初步的选择，减少不必要的支出。

二是设立专项资金，支持企业到目标国进行调研并反馈信息，这一方面可以完善信息系统，另一方面也可以促进企业业务的发展。

三是成立跨境租赁产业联盟，健全行业信息统计体系，及时反馈市场信息和进行行业预警，实现信息共享、扁平化管理。如今南沙已有融资租赁产业联盟，并且做得很好，其会定期开展沙龙等活动，分享专业知识、分析行业行情，对南沙融资租赁行业的发展具有显著的作用。因此,跨境租赁企业也可以学习这个模式,成立产业联盟。

四是吸引、鼓励有对外贸易厂商背景的、具有与"一带一路"沿线国家开展贸易活动丰富经验的企业进入跨境租赁业开展业务,这些企业可以利用多年积累的信息优势,较快地促进跨境租赁业的发展。

(3)担保机制进一步健全

租赁出口的担保是指为保证租赁出口关系或交易中特定债权人利益的实现而特别规定的以第三人的信用或者债务人的特定财产保障债务人履行债务、实现债权人债权的法律制度。租赁出口的业务流程中涉及的担保主要有四大类:采购担保、租赁担保、融资担保和司法担保。由于本部分的重点是出租方与承租方之间的风险控制,因此重点强调租赁担保。租赁担保可分为融资性担保和销售性担保,下文将重点介绍融资性担保。

跨境租赁的融资性担保是指担保人为承租方保证偿还出租人租金所做的担保。对于融资性担保,由于我国融资租赁相关法律不健全、市场环境不发达,融资租赁公司普遍的做法是把租赁当贷款做,通常不考虑物权退出问题。因此租赁出口业务中,要求承租方提供第三方不可撤销连带责任的租金偿还信用担保是业内同行的做法,其次是抵押担保和质押担保。但由于融资租赁合同时间较长,抵押物和质押物价值不稳定,易受债权、意外事故等因素影响,融资租赁公司为规避风险,抵押担保和质押担保一直无法被广泛使用。随着内保外贷条件的放开,在跨境租赁企业收到承租方企业的抵押担保或质押担保申请时,跨境租赁企业可以向中国出口信用保险公司(以下简称"中信保")提出申请,中信保在对承租方企业进行公司业绩、经营情况、行业前景等全方位考量,对抵押物或质押物的未来价值、潜在风险进行评估之后,若达到其担保要求则可以为承租方企业进行担保,承租方企业用其抵押物或质押物对其进行反担保。反担保又可称为求偿担保、偿还约定书或反保证书,是指为债务人担保的第三人,为了保证其追偿权的实现,要求债务人提供的担保。反担保是为保障债务人之外的担保人将来承担担保责任后对债务人的追偿权的实现而设定的担保。跨境企业如果对担保方的经营情况、还款能力等情况进行评估后,认为有风险较大的情况,也可以向中信保提出申请,利用上述模式进行担保。但由于跨境租赁行业担保额度大、风险高,因此包括中信保在内的担保机构通常不愿意为国外企业提供担保。

（4）外汇管理水平进一步提升

对于一家融资租赁公司而言，其资金来源是关键环节。除上文提到的银行贷款、发行债券、保理融资、信托融资等方式之外，从境外获取较为廉价的资金也是值得企业关注的一种方式。而境外融资主要分为外汇贷款和跨境人民币贷款两种形式，在境外利率较低时这两种形式可以有效地降低企业的融资成本。

值得注意的是，外债额度对于融资租赁公司而言有其特殊之处。对于内资融资租赁公司，目前其外债额度即为其净资产规模的1倍；但是对于外资融资租赁公司，其外债额度达到了净资产规模的10倍。外资融资租赁公司本身在境外就有更丰富的资源和渠道，加之外债额度的不同，使得内外资融资租赁公司的融资成本存在显著差异。而且，中国目前对外资融资租赁公司的认定较为简单，即凡是外商出资达到公司注册资本的25%即可算作外资融资租赁公司，享受外资融资租赁公司的所有政策便利，并未在此基础上进行进一步的细分。由于外资融资租赁公司的最低注册资本金为1 000万美元，这就意味着只要有250万美元的外商资本即可成为外资融资租赁公司。相较于金融租赁公司1亿元人民币、内资融资租赁公司超过1.7亿元人民币的最低注册资本金要求，外资融资租赁公司的准入门槛相对较低。虽然企业获得资金的能力并不取决于其外债额度，而是取决于其经营状况，但这也在一定程度上导致了内外资融资租赁公司目前市场地位的不平等。另外，外币贷款所面临的最大风险即是汇率波动，由于融资租赁业务持续周期较长，这更加大了在这个周期中由于汇率波动造成损失的可能性。同时，10倍的外债意味着外资或者中外合资融资租赁公司可以以较大的杠杆在市场中开展业务，这可能为造成不可控的系统性金融风险埋下了隐患。

此外，当承租人位于国外时，是否能够收取外币租金就成为企业较为关心的问题。这一方面是因为融资租赁公司需要利用租金去偿还外币贷款，如果贷款和租金都为统一货币（例如美元），则可以为企业减轻很多汇兑的麻烦；另一方面是因为对于一些合作国家，尤其是"一带一路"沿线国家，当地的外币兑换系统并不发达，难以将大额资金兑换为人民币，同时其本地货币又有较大的贬值风险，难以获得出租方的信任，此时如果能够收取币值较为稳定的美元作为租金，则将大大降低企业所面临的汇兑风险。

鉴于外币租金的重要性，南沙也出台了一些政策支持外币租金的收取。国家外汇管理局广东分局印发的《推进中国（广东）自由贸易试验区广州南沙新区、珠海横琴新区片区外汇管理改革试点实施细则》(以下简称《细则》)第十一条提到,区内金融租赁公司、外商投资融资租赁公司及中资融资租赁公司在向境内承租人办理融资租赁业务时,如果其用以购买租赁物的资金50%以上来源于国内外汇贷款或外币外债,可以以外币形式收取租金。《细则》进一步要求,这一部分收入应首先用于清偿外债,剩余部分可办理结汇。这就明确规定了融资租赁公司收取外币租金的条件。

根据我们的调研,收取外币租金还存在两方面的问题。一方面,这一政策明确规定只适用于融资租赁,而实际上经营性租赁同样有收取外币租金的需求,因为一家融资租赁公司完全有可能利用外币贷款购买设备后进行经营性租赁,与融资租赁面临相同的问题。另一方面,政策强调,外币资金的来源是"债权",即各种形式的银行贷款。而实际上企业融资的形式多种多样,如保理融资等。如果企业针对自身融资租赁业务产生的应收账款开展保理业务,并获得银行外币融资,那么这种外币资金就不符合政策的条件,从某种意义上来说这是因为政策没有抓住企业需要用外币租金来偿还外币贷款的核心需求。

(5) 税收政策进一步优化

在"一带一路"和"营改增"背景下,国家大力支持跨境租赁业的发展,为跨境租赁业制定和提供了一系列税收优惠政策。例如,在租赁出口方面,国家的免征增值税政策规定,境内的单位和个人提供的标的物在境外使用的有形动产租赁服务免征增值税;同时,即征即退政策也提供了很大的税收优惠。经中国人民银行、银监会或商务部批准从事融资租赁业务的试点纳税人中的一般纳税人,提供有形动产融资租赁服务的,对其增值税实际税负超过3%的部分实行增值税即征即退政策。

经过实地走访以及对材料的了解和研究,在具体实施过程中,国家及南沙区的税收政策存在以下几个问题。

第一是租赁进口的双重征税问题。租赁具有货物买卖和借款的混合性质。货物买卖性质体现为租金中包含货物价值,融资性质体现为租金中包含使用资金的利息。根据税收学的基本原理,所得税是对投资收益征收的税,对投资本金不征。显然,对租金征收所得税,就是把租赁作为投资来处理,并把全部租金都作为投资收益。而进口关税、增值税和消费税是对国际货物贸易中入境货物征收的税,征税对象是货物使用价值,对租金全额征收进口关税、增值税和消费税,就是把租赁作为货物贸易来处理,并把全部租金都作为货物使用价值的对价。租赁进口的双重征税问题就在于此。租赁进口的双重征税问题主要表现在租赁进口性质的双重认定上,即在征收不同的税收时适用不同的性质征税,从而产生双重征税。中国税法既把租赁进口作为投资行为征收预提所得税,又把租赁进口作为货物贸易行为征收进口环节流转税,这使租赁进口处在尴尬的境地,承担着双重的税负。

由于税负的可转移性,在交易中由出租人承担的预提所得税又通过定价转移给承租人。更有甚者,由于承租人的经济弱势地位,在合同中直接规定由承租人承担预提所得税,出租人得到的租金是净所得。这种双重征税问题加重了承租人的经济负担,增加了其经营成本,降低了其市场竞争力。

第二是租赁出口的出口退税政策。目前的出口退税政策是对融资租赁公司、金融租赁公司及其设立的项目子公司(以下统称"融资租赁出租方"),以融资租赁方式租赁给境外承租人且租赁期限在5年(含)以上,并向海关报关后实际离境的货物,试行增值税、消费税出口退税政策。融资租赁出租方将融资租赁出口货物租赁给境外承租方,境外承租方向融资租赁出租方退还其购进融资租赁出口货物所含增值税。融资租赁出口货物属于消费税应税消费品的,向融资租赁出租方退还前一环节已征的消费税。

但实际上我们从企业方面了解到,出口退税政策中融资租赁公司所享受到的税收优惠实际上会在博弈中导致供货方标的物销售价格相应地提高。目前看来,对融资租赁公司的影响并不是非常明显。而且办理出口退税时间长和效率低也给融资租赁公司带来了不便,造成租金占用,租金成本提高,给企业带来压力。此外,我们走访的粤非金融租赁公司面临由于在南沙注册的是虚拟地址而办公地点在天河,从而无法办理出口退税的问题。粤非金融租赁公司也提出,在自贸区注册虚拟地址是自贸区企业的普遍做法,希望政府提供更好的解决措施使融资租赁公司享受到应有的出口退税优惠。

经过对相关材料的研究和思考,以及借鉴我国其他自贸区如天津东疆、深圳前海、珠海横琴和其他国家的先进发展经验,我们提出以下几点建议:

第一是解决双重征税困境,减轻承租人的税务负担。针对目前对租赁进口的租金既征收所得税,又征收进口关税、增值税和消费税的情况,我们认为,海关应与国家税务总局进行协调和沟通,设计一个新的征税方法,以避免重复征税的问题。在查询资料的过程中,我们看到有专家提出,取消代扣代缴增值税,保留海关进口环节增值税是符合税务效率的最优选择。另外我们认为,可以以房地产征税的方法为示例,将租金合理地分为两部分,对其中一部分征收所得税,另一部分征收增值税,从而避免对同一部分征两次税的行为。

第二是优化和调整政策,避免不同性质融资租赁公司的一些不平等和重复征税问题。针对目前只对融资租赁租金部分征收所得税,而对经营性租赁租金全额征收所得税的情况,我们认为,应取消对经营性租赁租金全额征收所得税的政策,只对利润部分征收所得税,从而减轻经营性租赁的税负,鼓励经营性租赁业务的发展。针对融资租赁业务中租赁物产权两次交易的征税问题,政府相关机构应提出相应的解决办法,避免重复征税,减轻税负;与此同时,解决金融租赁公司与外商投资融资租赁公司以及内资融资租赁公司的契税征收差异问题,平等地对待租赁业内的不同公司,鼓励和支持内资融资租赁公司的发展。

第三是优化和完善出口退税政策。当前的出口退税政策存在许多问题。首先,政府可以简化出口退税程序,缩短出口退税办理时间。过长的出口退税办理时间会对融资租赁公司的资金流转和业务办理进程造成负面影响。所以政府应提高相关机构的办事效率,划清职责服务范围,明确和清晰出口退税办理的范围和条件,为融资租赁公司办理出口退税提供更好、更优质的服务。其次,政府可以为在南沙注册虚拟地址的融资租赁公司制定专项政策,提供出口退税的优惠政策。经过相关机构的协调和沟通,在审查和确定融资租赁公司为南沙的跨境租赁做出一定经济贡献的前提下,可以为融资租赁公司提供出口退税优惠政策,鼓励更多的企业落户南沙,为南沙的跨境租赁发展做出更大的经济贡献。

跨境租赁业务条线长,资金体量大,配套需求强。任何一个环节出现问题,都有可能对业务开展造成负面影响。目前在南沙大力扶持融资租赁的背景下,跨境租赁业务也搭上了顺风车,呈现出高速发展的态势。然而发展之路依然任重而道远,政府需要"将心比心",只有真正考虑企业的需求,才能使该行业进入高速发展的快车道。

4. 金融创新服务实体经济——以南沙资产管理行业为例

4.1 南沙资产管理行业综述

广义的资产管理是指资产所有人以其资产(包括有形资产和无形资产)委托专业机构进行管理,以实现资产所有人所期望目的的行为。而狭义的资产管理特指证券市场范围内的资产管理业务,即资产委托人以其货币或证券资产,委托专业中介机构进行管理,专业中介机构根据委托人的意愿在证券市场中投资运作,以实现委托人期望的保值、增值或特定目的的行为。在本部分的介绍中,资产管理指的是后者。资产管理行业是一个社会投融资体系呈现出的一种形态。

根据哈佛大学金融学教授罗伯特·莫顿的观点,金融体系应具备六大功能:清算和支付,融通资金和股权细分,跨时间和地域的经济资源转移,管理不确定性和风险,信息提供,处理不对称信息解决激励问题。而资产管理业除了不具备清算与支付功能,在其他五个功能方面都发挥了重要作用。一套成熟的资产管理行业体系,应能给投资方(资金提供方)提供足够丰富的金融产品,给融资方(资金需求方)提供多样的融资方式,管控风险,提供资金流动性,合理配置资源,促进经济健康发展。

4.2 南沙资产管理行业现状与发展态势

(1) 南沙资产管理行业现有公司统计

人民银行会同银监会、证监会、保监会和国家统计局联合研究制定的《金融业企业划型标准规定》中规定,除贷款公司、小额贷款公司、典当行以外的其他金融机构,资产总额1 000亿元以下的为中小微型企业。其中,资产总额200亿元及以上的为中型企业,资产总额50亿元及以上的为小型企业,资产总额50亿元以下的为微型企业。

基于以上规定,按照注册资本占总资产最低1/3的比例进行估计,南沙自贸区挂牌的最大资产份额资产管理公司也仅仅为体量较大的小微型金融机构。由图3.4可见,南沙在资产管理行业均衡发展的目标下更应着力引进中小型或大型金融机构,丰富资产管理行业资产体量变化,但同时也不能忽视中小微型资产管理公司对专业领域、特定行业灵活对接的优点。

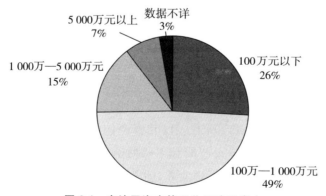

图3.4 南沙区资产管理公司注册资本

资料来源:作者根据相关资料整理绘制。

南沙自贸区的资产管理公司行业占比中,租赁与商务服务业所占份额最大,达到一半以上。综合考虑到给南沙船舶业带来繁荣的融资租赁市场,我们发现,在租赁与商务服务业的大类中,租赁业占比达到65.32%。而商务服务业分为资产管理服务(不含许可审批项目)、无形资产评估服务、投资咨询服务、投资管理服务、企业管理咨询服务、企业管理服务(涉及许可经营项目的除外)、贸易咨询服务、企业形象策划服务、企业财务咨询服务、市场调研服务、市场营销策划服务、担保服务(融资性担保除外)、企业信用评估评级服务、创业投资服务、创业投资咨询服务,这些业务在南沙自贸区资产管理机构的开发中仍待加强。

(2)南沙资产管理行业集聚情况

产业集聚是指同一产业在某个特定地理区域内高度集中,产业资本要素在空间范围内不断汇聚的一个过程。在南沙可以合理使用的测度方式有以下几种:

第一是集中度,又称"CR_n指数",是指该行业的相关市场内前 n 家最大的企业所占市场份额的总和。理论上认为,行业集中度数值大于10%,区域形成集聚,数值越大,集聚的程度越高。计算公式为: $CR_n = \sum_{i=1}^{n} X_i / \sum_{i=1}^{N} X_i$。

按照资产管理公司注册资本统计,南沙资产管理行业注册资本达到10亿元人民币的有5家,因此我们选取 $n=5$,计算南沙资产管理行业 CR_5 指数为47.78%,远大于10%,因此我们认为,南沙的资产管理行业是十分显著的行业集聚市场态势。

第二是赫芬达尔-赫希曼指数,又称"HHI指数",是指基于该行业中企业的总数和规模分布,即将相关市场上的所有企业的市场份额平方后再相加的总和。HHI指数越小,表明市场竞争程度越高。它可以衡量企业的市场份额对市场集中度产生的影响,成为政府审查企业并购的一个重要行政性标准。计算公式为: $H = \sum_{j=1}^{N} Z_j^2 = \sum_{j=1}^{N} (X_j/X)^2 (j=1,2,\cdots,n)$。

一般而言,HHI指数应界于0到1之间,但通常的表示方法是将其值乘以10 000而予以放大,故HHI指数应界于0到10 000之间。根据美国司法部(Department of Justice)利用HHI指数作为评估某一产业集中度的指标并且订立的标准,HHI指数高于1 000的为寡占型,低于1 000的为竞争型,其中处于500—1 000的为竞争Ⅰ型,低于500的为竞争Ⅱ型。根据南沙资产管理企业名录以及基本信息,计算得到南沙资产管理行业HHI指数为637.69,为竞争I型市场。

资产管理行业的集聚不同于实体经济,大资产管理时代下资产管理公司在资本的汇合集聚下会具有更显著的品牌效应,其更庞大的资金池也将导致资产管理产品更强的稳健性,更专业的资产管理公司也会促使投资市场更为理性、稳定。

理论上,产业的集聚主要包含两种形成模式——市场创造模式、资本转移模式。前者是区域范围内首先出现专业化市场,为产业集聚的形成创造了重要的市场交易条件和信息条件,最后使产业的生产过程也聚集在市场附近;后者是发生在有产业转移的背景下,当一个规模较大的企业出于接近市场或节约经营成本的考虑,在生产区位上重新做出选择,并投资于一个新的地区时,有可能引发同类企业和相关企业朝这个地区汇聚。

目前南沙自贸区的资产管理行业,以中小型金融机构为主,产业集中度相对较低。为了达到金融市场运行最有效率的状态,南沙在资产管理行业的招商上不妨更为重视大公司的引进,针对大公司与小公司分别建立合适的奖励制度。一方面努力发挥大公司在产业集群中的标杆作用,另一方面也努力利用小公司发展培育南沙优秀的资产管理行业环境氛围。

(3) 南沙资产管理行业的发展态势

为了对南沙资产管理行业的发展态势做出综合的分析,我们还需要以时间轴为分析序列对资产管理行业进行研究。我们一方面着眼于南沙已经取得的发展业绩,另一方面还关心南沙发展的动态趋势,基于过往的发展特征来评估南沙资产管理行业发展的特点,并且对未来的发展方向进行预测、提出建议。

基于南沙区金融工作局提供的南沙金融业2016年1月至2017年5月连续17个月的发展简报,我们对其中的金融及类金融企业情况表进行了细致的数据分析。我们重点关注了企业名录中的投资和资产管理类公司,并且以月份为时间标度对南沙资产管理行业的发展态势进行了分析和研究。

我们根据南沙金融企业与资产管理公司数量逐月变化的情况,绘制出图3.5、图3.6。从图中可以看出,2016年1月至2017年5月,随着南沙金融企业(包括类金融企业)数量的稳定增长,资产管理公司的数量也在稳步增长。南沙金融企业无论是净增长数量,还是增长比率,与全国同等区位条件下的地区相比,都处于领先地位。这与南沙在吸引金融企业尤其是资产管理公司方面付出的努力密切相关,也反映了南沙在吸引金融企业尤其是资产管理公司方面是具有独特优势的。

同时从图中可以看出,资产管理公司在南沙所有金融企业中的数量占比相对稳定,维持在40%左右,并且总体呈现稳步上升态势。2016年1月,南沙资产管理公司在所有金融企业中的数量占比为34.78%,到2017年5月,这一比例已上升至48.27%,数据显示,南沙资产管理公司的数量几乎占到所有金融企业的一半。

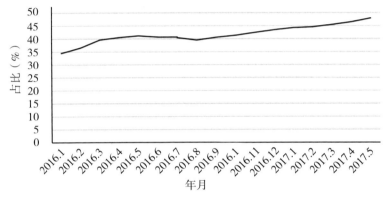

图3.5 南沙资产管理公司在所有金融企业中的数量占比

资料来源:作者根据相关资料整理绘制。

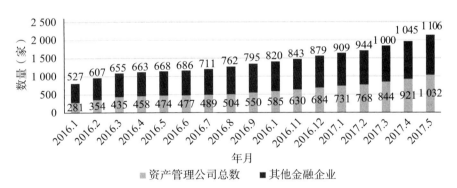

图3.6 南沙资产管理公司与其他金融企业数量对比

资料来源:作者根据相关资料整理绘制。

这表明,南沙金融企业数量上的增长在很大程度上是由资产管理公司带动的。对时间节点进行比较,2016年1月末,南沙金融企业数量为808家,其中资产管理公司281家;到2017年5月末,南沙金融企业数量为2138家,比2016年1月末增加1330家,其中资产管理公司1032家,比2016年1月末增加751家,占金融企业总增量的56.47%,超过总增量的一半。2016年12月至2017年5月南沙资产管理公司增加数量在金融企业总增量中的占比如图3.7所示。

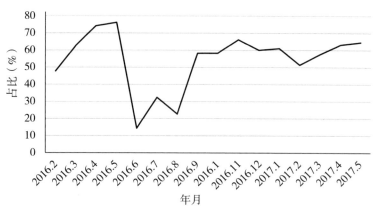

图3.7 南沙资产管理公司增加数量在金融企业总增量中的占比

资料来源:作者根据相关资料整理绘制。

通过以时间轴为分析序列,我们看出,南沙资产管理行业的发展态势非常迅猛。我们从存量占比、增量占比以及增长率对比的角度分析了南沙资产管理行业在整个金融行业中的领头作用,从而更好地理解了南沙区政府对资产管理行业的重视程度。结合我们对南沙资产管理行业静态存量以及动态增量的分析,我们对南沙资产管理行业的现状有了一个较为清晰的认识。

4.3 对标地区的成功经验与措施

在金融产业集群形成的过程中,通常会有"市场主导模式"和"政府主导模式"两种不同的路径。市场主导模式的形成路径与"需求反应理论"相关,其认为金融产业集群的形成和发展是生产交换和经济发展的必然要求,随着经济的增长与发展,对金融服务产生了越来越多的需求,金融机构因某些偶然的、特殊的历史事件而在特定的区域内集聚,区位优势形成后,便形成了锁定和路径依赖效应,此后金融市场规模不断扩大,金融工具不断创新,最终形成金融产业集群。政府主导模式的形成路径与"供给引导理论"相关,其认为政府会主动布局,选择有发展潜力的地区,同时给予优惠、宽松和灵活的政策加以扶持,培育和发展金融产业集群。这两种模式并没有优劣之分,各个国家和地区可根据自身实际情况分阶段进行选择。一般情况下,在经济发展的初、中级阶段,政府主导模式由于有政策的强有力支持,用时少、见效快;而在经济发展的高级阶段,可采用市场主导模式,政府应尽量减少干预,放松金融管制,创造自由、公平的竞争环境,吸引跨国金融机构落户,激发金融创新,提升金融产业的效率,扩大金融产业集群规模,稳固金融中心地位,带来金融市场的长期稳定和繁荣。

(1) 市场主导模式

市场主导模式主要源于城市经济结构的历史转变和空间布局的自发调整,属于金融需求反应导致的产业集聚。所谓"需求反应",是指金融体系的产生、变化和发展取决于经济的发展,经济的增长产生了新的金融需求,从而导致金融机构和市场的相应扩张,金融政策和法规也随之发生变化。

市场主导模式的典型代表是英国伦敦和美国纽约。随着贸易流通的逐渐频繁和经济活动的增多,纽约当地对金融产业的市场需求不断扩大,这促使了金融产业的不断发展和集聚,金融的中介作用吸引着国内公司的总部集聚在纽约,从而形成了突出的金融功能。纽约在成为金融城市之前是一个批发城市,批发功能决定性地依赖于纽约的交通地位和信息优势,因为从欧洲去美国内陆,纽约是第一站,它成为通向美国大部分内陆的便捷通道。

伦敦金融产业集群的产生也是经济发展所导致的金融供给变化的结果。17世纪末到18世纪初,伦敦是英国的国际贸易中心,随着生产力的提高、国际分工的深化以及交通运输条件的改善,国际间商品交换数量增大,国际贸易随之发展。国与国之间经济联系的加强在客观上需要一个支付、结算和借贷中心,伦敦作为金融中心应运而生。

纽约和伦敦是自然形成金融产业集聚,并最终成为国际金融中心。对于南沙而言,目前尚处于金融产业集群建设的初级阶段,如完全采取纽约、伦敦等成熟国际金融中心的市场主导模式并不现实。反而新加坡和东京金融产业集群建设的成功恰恰反映了在特定时期建设国际金融中心采用政府主导模式的必要性,给予南沙发展资产管理产业集群以借鉴价值。我们认为,南沙在现阶段仍应以政府主导模式为主来推动金融产业集群的发展,以在较短的时间内形成金融产业集群的规模集聚;当南沙的资产管理产业、金融产业集群处于较发达的阶段时,转而更多地考虑市场机制在促进金融资源集聚方面的作用。

(2) 政府主导模式

与市场主导相对应的金融产业集聚形成模式是政府主导的嵌入发展。这一模式充分地把握金融产业所具有的超前先导作用,利用其在国民经济产业链中的核心地位及其特殊的传导机制,有效地促进经济发展、刺激需求,即在全球产业梯度转移、金融资本世界范围内流动这一全球化背景下,由国家或地方政府主导,通过人为设计规划和政策强力支持,引导金融资本流向那些金融基础相对良好的区域,形成产业集聚的雏形,带动国内金融市场的发展;再通过金融产业的上下游联系,促进经济各部门的发展,从而催生出对金融服务产业的新需求,巩固产业集聚的效果,加深集聚的程度与规模(见图3.8)。下面以新加坡为例进行说明。

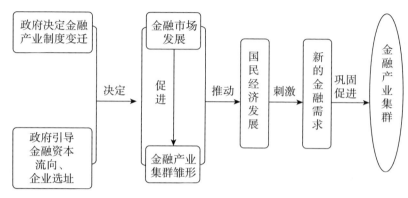

图3.8 政府主导模式

新加坡自1965年独立后,提出将发展成为亚洲的"苏黎士"的目标,积极采取措施推动金融中心的形成,使金融产业成为经济发展的支柱产业。

新加坡采取了以下可供参考的具体措施。

第一是大力发展离岸金融业务。一方面,新加坡尽管已经开放资本项目,但对新元一直实行严格管制;另一方面,为使新加坡成为地区和国际金融中心,新加坡政府积极鼓励和支持离岸金融业务创新。继1968年美国美洲银行新加坡分行获准在新加坡推出第一个亚洲货币单位后,新加坡政府不断推出一个又一个新的鼓励政策,新的离岸金融业务不断出现并获准经营。

亚洲美元市场是新加坡政府精心策划、以人为方式推动的离岸金融中心,其发展提升了新加坡的国际地位,对新加坡的国际收支改善与经济增长具有重要贡献。亚洲美元市场资金主要来自亚太地区的跨国公司、各国的中央银行和政府机构,以及银行同业间的存款。为了建立亚洲美元市场,吸引更多银行加入亚洲货币单位的经营,新加坡政府除采取一系列财政奖励措施外,1968年还取消了亚洲美元市场的外汇管制。从1972年开始,新加坡金融管理局又取消了20%的存款流动准备。到1975年,新加坡境内从事亚洲货币单位的金融机构增加到66家,存款总额高达125.97亿美元,年均递增85.5%,相当于1975年新加坡国民生产总值的2.5倍。

第二是推出税收优惠政策。新加坡在建立国际金融中心的过程中,在税收及金融机构经营环境等方面不断推出一系列其他想成为国际金融中心的地区想推出但又没有下决心推出或推出得慢了一步的优惠政策。如1968年8月,新加坡政府废除了非新加坡居民的利率收入预扣税,使新加坡与中国香港和日本东京在亚洲美元市场中心的竞争中取得了优势,其后美国美洲银行新加坡分行在新加坡推出第一个亚洲货币单位,由此新加坡开始成为亚洲美元市场中心。此后,新加坡政府在促进金融产业全面发展的基础上重点刺激离岸金融业务的发展,不断推出税收优惠政策。如新加坡从1973年起将亚洲货币单位境外贷款利息所得公司税税率从40%大幅削减为10%,并免征非新加坡居民亚洲美元债券利息所得税;1989年新加坡国际金融交易所成员的石油期货合约所得获减为10%的税率;亚洲货币单位与非居民间非新元掉期交易免征预扣税等。

第三是实行配套开放措施。在市场准入方面,新加坡政府秉承一贯的开放政策,大量发放"许可证"给外资机构,使它们享受税收优惠的希望成为可能。1969年以后,花旗银行、华侨银行、渣打银行、华通银行和汇丰银行等16家外国银行经营境外货币业务。到2003年,新加坡共有各类金融机构600家,其中,银行114家、投资银行53家、保险公司132家、保险中介公司60家、基金管理公司95家、证券行61家、期货公司32家、财务顾问53家。

亚洲美元市场的蓬勃发展,法律法规建设是基础。20世纪70年代初,新加坡政府修订了《银行法》和《外汇管理法》,《新加坡金融管理局法》和《新加坡规定银行之执照可读性及规章之条例》等金融法规也相继出台,提供了多层次可靠的法律保障。以往由于没有中央银行,新加坡的中央银行业务要由多个政府部门来执行。1971年1月,新加坡成立了金融管理局,除不发行货币外,全面履行包括督导金融业、监管银行在内的中央银行的一切职能,明确与健全了金融监管体系。

4.4 南沙资产管理行业发展参考建议

金融产业集群是金融发展的必然产物,南沙作为国家级战略新区、海上丝绸之路重要枢纽、粤港澳深度合作示范区、珠三角地理几何中心,如何成功地聚集资产管理行业,走出具有南沙特色的资产管理行业发展之路,可以从其他成功的地区获得启示。

目前,金融产业集群已成为金融产业的基本形式,金融产业集群在当代经济中发挥的功能和作用日益显著。

（1）路径选择

南沙目前尚处于金融产业集群建设的初级阶段,完全采取纽约、伦敦等成熟国际金融中心的市场主导模式并不现实。新加坡和东京金融产业集群建设的成功恰恰反映了在特定时期建设国际金融中心采用政府主导模式的必要性和可信性,对于南沙发展资产管理产业集群有极高的借鉴价值。我们认为,南沙在现阶段仍应以政府主导模式为主来推动金融产业集群的发展,以期在较短的时间内形成金融产业集群的规模集聚;当南沙的资产管理产业、金融产业集群处于较发达的阶段时,可转而更多地考虑市场机制在促进金融资源集聚方面的作用。

（2）具体措施

根据其他开发区与南沙开发区的政策对比,我们为南沙吸引金融企业落户总结了如下建议:

第一是出台个人和金融企业的税收优惠和奖励。坚持现有的对在南沙落户的金融企业和一级分支机构的落户奖、经营贡献奖和提升能级奖等奖项鼓励,坚持对金融行业优质人才的人才奖等奖项鼓励。除此之外,为鼓励企业持续经营壮大,企业在区内税额超过上一年度一定标准的,可给予企业资金奖励,并在资金奖励中划出对金融企业高管的个税补贴,以提高高管的经营积极性。对于小微型资产管理和投资公司,在注册三到五年内免除其所得税并给予相应补贴,三到五年后实行分级累进式税制,其应税所得额按照最低比率计算。对于重点发展的金融企业类型,除优先安排用地供应外,在一定年限内,对因经营和投资而产生的部分收费(如水费、电费以及申办本市常住户口时的城市建设费等)给予减免。对于优质的资产管理人才,尤其是港资、澳资下的企业人才,在户口、住房、车辆、社保、子女教育上给予相应的优待措施。如住房和车辆补贴、子女入学教育手续流程的简化等。

第二是简化注册等流程手续。对于在南沙落户的资产管理公司,其注册登记、年检、资质审查、投资项目等的手续和流程简化放宽,实行一个部门受理,一次性收费。

第三是放宽投资准入门槛。最大限度地缩减自贸区外商投资负面清单,推进金融、电信、互联网、文化、文物、维修、航运等专业服务业和先进制造业领域对外开放。除特殊领域外,取消对外商投资企业经营期限的特别管理要求。对符合条件的外资创业投资企业和股权投资企业开展境内投资项目,探索管理新模式。

第四是加强粤港澳联通互动与人民币跨境活动。作为重点的对外开放枢纽,南沙应积极争取国家政策支持,通过创新试点在人民币跨境使用、产品创新、流通、清算等多个环节与香港市场全面互动,进一步加大人民币的交易和流通规模。

第五是设立资产管理行业母基金。在资产荒背景下,小微型资产管理和投资公司对投资项目的选择愈发持观望态度。在支持私募股权基金发展、扩充企业数量和扩大资产规模方面,各地金融市场都设有专项"母基金",南沙本地也有相应的设置。母基金的设立,可以极大地发挥财政资金的引导作用,有政府资金投入作为保障,各类社会资金也会被吸引而跟投,从而促进本地资产管理公司的集聚。

三、工业园区

上文提到的国家级新区的特点在于战略定位高、各级政府支持力度大。然而全国范围内的国家级新区数量十分有限,各地方政府更倾向于成立特点各异的工业园区,重点扶持支柱产业的发展。下面我们以青海海东工业园区为例,从人才引进、增强配套基础设施建设、强化财政金融支持等维度剖析我国的工业园区建设。

1. 地区整体情况

海东地区2016年生产总值384.4亿元,同比增长11.2%,居青海省第一;固定资产投资611.39亿元,同比增长20.33%,居青海省第三;规模以上工业增加值增速12.7%,居青海省第一;社会消费品零售总额80.05亿元,同比增长11.5%,居青海省第二;一般公共预算收入21.7亿元,同比增长25.9%,总财力达到222.52亿元,同比增长20.4%。

作为正在打造的"丝绸之路经济带"上的重要节点城市和青藏高原的门户城市,海东正向产城融合的新型城市大步迈进,经济地位不容小觑。尤其是在"生态立省"这一战略定位的指引下,我们需要更多地以科学合理的区域规划为基础,扎实地推进青海的现代化建设,以实实在在的发展策略指引青海未来发展的新方向,而海东的重要生态地位更是为其创新创业、高新技术产业发展奠定了独特的基础。退一步讲,一方面,以目前青海社会经济发展水平的状况来看,仅凭西宁这一个单体龙头难以承担起带动地域辽阔的青海大范围内的经济可持续发展的基本职责；另一方面，海东对青海落后的城市化的改变在一定程度上改善了当地社会经济发展水平的市场化自我调节，使得各项资源被更好地利用起来，从而增加了区域发展的凝聚力，提高了投资的回报价值。这种改变有利于吸引外部优质资金的进入，提高区域经济的发展活力和动力，进而间接地影响到产业培育和产业提升等方面的新格局和发展趋势。因此，从提高区域凝聚力和竞争力的角度出发，以青海中关村高新技术产业基地为基点，将海东作为创新创业以及高新技术发展的前沿阵地将是青海今后在发展区域经济优势、提升青海产业能量上的一大重要战略选择。

由于青海幅员辽阔，各地之间的发展水平差异巨大，西宁作为青海的省会，具有其他地区不可比拟的经济基础优势和发展机遇，因此西宁的高新技术产业、创业者的现状并不能很好地代表全省的发展水平。除了西宁，青海的第二大城市正是海东，这个年轻的城市既肩负着与西宁共同构筑起青海东部经济圈，实现优势互补、提升区域成长的力量、把握自身与外界对接时的主动权和制高点的责任，也是青海在未来进一步优化内部区域结构、抓住西部大开发机遇、实现自身升级换代的重要一环。在这一过程中，创新创业之于海东是发展的重中之重，海东创新创业的发展现状也能较好地代表青海创新创业的现状。

如果说海东是青海创新创业的先锋，那么青海中关村高新技术产业基地就是最重要的阵地，在全省的创新创业大业中有着不可替代的重要作用。青海中关村高新技术产业基地是青海唯一一家入选第三批国家小型微型企业创业创新示范基地名单的创业机构，于2016年3月被科技部火炬中心认定为国家级科技企业孵化器，实现了海东国家级科技企业孵化器零的突破。这里，集中了青海最优秀的一批企业家、创业者，这里，是海东乃至全青海最重要的创新创业孵化基地，在全省的创新创业大格局中有着举足轻重的地位。

正因为海东之于青海的重要作用，青海中关村高新技术产业基地之于海东乃至全青海创新创业格局的重要地位，本次调研中所观察到的、研究得到的代表行业的现状、典型企业的发展现状乃至企业以及整个孵化器在发展过程中遇到的问题都具有一定的代表性，针对这这些问题提出的解决方案、发展战略以及政策建议在青海的发展过程中也具有一定的适用价值和借鉴意义。

2. 人才引进

经过长达十余天的实地调研和企业参访，我们发现，人才匮乏问题是制约海东甚至全青海经济发展的首要问题。人才的匮乏包含两个方面：一是"缺人"，即使是话务员这样的普通岗位，企业也招不够人；二是"缺才"，主要是指缺少中高级的企业管理人才和技术人才。这一问题严重制约了当地企业尤其是创新创业型企业的发展——这些企业多数属于技术密集型，需要大量有专业素养的技术人员，又属于初创企业，需要专业的管理人才。事实上，纵观整个青海乃至整个西部，资源和人才的不匹配问题都是极其严重的，这不仅对西部地区的经济发展造成了阻碍，也制约了西部地区政治、社会建设、科技、民生等各个方面的发展。而这一问题在青海中关村高新技术产业基地尤其明显，几乎成为园区内每家企业都面临的普遍问题。这些企业或者面临外地员工大量回流的问题，或者面临当地员工素养意识难以达到企业标准的问题，或者面临招不到人的问题，总之，几乎令企业头痛的问题一致指向了一个症结——"人才"。

园区为什么面临如此严重的人才困境？从大环境来说，这是青海乃至西部地区整体人才吸引力不足的现实情况决定的。北京大学毕业生去向报告指出，2014—2016年，去往西部地区就业的应届毕业生比例呈现连年下降的趋势，即使青海当地的大学毕业生在毕业后也更愿意前往北上广深等一线城市就业，因为西部地区缺乏发达的经济和一流的企业以及配套的生活设施。就海东来说，人们尤其是年轻人的就业观念陈旧，也是制约当地企业招到满意人才的原因之一。当地的就业观念以考公务员为一级目标，即使已经在民营企业工作的职工，也始终心系公务员岗位，以至于找借口请长假备考、离职的状况在当地企业中多发，严重影响了企业的生产力和各项工作的开展。就海东工业园区来说，园区缺少一套综合完整的人才吸引和培养制度，在人才招聘、人才引进、优惠政策、激励机制、培养方案等方面都存在一定的空白和缺陷，导致园区以及园区内的企业吸引人才的能力不足、招揽人才的渠道不多、留住人才的手段陈旧、培养人才的机制几乎空白。

综合上述人才缺乏的问题现状和原因分析，我们建议采取以下有针对性的措施：

2.1　开发多元化的人才引进渠道

第一是加强中介机构对接。建立人力资源中介行业协会，构建活跃的人才中介体系。对于中高端行业人才的引进，可以让国内知名的猎头公司（如光辉国际、海德思哲和史宾沙等）或者其他中高端人才机构入驻园区。

第二是加强高校对接。举办重点高校校园招聘活动，可重点在西北地区的高校,如兰州大学、西安交通大学、西北工业大学等进行校园巡回招聘活动,并设立"海东工业园区"奖学金,每年共奖励 200 名优秀本科生和研究生毕业生,加大对高校人才的吸引力度。

第三是提供良好的创新创业环境吸引人才。为创业主体提供工作场所,并免除 3 年的租金,给予不少于 50 万元的科研启动经费和相应的实验场所、设备;设立园区研发中心,吸引外资研发机构及技术中心入园发展,鼓励高校设立重点实验室。

第四是大力开展网络招聘,建立园区综合性人才招聘网站。提供市场招聘、网络招聘、猎头招聘、人才派遣、人才培训等专业化人力资源服务,并与其他全国性人才招聘网站,如前程无忧、中华英才网等合作。

第五是加强海外人才引进。为吸引外资企业入驻园区,可相应地落实租金一免三减半、住房补贴 20% 等优惠政策。

第六是加大柔性引进力度。对柔性引进的人才,可办理海东市人才居住证,凭证可享受:申请科技经费资助;参加本市职工基本养老保险等基本医疗保险;按规定提取住房公积金及申请住房公积金贷款;子女可接受义务教育;对于高端人才,可申请购买人才公寓或申请购(租)房补贴。

2.2 制定全方位的优惠政策

第一是创业优惠。可给予 100 平方米研发场地 3 年免租、100 平方米人才公寓 3 年免租;在 3 年孵化期内,创业企业纳税(不含个人所得税)的留成部分,50% 奖励给企业;对海外留学人员企业,可提供 8 万元的创业启动资助金;人才可获得最高达到股权占比的 40%、总额 50 万元以内的资本金扶持;享受 80—500 平方米的 3 年房租减免优惠。

第二是住房优惠。对于引进人才可优先入住园区的人才公寓;2 年内,按"国家万人计划""国家千人计划"、学历、职称等综合指标可提供每年 1 000 元、1 500 元、3 000 元等不同标准的租房补贴;根据对人才的紧缺程度给予最低 5 万元到最高 20 万元的安家住房补贴;给予 100 平方米人才公寓 3 年免租,高层次人才自购住房享受 10 万元补贴。

第三是配偶子女安置。可对园区内引进人才的配偶进行就业安置,根据引进人才配偶原就业情况、职业身份统筹协调;同时可对园区内引进人才子女入学给予优惠,引进人才子女在义务教育阶段入学时,园区拟与教育部门协调给予择校机会一次。

第四是社保医疗。对园区内引进人才及其配偶、子女可不受国籍、户籍限制,参加本市社会保险,享受本市城镇居民同等待遇。

第五是入境和居留便利。针对海外引进人才及其配偶、未满18周岁子女享受居留和出入境手续简化的便利。

3. 创新体系

3.1 建立创新压力指数评价指标体系

调研团队从园区管理委员会了解到,园区主要面向具有创新能力的企业。然而由于园区对入驻企业所提供的一系列优惠措施非常具有吸引力,导致一些非创新型企业,甚至发展较为成熟的重污染企业前来入驻,浪费了园区有限的资源。而甄别企业是否具有入驻资格以及入驻之后是否具备可持续发展能力的一项重要指标就是企业的创新能力。企业的创新能力也直接影响到整个园区是否能够像其定位的那样,成为海东乃至青海科技创新的门户。鉴于园区内没有对企业创新能力的一套评价体系,为了对园区内企业的创新活跃程度进行评价,我们建议建立一套创新压力指数评价指标体系,并依据该体系下的企业得分,给予相应的奖惩措施。具体如表3.2所示。

表3.2 企业创新压力指数评价指标

构成要素		指标名称
A 创新资源的投入能力	A1 人力资源	A11 科学家和工程师(或其他研发人员)数量
		A12 研发人员占职工总数的比重
	A2 财力资源	A21 研发经费
		A22 研发经费占企业总支出的比重
		A23 研发经费占销售收入的比重
		A24 职工培训费占企业职工工资的比重
B 创新载体建设及对外合作能力	B1 创新载体	B11 有无国家重点实验室
		B12 有无省部级重点实验室
		B13 有无企业内部及与之合作的研发中心或研究所
		B14 研发设备净值
		B15 研发设备净值占固定资产净值的比重
		B16 租赁外单位研发设备费用

（续表）

构成要素		指标名称
	B2 对外合作	B21 有无与高校或科研机构确立长期产学研合作关系
		B22 企业引进技术费用
		B23 企业提供的委托开发经费
		B24 引进技术费用与委托开发经费占企业销售收入的比重
C 创新管理与创新环境建设能力	C1 创新管理水平	C11 有无企业创新战略或规划
	C2 职工素质水平	C21 平均学历
		C22 职工平均技术
		C23 职工发表论文及出版专著数量
	C3 知识创造能力	C31 发明专利授权数量
		C32 每名研发人员的发明专利数
		C33 非发明专利授权量
	C4 技术创新能力	C41 技术转让收入
		C42 技术转让收入占销售收入的比重
		C43 获国家级科技成果奖励数
		C44 获省级科技成果奖励数
	C5 新产品创造能力	C51 自主开发的新产品品种数量
		C52 新产品销售收入
		C53 新产品销售收入占企业销售总收入的比重
D 创新成果的产出能力	D1 品牌创造力	D11 注册商标数量
		D12 主导产品的市场占有率

注：X_{ij} = 得分平均数 × 权重平均数（X = A, B, C, D）；$X_i = \sum X_{ij}$（X = A, B, C, D）；$X = \sum X_i$（X = A, B, C, D）；创新压力指数 = $\sum X$（X = A, B, C, D）。

管委会可邀请若干位专家根据企业具体情况对企业创新压力指数评价指标（X_{ij}）打分，计算出平均值（得分平均数）；同时给出该指标所占权重，计算出平均值（权重平均数）。将两个平均数相乘，得到企业在该指标上的最终得分。将所有指标的分数相加得到创新压力指数。

该评价指标体系也可以用来评价企业在每个具体方面创新能力的强弱，如创新资源的投入能力、创新成果的产出能力等。

一般而言，衡量一家企业所面临的创新压力，可大致从五个方面进行评价：

首先是这个行业是否具备进入壁垒,相较而言,一个进入壁垒低的行业所面临的创新压力更大;其次是这家企业对上游的溢价能力,一家企业面对上游的溢价能力越强,其所面临的创新压力也相对越小;再次是关于消费者,即一家企业是否以及如何针对其用户进行创新;从次是市场上竞争的激烈程度,一个市场上竞争越惨烈,企业所面临的创新压力也就越大;最后是企业产品的可替代性,一家企业的产品所具有的可替代性越强,其所面临的创新压力也就越大。园区管理者在企业入驻前以及企业入驻后考察其创新能力时,既要考虑我们所提出的容易量化的指标,也要充分考虑这些难以量化但却至关重要的指标。

3.2 建立创新激励制度

要想让企业具有持续的创新能力,园区管理者不仅要在企业入驻之前进行考察,还应当建立起一套恰当的激励制度让企业有动力进行持续的创新,因此我们建议,每年根据上文的评价指标测算企业的创新压力指数,对得分较高的企业进行奖励。此外,还应当支持园区内的企业获得发明专利,具体可对企业年度获得的国内发明专利进行一定数额的奖励。

3.3 建设园区创新平台

企业并非不想创新,但问题是如何创新。创新的途径、工具和手段不明确,成为阻碍企业和工业园区创新水平提升的瓶颈。因此我们建议,为提高海东工业园区的整体创新水平,可搭建创新平台。平台由海东相关部门和园区内企业共建,旨在进一步整合高等院校、科研机构与园区内高新技术企业所拥有的创新资源,实现部分之和大于整体的效果。创新平台可采取特事特办的方式,简化行政手续审批事项,实行跨层级联合审批模式,为企业进行科技创新提供智力支持。

3.4 推动园区创新成果转化

如何将一个好的想法、一种好的模式推向市场并获得利润是包括科研工作者、企业家、园区管理者在内的很多人都在考虑的问题。只有依托强大且有效的市场化能力和手段,才能激励创新人才以及科研工作者进行创新。我们了解到,海东工业园区也确实缺少能将一种创新思想或研究成果转化成产品的动力,为此我们建议园区成立重大创新成果项目小组,当企业取得较为重要的科研成果时,园区可以在企业申请专利、转让科技成果或专利方面为其提供指导,并积极推动创新产品的市场化。

4. 管理服务

经过十余天的实地调研和办公,我们对园区的地理布局、内部设施以及各种规章制度有了详实的了解。我们发现,园区管委会在园区管理和发展中起到了至关重要的作用,对园区内各企业的发展给予了很大的支持和帮助,是一个精悍且有效的工作团队。但同时我们也发现,由于创园时间短等客观原因,管委会在工作流程、体制机制等方面还有值得加强和完善的地方。主要的不足体现在以下方面:

一是企业准入制度不完善,企业入驻审批备案流程不够精简,造成入驻园区的企业鱼龙混杂、种类划分不够明确,同时也造成企业入驻园区等待时间较长,机会成本较高,尤其不适合创新创业型企业入驻的要求。

二是园区管委会工作信息公开化程度不足,没有有效利用园区网站等线上平台和线下办公区域进行信息公开工作,造成管委会工作的透明度不高,也在一定程度上影响了管委会的决策公信力。

三是信息化水平不够高,没有行之有效的园区内部信息交换共享平台,在一定程度上阻碍了管委会内部以及管委会和企业间的沟通协作,不利于提高把控园区发展情况的能力,不能广泛吸收社会意见。

四是园区管委会行政管理体制略显烦琐,内部行政管理体制专业划分不够清晰,部门交叉或职能不明确的情况多见,在一定程度上降低了管委会的工作效率,带来了一些常规式的统一管理造成的效能低下问题。

五是缺少监督机制,管委会工作缺少来自外部和内部的有效监督,尤其缺少外部监督机制,缺少来自人民群众和社会媒体的有效监督;另外,缺少完整的内部监督机制,不能对内部各部门的工作做出有效测评和监督。

六是部门分工既不够科学,也不够明确。缺少对管委会部门划分的长期和短期规划;办事部门单一,往往一身兼多职,职能划分不清晰;部门划分不够完整,缺少必要的经济发展委员会、规划建设委员会、财务、科技、国际交流、人事、宣传、环保、行政执法、市场监管、纪检等部门。

七是园区管理人才引进、培养体制不健全,管委会人员较少,吸引人才的能力较弱,人才培养的机制不健全,造成管委会成员的工作任务较重,又进一步削弱了其人才吸引能力。

针对以上七个问题,我们对园区管委会的工作提出了以下建议:

4.1 完善企业进入审批标准,精简审批备案流程

拟在现有企业一种或多种申报准入制度的基础上,要求申报企业选择小类、中类或大类中的一种或多种自主提出经营范围登记申请;拟根据待审批企业的资产性质、企业规模分设不同的审批备案流程,推动制定、修订分产业的入园审批标准;拟开放网络注册审批窗口,通过信息化手段精简审批备案流程,加快企业入园备案审批进度。

推动园区信息公开工作,提升行政透明度和决策公信力。成立信息公开考核小组,注重公开实效,加强信息公开平台建设;重点关注园区门户网站建设,丰富政务信息公开内容,突出重点领域以推进园区管委会人事情况、政务决策、产业发展情况、入驻企业名录、重大建设项目批准和实施、公共资源配置等信息公开工作,积极回应社会关注;拟设立在线咨询窗口,及时处理来自社会的意见,打造开放、先进的管委会对外形象。

充分利用信息技术手段,改善行政管理模式。搭建园区内部信息交换共享平台,加强管委会内部以及管委会和企业间的沟通协作,提高对园区发展情况的把控能力。以园区门户网站为主,微信、微博等新媒体手段为辅,拓宽信息来源渠道,广泛吸收社会意见,积极推进管理模式优化升级。

精简园区行政管理体制。推行园区内部行政管理体制综合化、专业化改革,依照企业分类、行政管理内容等方面的需要精简组织机构设置,将不同产业类别的企业分别纳入一个统一的部门进行统筹协调,构建少而精、专而能的行政架构,提高行政管理的效率和效能,避免常规式的统一管理所带来的效能低下问题。

强化监督机制。完善管委会内部监督机制,建立健全纪检组,由纪检组制订考核方案,对管委会各部门进行量化百分制考核,并形成书面材料上报。并在官方网站首页设置"监督投诉"栏目,及时发布纪检组相关规章制度的网址,方便社会各界进行检查,同时登上纪检组的举报电话和举报邮箱。

合理设置部门分工。首先可根据园区管理规模采取不同的部门分工模式。一是短期园区规模较小时的模式:优化整合园区行政管理资源,推行一站式服务;只实行必要的大类分工,如企业洽谈、后勤管理、网站建设等,围绕产业实际发展需要进行调配;通过园区管理人员培训,使管理人员均可办理其他简单的日常服务事宜。二是长期园区规模扩大时的模式:管理人力资源充足后,优化园区管理会分工,将管委会划分为管委会办公室、经济发展委员会、规划建设委员会、财务、科技、国际交流、人事、宣传、环保、行政执法、市场监管、纪检几个部门。

4.2 增强配套设施建设

生产配套设施建设。基于海东工业园区在海东经济发展中的战略地位,应充分借鉴外地经验,按照国内外先进工业园区的建设理念,统筹考虑园区总体布局和发展目标;不断完善园区内供水、供电、供气、网络、通信等基础设施;充分考虑规划建设以及运行中的各项因素,力争早日建成并投入使用;进一步加强物流配送体系建设,降低园区企业运行成本。

生活配套设施建设。在加强园区生产配套设施建设的同时,应不断提升和完善生活配套设施建设。

一是基本生活设施建设。为职工设立休息区,用以解决职工中午无法得到充分休息导致工作效率降低的问题;设立阅读区,并购置特定书籍(杂志、报纸、畅销书等),用以丰富职工的精神生活,进一步提升职工的素质和工作积极性;在园区建筑内每层设立自动售货机(可考虑与园区内入驻的零售企业合作),用以满足园区内职工对在更短的时间内购买零售食品的需求;完善园区内的体育设施,如增设健身房、调整乒乓球台的摆放位置等;完善职工心理健康设施,可考虑增开宣泄室等。

二是医疗设施建设。考虑到聘请医生入驻的成本问题和不现实性,我们建议在园区内设立一个货架,用以摆放常用药,尽量满足园区内人员对基本医疗的需求,并购置急救箱,用以应对紧急情况。

三是教育设施建设。考虑到园区内职工子女的教育问题,我们认为在园区教育发展的初期阶段,可以投入相关资金在园区内建设一个托管所,聘请托管所需要的老师;在教育设施发展到一定阶段之后,视园区内职工需求可开设幼儿园并配备相关师资。

四是金融设施建设。鉴于园区内仅有一家青海银行,无法满足园区内职工和企业的需求,建议考虑在园区内设立自动柜员机,方便职工取款;可视需求引入各大银行的网点,为园区内职工和企业办理相关业务提供硬件支持。

其他配套设施建设。除了硬件设施建设,我们意识到园区对资源整合方面的配套设施有着独特的需求,为促进园区内资源得到更好的配置,我们着重从人脉资源共享和企业资源共享两方面提出建议。首先是人脉资源库建设。借助信息化时代的优势,我们考虑设立一个人脉资源网上共享平台。具体实施方式是:园区内职工把自己可共享的基本信息(如联系方式、家庭情况、学历水平、院校信息、工作经历等)上传至平台,形成一个基本的资料库,再由园区内负责运营该平台的人员按照一定的分类标准（如行业类型等）对资料进行整合。当园区内人员对人脉资源有需求时，可以在该平台上输入一定的条件进行智能检索，由系统自动筛选完成匹配。值得注意的是，这一系统的建立可能会涉及个人信息安全问题。因此我们考虑设立两级信息系统，基本信息可以上传至平台共享，较为私密的信息则由园区设立专门的资料库进行管理。在系统匹配不成功的情况下，有人脉需求的人员可以向园区提出申请，使用第二级资料库中的人脉资源信息。为确保该机制有动力持续运行，我们设计了配套的激励机制，即每个用户拥有一个独立账户，记录自己的人脉资源被使用的次数，次数越多积分越高。园区定期对积分较高的账户给予奖励。其次是企业资源共享平台建设。为了发挥园区内企业的集聚优势，亟须建立一个企业资源共享平台，园区内企业可以将自己公司的生产基本信息（如主营业务、产品种类等）登记在平台上，并在相关板块提出自己的需求（如某些零件、原材料等）。具体实现方式和激励机制可以参考人脉资源库建设。

4.3　打造特色园区文化

如果说经济建设是评判一个产业园区发展水平的硬性指标，那么文化建设就是一个产业园区未来发展潜力的试金石。纵观国内外成功的工业园区或产业园区，它们无一不具有自己独特的文化环境，有与自身产业背景相符合的文化定位和丰富多彩的文化生活，这也是它们在发展过程中特意打造自身独特文化的结果。由于创立的时间较短，海东工业园区的很多工作尚未完全展开，尤其是打造园区特色文化方面的工作。我们认为，这一方面的工作刻不容缓，应结合园区的经济实力，从园区创立伊始就有意识地打造属于自身的文化品牌。这一工作的空缺和问题主要体现在以下几个方面：

一是园区宣传工作不到位，未能充分利用园区网站、微信、微博等线上平台以及各种线下活动，对园区的定位、发展以及前景等进行有效的宣传。

二是园区文化活动不够丰富，文化生活略显单调，不少文娱场地闲置，没有发挥应有的价值。

三是缺少园庆、园区形象大使等打造园区文化品牌的特色活动，使得园区缺少独特性，宣传工作开展无力。

针对上述问题，结合园区的现实需要和资金水平，我们提出了园区可以现在着手去做的打造文化品牌的一些工作和活动，具体为：

一是做好园区宣传工作，采用宣传片、宣传册等形式，通过主流媒体向外宣传工业园区;制作投放海外的宣传片,吸引外资入驻;重视微信、微博、公共邮箱等平台的建设。

二是推进文娱活动发展,以歌唱器乐比赛、绘画展、图书阅读、讲座交流等丰富多彩的文娱活动为途径,促进园区内职工文化及文艺交流、学习;定期举办柳湾咖啡馆沙龙活动,学习优秀企业家的思想、知识及经验,促进园区内的文化交流与繁荣。

三是建立园区会展中心,在合适的时间举办园博会,邀请园内优秀企业及社会各界人士参与,促进企业对外推广,提高园区的知名度。

四是举办园庆类活动,在不影响园区正常工作的前提下,以年度为时间单位,举办园庆类庆祝活动,增强园区文化发展活力,强化职工对园区的依赖感、归属感,提升其主人翁意识。

五是设立相关评选机制,选取园区明星企业家作为园区形象大使,向外界充分展示园区企业的创新进步活力,以宣传、推广园区内的优秀企业。

5. 海东工业园区调研后记

历史巨变之下,青年人应当树立怎样的择业观、创业观?每一个时代都有各自不同的历史背景与鲜明的特色,不同时代下的青年人肩负的历史责任也有所不同。但无论在哪一个时代,青年人肩负的相同的责任都是为祖国建设做出贡献,让自己的青春、智慧与能量发挥最大的作用、创造最大的价值。中华人民共和国成立初期,一大批青年响应祖国号召,放弃了内地优渥的条件,或孤身一人或举厂西迁,来到了当年荒凉的大西北,在新疆、西藏、青海真正做到了"献了青春献终身,献了终身献子孙",而青海也在这样一批批青年及其作为"新青海人"的子孙的长期奉献中逐步成长为今天的样子。诚然,因其独特的地理位置,青海72.1万平方公里的土地上仅仅生活着1%的人口,创造着3%的GDP。但是,也正是这样独特的地理位置赋予了青海得天独厚的自然资源与生态优势,青海境内有全国60%的水源以及丰富的稀土、锂等矿藏和水能、太阳能等新能源,被认为是"人类生活的最后一片净土"。我们有理由相信,在生态资源日益重要的今天,生态将成为青海未来发展的最好契机。在这样的条件下,青海各级政府更是以优厚的政策力图引进优秀人才,我们这一代青年人应当改变对大城市趋之若鹜的就业取向,理智评判地区需求与机遇,在真正适合我们、需要我们的土地上创造自己的价值。今日在"大众创业,万众创新"的大背景下,中国迎来了新一轮创业大潮,在"一带一路"的大格局下,青海迎来了新的发展机遇,这样的时代需要优秀的青年人不忘初心,砥砺前行,勇敢而坚定地站在时代的风口上迎接挑战并抓住机遇。

青海的发展,不能仅靠当地的人才(也在不断流失之中),而要依靠全国乃至全世界的有为青年;同样,也不能仅靠有限的一省之力来实现,而要联合更多可能的力量。就目前最优的区域形态而言,海东的崛起,将直接对接正在逐步成型的兰西经济圈,成为促进兰西经济圈内各个经济体相互交融和成长的一个纽带。如果海东把握住这一机遇,在这一方面有所作为,那么将成为带动青海东部地区经济发展的又一大发动器。

从各项指标和发展现状来看,海东是青海的一块风水宝地,在青海东部地区占据着重要的战略地位。在打造"宜居海东""创业海东""旅游海东""生态海东"等方面,海东还有很长的路要走,但我们有理由怀有期待并充满信心。

四、特色新区

国家级新区和工业园区有一个共同的特点,即产业组织完备、产业选择多样。然而中国幅员辽阔,各地发展情况差异较大,部分区域不具备南沙、海东的区位条件,无法建立一个庞大的产业结构或工业体系。此时就需要地方政府充分发挥主观能动性,发掘当地的比较优势,引导关键产业发展,在较短的时间内建立起竞争优势。云南腾冲的旅游业特色园区在此方面为我们提供了诸多启发。

2000—2016年腾冲旅游业情况如图3.9、图3.10所示。

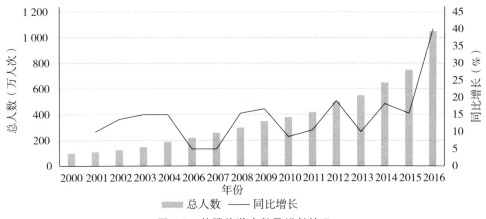

图 3.9 赴腾旅游人数及增长情况

资料来源:作者根据相关资料整理绘制。

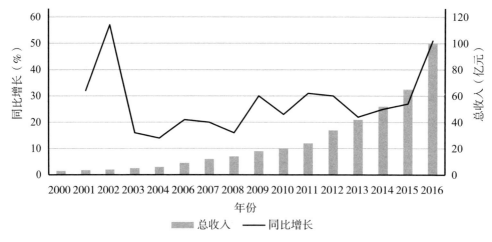

图 3.10 腾冲旅游业收入及增长情况

资料来源：作者根据相关资料整理绘制。

1. 发展概况

腾冲旅游资源特点突出、个性鲜明，不仅部分旅游资源品味极高、规模较大且分布相对集中，而且总体来说旅游资源保护得较好。近年来，一方面，腾冲旅游业发展迅速，凭借得天独厚的资源优势和区位优势，已经取得良好的成绩；但另一方面，旅游资源的开发利用尚处于较为初级的层次，有待进一步提高。

腾冲旅游资源丰富、类型齐全、组合度高、特色鲜明，与周边地区的旅游资源相比具有独特性和互补性，既有丰富独特的自然资源，又有多元融合的文化资源。自然资源方面，腾冲地处亚欧大陆板块与印度洋板块的交接之地，地质运动频繁，火山景观多样、规模宏大，为国内罕见。与之相伴的是丰富的地热资源和温泉资源。因此，腾冲有着"万年的火山热海"这一说法。除此之外，高黎贡山横贯全景，在造就了腾冲 70.7% 的森林覆盖率的同时，也奠定了其山环水绕、云遮雾掩的整体自然风貌。再加上银杏村、万亩油菜花田以及湿地风光，腾冲的自然风光确实具有得天独厚的优势，形成了火山热海、和顺古镇、北海湿地等核心景区，以及银杏村、云峰山、樱花谷、柱状节理等正在全力打造的景区景点，还有大树杜鹃、天台山、宝华山等一大批乡村生态旅游景区等待开发。

文化资源方面，历史上在和外界交往的过程中，中原文化、南诏文化、抗战文化、异域文化以及边地的少数民族文化在腾冲相互碰撞、融合，形成了具有多元文化特点的"腾越文化"，而其核心则是侨乡文化。在中国十大魅力小镇之一的和顺，有这样一句顺口溜"罗马的钟，英国的门，捷克的灯罩，德国的盆"就是对这一特点的反映。基于这些文化资源优势,腾冲打造了国殇墓园、滇西抗战纪念馆、和顺图书馆等文化景区。

腾冲政府与旅游业协作,开发了诸多特色旅游产品。

第一是腾冲三宝,包括腾编(竹木编制品)、腾宣(古法手工制宣纸)和腾药(特产药材)。目前,腾冲三宝中腾药的开发相对较好。腾冲目前有两个制药厂,产品主要以腾药为主。腾宣兼具实用性与艺术性,是不可多得的佳品,但是目前与腾宣有关的产业则开发不足,虽然有一个腾宣博物馆,但地处高黎贡山下的乡村,对前来旅游的游客来说较为偏僻,不易为人知晓且交通不便。腾编则是具有当地特色的手工艺品,但是目前其附加值较低,且并未打造相应的宣传口号和鲜明特色,难以对游客产生较强的购买吸引力。

第二是特色手工陶器。作为国家非物质文化传承,腾冲的手工陶器制作在滇西地区较为有名,但是由于缺乏相应的宣传手段和投资培养渠道,目前的陶艺开发仅停留在手工陶器的单个或者批量销售兼现场观摩制作的阶段,且生产的主体仍是家庭作坊,产值较低,市场知名度不高。目前腾冲市政府以及与陶艺有关的村寨也都在积极寻求新的开发路径。

第三是高黎贡山茶。高黎贡山茶种植历史悠久、品质较好,目前主要由高黎贡山生态茶业有限责任公司经营开发。公司依托高黎贡山独有的自然资源和茶园种植优势,以普洱茶、绿茶、红茶、乌龙茶加工为主,产品通过国家质量标准、有机食品、绿色食品认证,畅销省内外及港澳台地区,出口缅甸、马来西亚等国家,多年来深受消费者的青睐。

第四是翡翠。腾冲是翡翠加工业的发祥地,玉雕则是腾冲工业和经济发展的第一块奠基石,迄今为止有超过400年的历史,其内涵之丰富、功用之广泛、工艺之精美,在全国玉雕行业中享有一定的声誉。目前,腾冲的翡翠交易十分发达。县城内的翡翠交易市场包括:腾冲珠宝交易中心、腾越翡翠城、腾越商贸城、文星楼、翡翠古镇、新东南、东方金钰以及众多在建或者名气不是很大的市场。此外,一些重要景点的周边也零星地分布着售卖翡翠的店铺,价格相比较而言略高于大型交易市场。

近年来,腾冲按照"中国腾冲·天下和顺"的形象定位,以国际标准加快推进旅游服务标准化建设,构建旅游产业新体系,旅行社和导游服务水平日益提高,成功打造了一批星级酒店、特色主题酒店和民居旅馆,开发建设了一批生态、养生、宜居的旅游地产项目,推出了户外运动、健康休闲、科考探险等系列旅游产品,旅游软环境得到进一步改善和提升,成为云南旅游的新亮点;先后获得了"中国翡翠第一城""中国第一魅力名镇——和顺""中国优秀旅游名县""最具魅力的中国十大风景名胜区""中国文化旅游大县""中国最佳文化生态旅游目的地""中国最美风景县云南十佳""最美人文旅游休闲名县""全球优选生态旅游目的地"等称号。

2. 支持政策

2.1 边境贸易发展

2013年,保山市人民政府与浙江华立集团股份有限公司签订了《关于推进缅北经贸合作区建设的合作框架协议书》,决定双方合作建设境外经贸合作区,主要是在密支那郊区建设连接中、缅、印市场的物流枢纽和区域贸易中心,建设以农业装备制造、农业生产资料以及农林产品加工为核心的工业园区。

2.2 道路交通建设

保山至腾冲(猴桥)铁路已被列入《国家中长期铁路网规划》和云南"八出省、五出境"铁路网规划。

2.3 管理区域明晰

2015年12月,保山猴桥边境经济合作区实行实体化管理,并与腾冲经济开发区进行全面深度整合,将"保山猴桥边境经济合作区"更名为"腾冲边境经济合作区"。

2.4 响应国家政策

随着"一带一路"、长江经济带等国家战略的深入实施以及孟中印缅经济走廊建设的加快推进,云南正全面建设面向南亚、东南亚的辐射中心。腾冲作为孟中印缅经济走廊的重要节点,从"边陲极地"变成"开放前沿",加之撤县设市成功实现,必将迎来重大的发展机遇和空间。

2.5 加强规范管理

2017年4月15日,《云南省旅游市场秩序整治工作措施》正式实施。围绕"坚决取消旅游定点购物、坚决下架不合理低价产品、强化导游管理、斩断利益链条"4个重点展开的整治工作也在全省实行:

取消旅游定点购物,严禁变相安排和诱导购物,严惩针对旅游者的欺诈销售。2017年4月15日实施的《云南省旅游市场秩序整治工作措施》中,最严厉的一条就是取消定点购物,严禁变相安排和诱导购物。

规范旅游社经营行为,禁止"不合理低价游",实行新的旅游标准合同。严格监管旅游合同,建立旅行社黑名单制度。改进导游管理方式,建立全省导游管理平台,公开导游服务质量评价,强化签约导游管理。

加强景区景点监管,实施新的景区景点管理方法,规范旅游景区经营管理,整治景区景点突出问题。推行综合监管模式:建立健全集中统一的综合监管指挥平台,强化三支执法队伍。充分发挥职能部门的作用,建立旅游监管履职监察机制。

深化行业机制改革,推动行业协会去行政化,强化行业协会职能,加强行业协会自身建设。强化属地管理责任:强化旅游市场属地监管责任,切实加大监督考核问责力度。

2.6 大力宣传推介

腾冲的宣传口号众多,但目前还缺乏一个正式统一的宣传口号,近期政府对外推介时,主要用的口号是"你好,腾冲"。而过去几年的宣传口号主要有:"中国腾冲·天下和顺""一个人,去大理;一对人,去丽江;一家人,去腾冲""中国人的心灵故乡""高黎贡山下的伊甸园"等。

在宣传方式上,有机载纸媒宣传、机场广告牌户外宣传、政府对外推介会宣传、央视广告宣传、文体赛事宣传、公众号推广、旅行手册宣传、影视作品宣传等方式。而在宣传内容上,腾冲火山热海旅游风景区和和顺古镇是腾冲旅游对外宣传的名片。此外,腾冲还通过举办诸如国际定向赛事、大型文艺汇演等活动,助力旅游宣传,诞生了众多表现腾冲旅游优势的优秀作品。

3. 产业定位与融合

3.1 基准定位

第一,观光型旅游。观光型旅游是最为传统、最为普遍的一种旅游形式,以"审美"为旅游过程中的核心行为,旅游资源的价值就取决于其审美价值,并且这种审美价值必须具有普遍性。这种旅游形式拥有最广泛的客户群体,且具有规模大、人数多,游客偏向于知名度高与吸引力大的旅游目的地,青睐标准化的导游陪同服务,关注的核心是景区的各个具体景点等特点。

腾冲独特的自然景观为发展观光型旅游提供了有利的条件。但腾冲观光型旅游的发展是区域性的,即其有效辐射范围在物理距离一定的区域内,这是由其自然地理条件所决定的:

一是腾冲市内作为观光目的地的景点号召力不足。目前,腾冲市内5A级景区只有火山热海一处,于2016年8月被国家旅游局通报批准,相较于云南省内其他7处5A级景区,如西双版纳热带植物园、丽江古城等,知名度较低。2016年,火山热海景区的门票收入在1.5亿元左右,而根据驴妈妈和携程等第三方购票软件提供的信息综合来看,火山热海景区的门票价格在120—140元,这就说明每年参观火山热海景区的客流量在100万—120万人次,而同是在2016年,丽江古城1—5月的客流量据统计约为746万人次,全年的客流量就会是千万量级,是火山热海景区客流量的10倍左右。除此之外,云峰山、和顺古镇等景区的号召力也相对较弱,其中,云峰山的年客流量大概只有10万人次。

二是前往腾冲旅游的交通成本较高。由于腾冲地处中国西南边陲,且境内多高山,对于非临近省份的游客来说,飞机是唯一可选的交通方式。并且,腾冲雨季长,雨雾天气多,对飞机正常通航影响大,飞机延误情况多发。因此,赴腾冲旅游的时间成本、资金成本较高。根据当地旅行社提供的数据,一次标准的腾冲之行,费用基本都要在5 000元以上,而这对于中国的大部分家庭来说无疑是一笔较大的开支。硬性的交通问题阻碍了腾冲将旅游品牌推向全国市场。

第二,度假型旅游。度假型旅游是以休闲、健身为目的的一种旅游形式,度假型旅游产品包括海滨度假、山地度假、乡村度假、休闲旅游、野营度假等。腾冲优良的生态环境和丰富的温泉地热资源使之具有发展度假型旅游的先天优势。目前,腾冲已建成多家高档的旅游度假酒店,如云峰山石头纪酒店、玛御谷特色小镇以及火山热海风景区中的温泉酒店等。根据云峰山石头纪酒店的数据,几乎九成的顾客来自省外,尤其是北上广深等中国一线城市,这和观光型旅游以省内、四川、重庆等周边地区游客为主,其他地区游客为辅的客源结构截然不同,显示出较强的竞争力。此外,腾冲利用自身独特的资源优势发展户外体育运动,开发特色小镇,提升服务能力,以不断增强对高端度假旅游人群的吸引力。而且,对于高端的度假旅游市场来说,交通问题所带来的成本增加的影响减小,这些因素综合起来使得腾冲在度假型旅游领域的发展前景较为广阔。

3.2 产业融合

(1)产业融合综述

产业融合是指不同产业或同一产业不同行业相互渗透、相互交叉,最终融合为一体,逐步形成新产业的动态发展过程。产业融合可分为产业渗透、产业交叉和产业重组三类。产业渗透是指发生于高科技产业和传统产业在边界处的产业融合;产业交叉则是通过产业之间功能的互补和延伸实现产业融合;而产业重组主要发生于具有紧密联系的产业之间,这些产业往往是某一大类产业内部的子产业。

产业融合主要通过三种方式来实现。

首先是高新技术的渗透融合,即高新技术及相关产业向其他产业的渗透。在 21 世纪高新技术飞快发展的大背景下,互联网、现代信息、卫星遥感、生物等先进技术越来越发达,在各领域的应用取得了突飞猛进的进展:高新技术与农业结合,便催生了现代立体化农业;与工业结合,便造就了高自动化、高精度、多产出的先进工业体系;与服务业结合,也就实现了现代服务业更加人性化、多样化的发展。

其次是产业间的延伸融合,也是我们最为熟知的方式,在一定程度上与"产业融合"混用,即通过产业间的互补和延伸,实现产业的结合。农业、工业、服务业,一共可以产生三种类型的产业结合,而这其中更多地表现为服务业向农业和工业的渗透,对农业和工业的生产过程给予全方位的反馈和帮助,同时在生产活动中附带服务项目,延长产业链。

最后是产业内部的重组融合,这主要发生在具有紧密联系的产业或同一产业内部的不同行业之间。如在第二产业中,能源产业、化工产业、机械产业可以有效地深度融合,形成高效率的合作关系,降低成本,增加效益。

产业融合有助于促进传统产业创新,进而推进产业结构优化与产业发展。由于产业融合容易发生在高技术产业与其他产业之间,产业融合过程中产生的新技术、新产品、新服务在客观上提高了消费者的需求层次,取代了某些传统的技术、产品或服务,造成这些产业市场需求逐渐萎缩,在整个产业结构中的地位和作用不断下降;同时,产业融合催生出的新技术能够融合更多的传统产业部门,改变传统产业的生产与服务方式,促使其产品与服务结构的升级。

产业融合有助于促使市场结构在企业竞争合作关系的变动中不断趋于合理化。当前的市场结构理论认为,如果有限的市场容量和各企业追求规模经济的动向结合在一起,那么就会造成生产的集中和企业数目的减少。而在产业融合以后,市场结构会发生更复杂的变化。产业融合能够通过建立与实现产业、企业之间新的联系而改变竞争范围,促进更大范围的竞争。产业融合使市场从垄断竞争向完全竞争转变,经济效率大幅度提高。

产业融合有助于产业竞争力的提高。产业融合与产业竞争力的发展过程具有内在的动态一致性。技术融合提供了产业融合的可能性,企业把融合过程融入各个运作层面,从而把产业融合的可能性转化为现实。不同产业内企业间的横向一体化加速了产业融合的进程,提高了企业竞争力和产业竞争力。同时,产业融合也对企业一体化战略提出了新的挑战。产业融合中企业竞争合作关系发生变革,融合产业内的企业数量不断增加,企业间的竞争加剧,企业创新与灵活性被提升到新的战略高度。在这场技术革命与产业变革中,创新能力弱、灵活性差的企业会以更快的速度被淘汰出局。

产业融合有助于推动区域经济一体化。产业融合能够提高区域之间的贸易效应和竞争效应,加速区域之间资源的流动与重组。产业融合将打破传统企业之间和行业之间的界限,特别是地区之间的界限,利用信息技术平台实现业务重组,产生贸易效应和竞争效应。产业融合将促进企业网络的发展,提高区域之间的联系水平。产业融合带来的企业网络组织的发展将成为区域联系的主体,有助于打破区域之间的壁垒,增强区域之间的联系。产业融合扩大了区域中心的扩散效应,有助于改善区域的空间二元结构。

(2) 腾冲产业融合的优势

第一是特色农业优势。腾冲属热带季风气候,集大陆气候和海洋性气候的优点为一体,冬春天气晴朗、气候暖和,夏秋晴雨相兼,气候凉爽宜人,年平均降雨量为1 531毫米,年平均相对湿度为77%,冬季最低气温不低于0℃,可避寒,夏季最高气温不超过30℃,可避暑。独特的气候条件造就了腾冲适合亚热带农产品生长的先天优势。烟草是腾冲农业的重要组成部分,腾冲所产烟叶质地优良,是云南烟草重要的原料供应来源之一;腾冲水汽充足,多山地,土质偏酸性,植被覆盖率高,是高海拔茶叶的理想生长地;腾冲也因温暖湿润的条件成为水果蔬菜的长年温室,农业发展的自然优势突出。

第二是地方工业优势。腾冲矿产资源种类繁多,品位较高,是云南富矿县之一,截至2015年已发现的矿产有35种,已探明储量的矿产有19种,有铀、锡、钨、铷、铯、钪、硒等稀有金属。铁矿储量2亿吨,平均品位达40%—50%;硅藻土储量4.7亿吨,约占全国已探明储量的1/3;硅灰石储量超过1.2亿吨,属特大型矿床;褐煤储量1.4亿吨;火山石储量极其丰富,分布面积达1 100平方公里,储量200亿立方米。矿产开发作为一种不可持续的工业行业,在腾冲产业融合发展的道路上并不是可持续性的优势。除了矿产,农产品深加工、特色手工品制造、玉石等珠宝加工也是腾冲的独特优势。

第三是服务业尤其是旅游业优势。腾冲第三产业附加值高、发展空间大,符合中国当前产业结构调整的大方向。腾冲具有得天独厚的发展第三产业的条件,其中旅游业优势较为突出。实践团以旅游业为中心对腾冲展开研究,发现旅游资源呈现出自然资源丰富、独特,文化资源多元融合的特点。自然资源方面,腾冲由于地处亚欧大陆板块与印度洋板块的交接之地,地质运动频繁,火山景观层出不穷、规模宏大,为国内罕见,与之相伴的地热资源也较为丰富,诞生了为数不少的优质温泉,因此,腾冲有着"万年的火山热海"这一说法。除此之外,高黎贡山横贯全景,在造就了腾冲70.7%的森林覆盖率的同时,也奠定了其山环水绕、云遮雾掩的整体自然风貌。再加上银杏村、万亩油菜花田以及湿地风光,腾冲的自然风光确实具有得天独厚的优势。文化资源方面,在和外界交往的过程中,中原文化、南诏文化、抗战文化、异域文化以及边地的少数民族文化相互碰撞、融合,形成了具有多元文化特点的"腾越文化",而其核心则是具有浓浓历史感的侨乡文化。丰富的旅游资源,为腾冲第三产业的发展插上了翅膀。

（3）腾冲产业融合实例

案例一

火山热海——旅游业与休闲服务业的融合

火山热海景区拥有丰富的旅游资源,开发潜力大、品质好、知名度高。火山景区,以火山类型齐全、喷发时代新、物种丰富及景观奇特为特点,是集地质奇观游览、科考科普、休闲、户外运动、生态旅游和文化旅游于一体的综合型国家地质公园。热海景区拥有喷气孔、冒气孔、冒气地面、热沸泉、热喷泉、热水泉、热水喷爆等高温地热景观,其中以大滚锅最为著名,水汽翻腾,蔚为壮观。高达90多度的热海池镶嵌在群山怀抱中,与秀丽的山色交织成一幅美丽的画卷,成为旅游观光的奇景。火山热海拥有极高的知名度,成为腾冲旅游的一张名片。其中,热海景区"地热温度之高,压力之大,蒸汽之盛,出露形式之多,水热活动之强烈"为全国罕见,被列为中国三大地热区之一。火山国家地质公园是腾冲火山地貌规模最大、保存最完整、分布最集中、类型最齐全的地区,被誉为"天然的火山地质博物馆"。而热海温泉则更是先后获得"中国温泉朝圣地""中国十大温泉养生基地""中国最美五大温泉养生基地""中国温泉金汤奖——最佳服务温泉、最原生态温泉、最具养生价值温泉"等荣誉称号,年接待游客100万人次以上。

热海景区拥有三家风格各异,适宜不同消费群体疗养休憩的温泉度假酒店,其中,热海玉温泉、养生阁均为管家式服务,热海温泉管家团是国内最早引入私人管家式服务体系,结合热海温泉泡汤理念打造的优质服务团队,是温泉管家服务的先驱,目前已成为中国温泉协会温泉管家服务的蓝本,在温泉行业内享有较高的声誉,受到顾客的盛赞。现在,火山热海不再仅仅是一个单纯的观光胜地,而是吃、住、行、游、购、娱六位一体的综合旅游区。在景区中,可以享受高品质的住宿条件、独具特色的地方饮食、健康绿色的温泉养生等。休闲旅游业使得火山热海发展的产业链大大延长,利润创造和就业带动功能更加显著。

案例二

玛御谷温泉小镇——度假休闲与住房地产的结合

玛御谷温泉小镇以温泉和度假酒店起家,在腾冲的温泉行业中占有一席之地。年接待游客已突破13万人次,年营业额突破4 000万元,年税收突破300万元,为周边居民提供约200余个就业岗位,被授予国家五星级温泉称号。2014年接待游客52 792人次,2015年接待游客85 517人次,2016年接待游客130 159人次,平均增长率为52%。温泉小镇目前拥有员工300余人,其中吸纳周围居民就业200人。

玛御谷具有发展旅游业的独特优势,并已经做出战略部署。首先是区位优势,玛御谷距腾冲周边景点距离较近,形成了半小时旅游圈,来到腾冲的游客在玛御谷的出行非常方便。其次是自然生态优势,玛御谷周围自然环境优越,民风淳朴,白鹭、牛等构成一幅和谐的自然生态图,海滨、热带椰子颇具特色。此外,玛御谷拥有较为稀少的可饮用碳酸泉,其养生效果明显,有利于打造养生型高端住宅。

玛御谷拟完成旅游地产的一系列前期工程目标,悦椿温泉村提质升级为悦榕庄,新建悦椿温泉酒店、玛御谷客栈聚落、净心禅院、净空多元文化中心、宋庆龄基金会幼儿园、冯仑风马牛书屋、亲子客栈、悬崖客栈、养生园智慧社区、蓝莓庄园等项目,总投资6.73亿元;在2020年以前,全面完成基础设施配套和慢生活田园系统,总投资8.56亿元。

旅游地产不仅能为玛御谷创收,更将为腾冲带来一批高收入、高文化的常驻居民,对地区也有相应的带动作用。

案例三

高黎贡山茶——茶叶生产加工与"茶文化+"

腾冲高黎贡山生态茶业有限责任公司是一家集茶叶栽培、加工、销售、技术研发于一体的省级重点龙头企业。"高黎贡山"商标荣获"中国驰名商标",公司排名中国茶叶行业百强。公司现有优质茶加工总厂1个,茶文化交流中心1个,分厂16个,联营茶所26个,职工486人,自营茶园9 000亩,辐射带动茶园12万多亩,挂牌保护古茶树3万多棵,带动农户8万多户,直接受益茶农32万多人。此外,公司专门设有技术部,经过多年的市场运作和不断的技术创新,具有了雄厚的技术、人才基础。公司于2009年成立了工程技术研究中心,建立了云南首个茶叶专家工作站,并和华中农业大学、云南大学、云南农业大学龙润普洱茶学院、中国农业科学院茶叶研究院等多家专业院校和协会建立了技术合作关系。和云南药物研究所签署了技术合作协议,由云南省药物研究所组建专家队伍作为技术支撑,负责关键技术的研究和新产品的开发。公司先后完成了玉露茶生产技术研究、有机茶园转换技术研究、绿色食品茶园创建、标准化茶园创建、茶叶机修机采技术试验、古树茶保护与开发、红茶自动化发酵技术、普洱茶发酵技术研究等实验研究项目。

高黎贡山茶博园重点打造茶旅养生产业,以达到"茶园变公园,农民变工人"的产业发展新模式。茶博园建设有腾冲茶博物馆、国际养生馆、研发中心、体验馆、茶叶品种基因库、观光茶园等,让来宾在茶博园内能够体验种茶、采茶、制茶、品茶,参观现代茶叶加工工艺,了解中国茶文化发展,感受茶的艺术,并通过中医理疗、养生食疗、禅修等全方位感受茶文化的无穷魅力。茶博园还被评为云南"秀美茶园"。

茶博园集观光旅游、休闲度假、理疗养生等于一体,可以满足不同游客的不同需求,计划每年接待游客100万人次,而随着来腾游客数量的剧增,茶博园实际接待量必将进一步增长。

(4)腾冲多产业发展的局限和未来

调研团队经过参访考察,发现腾冲在农业、轻工业和以旅游业为代表的第三产业方面存在以下发展瓶颈:

第一是地理位置不佳,交通不便。腾冲地处祖国西南边陲,山脉连绵,虽然入腾公路建设逐步完善,但由于地势的起伏从昆明到腾冲的陆路交通需要约10小时,暂时未通铁路。大宗商品的运输完全依赖于公路,运输成本较高;外来游客进入腾冲也较为不便。腾冲目前拥有的驼峰机场,吞吐量有限,气象条件不好,停运、晚点时常发生,且价格较高,只能满足部分高消费群体的出行需求以及小件贵重物品的及时运输。经济发展,交通先行,腾冲的交通问题,极大地制约了各个产业的融合发展,对外来技术的引进和本地产业的"走出去"形成了巨大的挑战。

第二是公共基础设施落后。腾冲经济发展较为滞后,基础设施也没有跟上产业发展的步伐。首先,虽然近年来腾冲乡村交通网络日益完善,道路硬化率已达95%,农村客运不断规范,私家车迅猛发展,但村落内的道路仍然泥泞,部分山村的道路仍暴露在严重的落石、滑坡等安全事故的威胁之下。与休闲农业及城镇相比,腾冲的乡村交通建设仍不完善,问题集中体现在路网体系不健全、路况差、主要运行能力低等方面。其次,用水制度不规范,大部分农户生活用水管网建设落后,使用井水几乎没有经过相关主管部门的检测,没有安全卫生保障。用水卫生不达标,影响了餐饮业等其他相关行业的规范化进程。最后,休闲农业带动的农田基础设施落后。据调查,休闲农业带动下的农田、耕地水利设施较差,不仅制约了农田价值的进一步开发,也限制了其对其他产业如水产、休闲垂钓等的辐射和效益发挥。基础设施不仅使得农村的一、二、三产业难以有效融合,也使得新兴信息技术难以在城市和工业区中注入二、三产业。

第三是同质化现象严重,产业缺乏规模效应。在旅游产业融合方面,腾冲近年来兴起了很多以温泉、养生等为主题的休闲旅游区,但特色不鲜明,项目相似度高,彼此抢夺客源。在农村产业融合方面,腾冲市内出现了同一地区休闲农庄的盲目开发现象,尚未仔细分析目标市场和资源优势,最终造成同一地区项目建设重叠,主题雷同;休闲农庄的文化内涵挖掘不够,休闲娱乐文化设施单一甚至欠缺,大多数集中于垂钓、吃农家饭、唱歌等活动,缺乏独具特色的乡土文化、农耕文化、饮食文化、民俗文化等项目的支撑;创新方面的工作也做得不足,在腾冲旅游产业发展规划提出的"全域旅游"概念中,很多有价值的休闲农业与乡村旅游元素还没有被开发出来。在轻工业方面,腾冲的玉石加工、根雕制作等都是小家小户经营,各自为阵,没有形成规模,难以拥有"走出去"的实力,尚且停留在较为原始的当地经营模式中。

第四是地区劳动者素质不高,群众观念落后。受交通条件和教育程度的影响,当地群众小农经济意识、安贫守土观念浓,缺乏开拓创新的意识。封闭保守的经营观念十分突出,对产业结构优化和产业融合做强做大形成了制约。另外,部分群众市场意识淡薄,缺乏劳动技能,受教育程度较低,接受新知识、新技能不够主动,这使得新的融合产业中缺乏必备的人才,难以跟上时代的步伐和新经济发展的潮流。

3.3 相关建议

本次腾冲调研以旅游业为中心,故我们将以第三产业中的旅游业为核心,辐射一、二产业,对腾冲未来的产业融合提出一些建议和畅想。

（1）休闲农业

腾冲具有许多优质的休闲农业资源,如和顺古镇完美地结合了乡村风光、侨乡文化以及农耕文明;有几百年历史的固东镇江东银杏园以百年古银杏树著称一方;每年2月几十万亩的油菜花海,山岭、村落、道路处处是满片金黄。但在这些响亮的名字下,也有许多相似特征的农业产业。不同名字的古镇,虽在不同地区,但内容基本上一致,许多特色小镇虽申报成功,但并没有在实质上实现"独一无二"。农家乐千千万万,在一些地区甚至集聚多家。我们认为,可以适当地精简同质化的产业,并对同一种类项目开发投资的审批标准更加严格,以降低同质化的程度。同时,整合休闲农业资源,丰富产业结构。以百年银杏园为例,除了可以与旅游观光和农家乐结合,还可以与附近村里的水产养殖、果树种植、蔬菜采摘等多种产业结合,把原先零零星星的个体农户联合起来,实现"1+1>2"的效果。从"农户+农户"的模式开始做起,由农户带动农户,农户之间自由组合,共同参与乡村旅游的开发经营,以达到资源共享、资源整合的目的。

随着休闲农业和乡村旅游的深入发展,游客早已不再满足于"吃农家饭,住农家屋"的单一型低端农家乐服务,而更多地产生以参与、体验为核心的高端休闲新需求。然而目前,大多数腾冲地区的农家乐还停留在体现"农味"的餐饮业上,食品卫生不达标,交通系统尚不发达,建筑风格单一,大规模的农庄仍处于开发阶段,这与消费者的需求有相当大的距离。首先应注重升级基础设施,政府及有关部门对休闲农业的资金支持以及基础设施建设的投入应当加大。我们在调研时,腾冲正处于为创建"全国文明城市"而翻修道路、整改街道的阶段。我们认为,除城建外,腾冲市政府也应关注乡村的道路建设及水利建设等问题。其次应注重挖掘农副产品的商品价值,延长休闲农业的产业链。

（2）综合性旅游业

加大旅游项目招引力度。树立全局旅游理念,以大项目带动大旅游,积极招引资本。外来资金的注入不仅可以解决腾冲旅游业发展基础设施建设等的资金需求,更重要的是可以凭借先进的发展管理理念、结合先进科技的宣传拓展手段,有效开发腾冲旅游资源,减少浪费,提高效用。

做精做强休闲养生旅游项目。休闲养生旅游是当今旅游业发展的新动态,也是腾冲旅游资源的最大优势之一。以温泉疗养、森林氧吧等为主题展开休闲旅游,吸引有休闲度假需求的目标群体,使休闲旅游成为常态、成为新的增长点,改变对观光旅游和短期旅游旺季客流量的过度依赖,以质胜量。通过完善配套设施,增强服务能力,提高养生保健的功效,把中高收入工作者、高薪退休人群作为着重发展的对象,以养生带动服务业,以休闲推动旅游业,真正发挥腾冲的疗养价值。

做深旅游融合发展。在重视项目招引的同时,做好现有城市资源与旅游产业相互融合的文章。旅游业的发展可以与农业、轻工业深度融合,从而促进全产业的共同发展,带动腾冲民众共同富裕。加强腾冲农产品的推介和包装,形成有地域特色的旅游产品;加快腾冲旅游纪念品、旅游衍生品的创新创造,形成有独特创意的轻工业产品;以旅游业为轴心,推动餐饮业、休闲业等的发展,提升服务业的发展质量。

发展旅游衍生品,提高旅游产业附加值,延长旅游产业链。旅游衍生品是指具有地方特色、富有纪念意义的旅游商品,它能反映旅游地的特色,浓缩了地域和民俗风情,沉淀着旅行的记忆。随着旅游业的逐渐成熟,旅游产业链也在逐渐延伸,未来旅游衍生品收入将占据整个旅游业收入的较大比重。腾冲具有发展旅游衍生品的先天优势,腾冲"老三宝"藤编、腾宣、腾药,还有当今广受欢迎的茶叶、翡翠玉石等,都是其得天独厚的优势所在。可将腾冲的特色商品做精做细,创造卖点,讲出故事,赋予旅游产品以深刻的含义和突出的价值,以吸引旅游群体的购买力,提升旅游给腾冲民众和政府带来的综合福利。

加大基础设施建设力度,优化旅游发展环境。基础设施是旅游发展的前提,也是腾冲旅游的短板。基础设施建设,首先是交通建设。应加强与省市政府的联系,尽快完善腾冲与昆明及全国主要城市的航空网、公路网,在未来数十年内推动滇西的铁路网建设,把腾冲真正和内地连在一起,让游客走得进来、想走进来。其次是城区基础设施建设,包括城区道路、城区景观、酒店住宿等设施建设。腾冲拥有丰富的特产和多样的美食,在城区建设以商业区为中心的饮食文化城(小吃一条街)也是基础设施建设中可以考虑的一项。

加强旅游软实力建设,提升旅游服务形象。一是切实加强人才队伍建设,提高旅游经营管理能力。引进一批高级旅游管理经营人才,同时选拔区内相关人员进行业务深造,打造一支懂业务、会经营、善管理的人才队伍;强化导游队伍培训和甄选力度,培育一批素质过硬、技巧熟练的品牌导游。二是加强市场合作,发挥龙头旅行社的带动作用。加强与全国知名旅行社的横向合作,依托品牌龙头旅行社做好腾冲旅游线路的推介和客源组织工作;加大对全国百强旅行社的招引力度,改变腾冲旅行社小而散的现象,从整体上提升旅行社的组织能力和水平。三是加大宣传推广力度,提高公关能力水平。组织专门力量,充分利用现代媒体,对外树立腾冲旅游整体形象,对内强化全域互动宣传;增强旅游宣传的艺术性和技巧性,增强旅游宣传的感染力。

围绕腾冲的抗战历史、古镇历史等文化资源,大力发展文化旅游,提升腾冲文化资源的魅力和影响力。文化旅游是当今旅游发展的新方向,腾冲拥有得天独厚的历史文化资源且开发程度有限,具有很广阔的前景。以滇西缅北抗战为主题的抗战纪念和教育旅游,以和顺古镇为载体的古城文化旅游,以马帮、茶道等为依托的侨乡旅游,还有以翡翠玉石为核心的珠宝鉴赏、文玩买卖的艺术旅游,发展好这些旅游资源,将成为腾冲旅游可持续发展源源不断的动力。

(3)政府选准发力方向

推进农业与工业、服务业融合。腾冲总体上是一个农业市,不管是从产业结构还是从业人员来看,农业都占据着主导地位,促进农业转型,对于腾冲而言至关重要。在产业融合的过程中,通过农业与工业、服务业的融合,既能提升农业的生产效率,又能增加农业的利润,为农民创收。农业与工业的融合上,要推动腾冲农业生产和农业加工相结合,从过去的初级农产品对外出售,转变为精加工后再出售,这可以促进本地农业加工业的发展,带动更多就业,延长产业链。农业与服务业的融合上,要进一步推动休闲农业、观光农业的发展。

推进服务业与制造业融合。制造业与服务业融合发展已经成为产业融合的新趋势,也是推动产业升级的主要驱动力量。腾冲应当发挥好制造业和服务业的协同发展效应,用制造业的发展拉动服务业,用服务业的发展反推制造业。延伸制造业产业链,发展工业配套服务业,推动腾冲当地的销售、维修、物流、金融等的发展,形成制造业与服务业相互促进的良好局面。

推进信息化与工业化融合。信息化与工业化融合发展,是现代产业演进的客观规律,有利于培育战略性新兴产业,对转变经济发展方式、提升自主创新能力具有重要作用。腾冲在信息化方面大大落后于发达地区,制约了其产业的发展,信息化作为一扇窗户,作为一种动力,对腾冲工业化的跨越式发展意义重大。通过对信息化技术的引进、学习与消化,腾冲可以为相对落后的工业注入信息的力量,用现代化的自动生产方式和大数据分析模式,提升工业生产效率,提升产品精度,增强产品性能。作为云南通向缅甸的门户,信息化工业的发展将会使腾冲成为中国向缅甸工业辐射的一个良好平台,对加强两国的贸易往来具有深远意义。

促进金融资本和产业融合。金融资本是产业发展的重要经济基础,为产业的融合提供了强有力的资金支持。腾冲在产业融合、共进共荣的过程中,必定需要大量的资金,而依靠企业自身的运作则难以产生足够的现金流来满足发展需求,这就需要金融资本的大力支持。腾冲处于相对闭塞的环境中,金融业发展迟缓,企业贷款、证券买卖等都较不完备,在未来需要对金融施以强大的刺激,使资本汇入最有发展前景的朝阳产业。

推动新兴产业和传统产业融合。新兴产业与传统产业融合发展,既是由新兴产业培育和发展的一般规律所决定的,也是区域经济发展立足现实基础的务实选择。将新兴产业与传统产业融合,将为腾冲未来的长远发展打下牢固的基础,例如可以将腾冲的传统腾药产业与现代医药相结合,成为继云南白药之后云南的第二张医药名片。腾冲应提升传统产业,实施创新驱动发展,主动引进东部地区的产业技术,推动传统产品和服务的转型升级。

4. 对标发展

在调研过程中,我们也试图通过借鉴其他国家和地区成功的发展模式,从多个侧面为腾冲特色旅游新区的建设提供更好的借鉴。下面我们分别以我国的桂林和日本为对标地区,依次讨论腾冲观光型旅游和温泉度假产业可能的发展模式。

4.1 观光型旅游——以桂林为例

基于观光型旅游的特点和桂林观光型旅游发展迅猛的实际,我们选取桂林作为观光型旅游成功发展的典型案例,通过对比和思考,以期对腾冲观光型旅游的发展提出建设性建议。

案例四

桂林——山水甲天下

基本概况

桂林自古就有"桂林山水甲天下"的美誉,而桂林的旅游业从 1973 年开始起步,经历了由政治接待为主向经济产业转化的过程。1999 年,桂林成功入选中国首批优秀旅游城市;2012年被国家发改委设为国际旅游胜地;2016年位列游客入境旅游目的地全国第四,仅次于北京、上海和西安。2016年,桂林共接待游客5 380万人次,旅游总消费达626亿元,分别增长20%、21%,旅游综合实力与风向标作用显著增强,世界一流的旅游目的地、全国生态文明建设示范区、全国旅游创新发展先行区、区域性文化旅游中心和国际交流的重要平台加速形成。桂林是中国观光型旅游的开创者,以漓江旅游为龙头,打造了中国自然风光的经典品牌,成为其典型代表。

桂林地处南岭山系西南部、广西壮族自治区东北部、湘桂走廊南端,东北与湖南相邻。桂林总人口474万人,总面积2.78万平方公里,其中,市辖区面积2 785平方公里,市辖区人口140万人。桂林有壮族、瑶族、回族、苗族等十几个少数民族,少数民族人口达73.47万人。

桂林山水是对桂林旅游资源的总称。作为国家5A级旅游景区、中国十大风景名胜之一,桂林山水是中国山水的代表。典型的喀斯特地形构成了别具一格的桂林山水。桂林山水所指的范围很广,项目繁多。桂林山水"山青、水秀、洞奇、石美",包括山、水、喀斯特岩洞、石刻等,其境内的山水风光举世闻名,千百年来享有"桂林山水甲天下"的美誉。

2014年6月23日,第三十八届世界遗产大会上以桂林为首的"中国南方喀斯特"第二期项目申遗成功,正式成为世界自然遗产,桂林山水荣登世界自然遗产名录。此外,《印象刘三姐》大型山水实景表演已经成为桂林旅游的又一大亮点。

发展规划

桂林市政府组织专家评审组评审了《桂林市旅游总体规划修编(2015—2020)》,明确了桂林旅游发展的总体定位和指导思想,并在旅游产品、旅游项目、旅游品牌营销、产业发展等方面做了具体规划。桂林提出要深入贯彻科学旅游观,实施"强干壮枝、文化引领、公服筑基、改革创新、全面融合"战略,以"国际旅游胜地"为桂林旅游发展的总体定位。"国际旅游胜地"包括世界一流的旅游目的地,区域性国际旅游集散地,山水、人文、康体胜地,全国生态文明建设示范区,全国旅游创新发展先行区,区域性文化旅游中心和国际交流的重要平台等内涵。

对外宣传

桂林市政府善于挖掘文化底蕴,并将桂林自然山水风光与影视传媒、歌舞艺术等结合扩大桂林的知名度。2017年,桂林文化名城魅力彰显,逍遥楼、正阳东巷历史文化街区建成开放,成为代表桂林形象的新名片、新地标;桂林市政府与中国歌剧舞剧院联合创作大型民族歌舞剧《刘三姐》,成功引进乌克兰芭蕾舞剧《天鹅湖》等高雅艺术。2017年央视春晚南方分会场花落桂林,海内外再次刮起"桂林旋风"。

此外,桂林还通过承办大型会议或活动扩大自身影响力。2016年,桂林成功举办第十届联合国世界旅游组织/亚太旅游协会旅游趋势与展望国际论坛、2016中国—东盟博览会旅游展、第六届桂林国际山水文化旅游节、首届桂林国际马拉松赛等重大活动。

品质提升

桂林在发展旅游业的同时强调生态保护和可持续发展。2016年,政府采取有效措施使得漓江保护成效显著。漓江城市段沿岸景观亮化工程建成使用,市内游新航线正式开通,沿岸慢行步道改造工程基本完工,"精华游"游船提档改造全面完成,漓江生态环境持续向好,受到广大市民、游客的普遍好评。

---

(1) 对比分析

腾冲幅员面积5 845平方公里,辖11镇7乡,居住着汉、回、傣、佤、傈僳、阿昌等25个民族,全市总人口67.8万人,其中,少数民族人口5.3万人。腾冲与缅甸山水相连,国境线长148.075公里,距离缅甸密支那200公里,距离印度雷多602公里,是中国陆路通向南亚、东南亚的重要门户和节点。接下来我们以桂林为典型范例,结合腾冲实际情况,分析腾冲在旅游方面的特点,重点分析其相似之处和不足之处。

(2) 相似之处

腾冲旅游资源丰富,从某种程度上不亚于桂林。腾冲不仅有丰富的自然旅游资源,例如腾冲火山热海;还有独特的人文旅游资源,如国殇墓园、和顺古镇、银杏村等。众所周知,桂林山水甲天下,相比之下,腾冲的自然旅游资源亦有其与众不同之处。以热海为例,此处较大的气泉、温泉群共有80余处,其中,有14个温泉群的水温达90℃以上,到处都可以看到热泉在呼呼喷涌。世界上有温泉的地方有很多,但像腾冲热海这样面积之广、泉眼之多、疗效之好的温泉,实属罕见。人文旅游资源方面,腾冲更是独领风骚,称之为人文荟萃、世人瞩目并不过分。以抗日文化为例,腾冲是滇西抗战的主战场,著名的中印公路、驼峰航线、飞虎队等都与之相关。腾冲至今还保存着很多抗战时期的遗迹、遗址,有国家级抗战纪念场馆——腾冲国殇墓园和滇西抗战纪念馆,有民国元老于右任先生题写的"天地正气"碑,还有蒋介石先生亲自题词"民族之光"的国民党198师纪念碑。除此之外,侨乡文化也是腾冲的辉煌资产。以和顺古镇为例,自"蜀身毒道"开辟以来,一代代腾冲人走出国门,涌现出了一批雄商巨贾和实业家,他们带回了资金及国外先进的文化和科技,并修建了中西合璧的庭院、器宇轩昂的宗祠寺庙……他们重视教育,建成了中国最大的乡村图书馆——和顺图书馆,培养出了成千上万的腾冲才俊。另外,腾冲翡翠文化历史悠久,腾冲从宋、元以来,就是珠宝玉石的聚散地,首开翡翠加工之先河。到了清代,翡翠的加工、销售业已十分兴盛,翡翠的加工、交易空前活跃,商业贸易、腾冲旅游等行业日益兴盛,"翡翠城"正以崭新的面貌吸引着海内外的客商。

2005年9月,腾冲被亚洲珠宝联合会授予"中国翡翠第一城"称号。2016年8月3日,国家旅游局召开新闻发布会,批准火山热海为国家5A级旅游景区。

(3) 优势与不足

随着"一带一路"倡议的实施,腾冲作为对东南亚、南亚开放的桥头堡,优势明显。如国家实施西部大开发战略和进行产业结构调整,建设旅游支柱产业;云南建设国际大通道目标已上升为国家行为,云南实施对东南亚、南亚的开放战略;腾冲火山热海旅游区已被列入《云南省旅游发展整体规划》七个优先旅游区之一,并被确立为滇西核心旅游区。

与桂林相比,腾冲旅游发展最大的劣势在于交通。腾冲现在的交通运营能力无法与其预计的旅游接待能力相匹配,制约了旅游业的进一步发展。从腾冲的地理位置来考虑,其位于祖国西南边陲,山脉连绵,若在古代可谓交通闭塞。近年来,随着公路等的开通,入腾相对容易,但由于地势起伏以及地理位置等因素,时间成本较高,例如从昆明到腾冲乘坐大巴需要12个小时左右。而考虑到交通和时间成本等因素,采用自驾游方式出行的多为云南当地或者附近省份的游客,辐射面不是很广。另外,令人惋惜的是,腾冲至今没有通铁路,在今天随着技术的进步,铁路交通越来越快、越来越舒适,且其成本相对较低。对于一处位于边陲的旅游景点来说,没有铁路势必会大大减少其游客数量。至于飞机,令人欣慰的是腾冲拥有驼峰机场,每年客运吞吐量在一两百万人左右,在一定程度上缓解了赴腾旅游的交通压力。但考虑到腾冲年接待游客人次已逾千万,且其正在推进旅游国际化进程,其目标接待人次必定更高,则机场一两百万人的吞吐量"相形见绌"。而且由于机场较小,其机票价格往往较贵,直接增加了乘客的交通成本,可能会减少游客赴腾旅游的需求。另外,腾冲雨季长,航班经常大面积延误或者取消,这会增加游客的时间成本和行程的不确定性,而且不良的交通体验可能会"一传十,十传百",对赴腾旅游的游客造成负面冲击。

相较于桂林,腾冲旅游发展的另一不足之处是,在知名度相对不足的情况下,其周边竞争者太多,这样在差异化不是很明显,或者赴腾旅游成本较高时,其竞争力将会大大减弱。不妨先列举云南著名的旅游城市——大理、丽江、西双版纳、香格里拉、石林等,其中不乏高知名度的旅游景点,它们在旅游开发、交通运营等方面优势明显。据数据统计,腾冲游客中,70%属于自驾游的散客,多数来自云南当地或者附近的四川、重庆等省市,腾冲处于西南边陲,对国内游客来说,交通成本相较于滇内其他景点更高。此外,在知名度方面,不妨在网络上搜索"云南旅游"或者"云南必看景点",腾冲当地著名景点几乎不在其列。云南省内众多的优质旅游景点,作为腾冲旅游的竞争者很多已经享誉全国,竞争力强劲,这会进一步减少赴腾游客的数量,尤其是对于初次入滇旅游者,腾冲肯定不在优先行列。因此,如若腾冲旅游产品的差异化不是很大,则周边旅游市场对腾冲旅游的蚕食将不可小觑。

此外,与桂林相比,腾冲旅游还有一大不足就是对外宣传,没有形成独具特色的腾冲旅游品牌(如表3.3所示)。

表3.3 腾冲、桂林宣传情况对比

城市 比较项目	腾冲	桂林
宣传口号	没有统一的、持久的彰显腾冲特色的宣传口号(从"高黎贡山下的伊甸园"到"中国人的心灵故乡"到"你好,腾冲",口号变动频繁,不利于形成旅游品牌效应)	"桂林山水甲天下"的口号广为人知,且口号中旅游特色突出
宣传方式	微信、线下政府推介会、户外运动赛事、机载纸媒、电视广告、宣传片;但旅游网站内容相对单一,建设不完善	除普通的宣传方式外,还通过举办大型会议、大型晚会等扩大自身知名度

(续表)

比较项目 \ 城市	腾冲	桂林
目标市场	目前主要是云南周边省份和珠三角及长三角地区	全国范围内乃至国际上都有大量游客慕名而来
旅游资源挖掘	文化资源发掘不充分,如和顺古镇的旅游内容以参观为主,相对单一;排演了反映腾冲民族风情的歌舞剧,但演出地点距核心旅游景点较远,比较分散	充分结合了桂林山水美和桂林民风纯的优势,排演大型山水实景民族歌舞剧《刘三姐》传播自身文化

腾冲与桂林旅游发展情况对比如表 3.4 所示。

表 3.4　腾冲与桂林旅游发展情况对比

比较项目 \ 城市		腾冲	桂林
相似之处	旅游资源丰富	腾冲不仅有丰富的自然旅游资源,如腾冲火山热海;还有独特的人文旅游资源,如国殇墓园、和顺古镇、银杏村等 腾冲旅游资源可用"六种文化"概述:生态文化——腾冲是青山绿水的宜居宝地;地质文化——腾冲是令人向往的疗养胜地;丝路文化——腾冲是历史悠久的商贸重镇;翡翠文化——腾冲是声名远播的翡翠商城;抗战文化——腾冲是世人瞩目的英雄城市;侨乡文化——腾冲是人文荟萃的魅力侨乡	旅游资源丰富,社会认可度高:桂林山水是对桂林旅游资源的总称,是国家 5A 级旅游景区,中国十大风景名胜之一。桂林山水所指的范围很广,项目繁多。桂林山水"山青、水秀、洞奇、石美",包括山、水、喀斯特岩洞、石刻等,其境内的山水风光举世闻名,千百年来享有"桂林山水甲天下"的美誉 2014 年 6 月 23 日,第三十八届世界遗产大会上以桂林为首的"中国南方喀斯特"第二期项目申遗成功,正式成为世界自然遗产,桂林山水荣登世界自然遗产名录

(续表)

比较项目	城市	腾冲	桂林
腾冲优势	国家战略	随着"一带一路"倡议的实施，腾冲作为对东南亚、南亚开放的桥头堡，优势明显。如国家实施西部大开发战略和进行产业结构调整，建设旅游支柱产业；云南建设国际大通道目标已上升为国家行为，云南实施对东南亚南亚的开放战略；腾冲火山热海旅游区已被列入《云南省旅游发展整体规划》七个优先旅游区之一，并被确立为滇西核心旅游区	桂林位于广西西北部，相较于腾冲的对外开放桥头堡位置，没有特殊的对外战略支持优势。根据《桂林市旅游总体规划修编（2015—2020）》，桂林以建设"国际旅游胜地"为市场定位，而其主要依托为资源优势、政府宣传和前期的声誉基础，相较于腾冲，缺乏国家优先战略的大力支持
腾冲劣势	交通条件	腾冲现在的交通运营能力无法与其预计的旅游接待能力相匹配，制约了旅游业的进一步发展。腾冲地处祖国西南边陲，地势起伏大，山路崎岖，公路交通不便。由于成本昂贵、难度系数大，腾冲至今未通铁路。腾冲虽然有机场，但规模较小，且夏季及雨季航班延误和取消情况多发	四通八达的公路直通广西各地和临近省份，国道322、321线穿境而过，其中，市境内322线已改造成高等级公路，实现100%的乡镇通车 随着2013年年底湘桂铁路扩能改造工程竣工通车以及2014年年底贵广高铁开通运营，桂林迈入高铁时代，成为广西铁路交通的"新贵"，贵州、四川、云南都将以桂林为一个重要"节点"通往珠三角地区，日均发送乘客3万人左右 桂林两江国际机场是广西第一大民用航空港，飞行区等级为4F，跑道长3 200米，宽75米，将建第二航站楼。设计年飞行量4.2万架，拥有国内外航线52条，21家航空公司飞行桂林机场，可通航国内的45个城市和港、澳、台地区，以及日本福冈，韩国首尔，泰国曼谷，马来西亚吉隆坡

(续表)

比较项目 \ 城市	腾冲	桂林
知名度及宣传力度	腾冲旅游业起步较晚,且云南省内有众多作为腾冲旅游竞争者的优质旅游景点,很多已经享誉全国,竞争力强劲,这会进一步减少赴腾游客的数量,尤其是对于初次入滇旅游者,腾冲肯定不在优先行列。而且现阶段腾冲宣传力度不够,宣传未能突出其定位和独特优势,吸引力不够	桂林市政府善于挖掘文化底蕴,并将桂林自然山水风光与影视传媒、歌舞艺术等结合扩大其知名度。2017年央视春晚南方分会场花落桂林,海内外再次刮起"桂林旋风"。此外,桂林还通过承办大型会议或活动扩大自身影响力

腾冲旅游发展 SWOT 分析(态势分析)如图 3.11 所示。

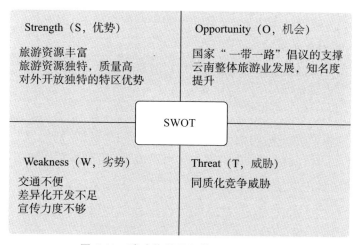

图 3.11 腾冲旅游发展的 SWOT 分析

(4) 建议

综上所述,腾冲旅游与桂林的相似在于旅游资源丰富,遍及人文和自然;而其明显的不足是交通不便,且知名度不是很高,其区域内竞争者较多,差异化有待进一步开发。针对以上分析,我们对腾冲的观光型旅游市场提出以下建议:

深刻认识腾冲旅游发展的机遇、独特的区位和特色的旅游资源,突出腾冲火山热海和腾越文化特色,以建设滇西精品和核心旅游区为目标,将其建成云南领先、中国一流、世界知名的旅游区及区域性国际旅游集散地和枢纽。

首先,以国家实施西部大开发、产业结构调整、澜沧江—湄公河次区域合作等为契机,以云南建设旅游经济强省、绿色经济强省和民族文化大省等为动力,以可持续发展战略为指针。

其次,深刻认识腾冲通往南亚和东南亚"桥头堡"及"中国极边第一城"的区位条件;拓展和提升腾冲旅游功能,提高腾冲旅游新区的开发水平和深度,优化腾冲旅游产业要素和旅游产品配置,突出腾冲火山热海和腾越文化特色。

最后,旅游发展应坚持市场导向、因地制宜、科学规划、建立精品、环境保护、依法管理、全方位开放、效益最大化八项原则。以市场为主导,多市场复合;开发与保护并重,可持续发展;以建设精品为主导,分级分期开发;旅游产品数量扩张与质量提高相结合;不断提高旅游业的经济效益、社会效益和生态效益。

具体做法为:

第一要利用中国和缅甸、印度、东盟等国家和地区关系不断改善、合作不断加强的有利形势,积极开发腾冲—缅甸—东南亚其他国家及地区的旅游线路,拓展腾冲旅游产品的内容和内涵,使腾冲成为中国同东南亚、南亚旅游合作的桥梁和重要支点,并借此拓展国际、国内两个市场。

第二要充分发掘火山热海,围绕火山、热海的主题,策划项目,迅速引爆腾冲地质旅游在国内外的知名度,并树立重点项目的品牌,实现重点景区(点)旅游品牌的跨越。

第三要以腾冲国殇墓园为支撑,利用滇西抗战、滇缅公路、飞虎队、驼峰航线、中国远征军等抗战历史对国内外进行宣传营销,积极营销抗战历史文化旅游产品,并带动区域内其他旅游产品的市场营销。在每年的8月15日隆重纪念抗日战争胜利;将每年的1月27日定为腾冲等地的法定节日——滇西抗战胜利日,与美国、东南亚、中国台湾等国家和地区合作,与滇缅公路、飞虎队、驼峰航线等抗战历史的纪念活动相结合,使滇西抗战胜利纪念活动成为世界反法西斯战争胜利纪念活动的重要组成部分,使抗战历史文化旅游产品成为腾冲对外进行宣传营销的突破口和闪光点。

第四要利用腾冲翡翠加工贸易的悠久历史与雄厚实力,结合猴桥口岸、腾越翡翠文化园等的建设,重振翡翠加工贸易雄风,并结合翡翠商品的销售,积极对外进行宣传营销,在扩大腾冲翡翠商品和翡翠文化知名度的同时,提升腾冲旅游的美誉度和腾冲旅游产品的市场覆盖率。

第五要注意减少赴腾旅游的客观障碍,优化基础设施,最重要的是改进交通条件,例如扩建机场、规划必要的铁路等。对外市场方面,要注意减少外国游客赴腾旅游的各种阻力以及相关成本,加大开放与宣传力度,使之成为云南对外开放和旅游的桥头堡。

4.2 度假型旅游——以日本为例

从温泉产业较为发达地区的行业发展经验来看,早期的温泉企业大多数是以家庭为单位经营的较小规模的企业,虽然能够提供某种程度的个性化服务,但是囿于资金、人员和规模的限制,高水平的服务设施很难被引进,从而限制了温泉服务水平的提高。之后,较小规模的温泉经营单位逐渐减少,取而代之成为主流的则是较大规模的温泉旅游企业,类似于工业化的生产使得温泉服务水平以及可接待游客数量较原先较为原始的个体形式有了极大的提升。但是随着经济进一步的发展,游客对服务体验的要求不断提高,原先大规模同质化程度较高的模式逐渐无法满足游客对个性化的追求,因而到目前为止,主要温泉企业和政府正在探索逐渐向特色化经营模式转型。

案例五

日本——温泉度假之乡

日本温泉旅游产业共经历了三个阶段的变化。

第一阶段重视温泉本身的水质和洁净程度。由于全日本温泉众多,广泛分布,但质量上参差不齐,在这一阶段,消费者看重的主要就是一个温泉地的温泉水质和洁净程度。此时各个温泉地的经营者也都投消费者所好,在成本允许的情况下尽可能地来改善自己的卫生状况和开辟引进新的、更好的温泉水源。

第二阶段重视温泉旅馆房间和餐饮的品质。在这一阶段,温泉已逐渐退去其原本蕴含的具有澡堂功能的那部分内涵,开始逐步完成向作为度假休闲方式的转型。而这一阶段的游客和经营者都逐渐开始重视原本作为温泉附属品的旅馆房间和餐饮的品质,经营者充分利用当地的逸闻秩事,精心布置,让整个房间和餐饮的设计都充满了一种极具当地特色的文化色彩。

第三阶段重视温泉特产开发。包括一些纪念品的开发以及浴盐的批量化生产,这使得一些由于平时忙碌的工作而不能亲临其境的游客也可以在家中感受温泉的魅力,提高了游客对温泉的长期忠诚度。现在日本的温泉开发仍属于这一阶段,更多的特产品种还处于探索阶段。

(1) 对比、优势与不足

相较于日本温泉产业发展的三个阶段而言,腾冲的温泉产业由于开发时间较晚,目前大致还处于由第一阶段向第二阶段过渡的时期,甚至部分温泉企业仍处于第一阶段,即水质和卫生状况尚未达到很理想的状态;且据了解,大部分温泉仍然与住宿和餐饮完全独立,并没有达到一种良好积极的互动状态。

目前腾冲主要的温泉企业多为较大规模的高等级温泉企业,包括火山热海和玛御谷等(国家批准了四星级以上温泉14家,这两家是首批入选其中的高等级温泉企业)。但目前由于腾冲地区交通不便,北京、上海等地的常规游客如果有温泉度假的需求,则将我国的东南沿海如福建等地及日本作为目的地,就其性价比而言,也是要高于前往地处西南边陲的腾冲地区的。

(2) 开发建议

腾冲目前开发的旅游路线可以分为两条,第一条主要是针对来自全国各地的高收入群体,为他们全面打造高水平的温泉度假服务。针对这类游客开发的产品,可以借鉴日本温泉产业发展的前两个阶段,为这类游客提供极高水平的水质,并提供精心准备的具有文化色彩、可以讲得出故事的旅馆房间和餐饮服务。在条件成熟后,也可以进一步开发旅游附属产品。这一点可以借鉴泰国华欣地区的成功经验,充分利用好腾冲周边县市的少数民族资源以及临近中缅边境等条件,尝试开发一部分带有东南亚和云南地方风情的特色温泉产品,从而与其他地区的温泉产品形成差异化格局,吸引国内高端游客的视线。

第二条则主要是针对来自西南和两广(包括香港)等地的普通收入群体。这类游客有着温泉度假的需求,同时也具有较为便利的交通条件,因而可以专注于对其进行温泉高品质和较低价格的宣传,用性价比来吸引他们。针对第二类游客提供的产品,则主要聚焦于高品质的温泉本身,而相应附属的旅馆文化或者餐饮服务则无须过于重视。

此外,建议政府在温泉资源的管理上更有作为,而非将其全部承包给企业。建议政府促进温泉资源的保育和可持续利用,发挥温泉资源多样化利用的特点;处理好温泉区保护与开发的关系,严格控制有碍生态环境保护的活动和建设性破坏;加强对温泉水排放和再利用的研究,本着可持续发展的思路,避免追求短期暴利行为;对于温泉出水点,作为珍贵的地形景观予以保护;加强温泉水权的政府管理工作,建立统一的招标拍卖和使用者付费制度;设立公共管线统一分配温泉水等措施,并根据不同时期具体的发展状况有选择性地进行实施。

除日本之外,欧洲也以温泉度假产业的开发而著称。例如,瑞士巴登温泉以保健为主,兼容休闲和度假,其保健中心非常有名,可以吸引来自本国及周边国家的游客。保健中心的设备较为齐全,除温泉泡池外,还配有水疗设备、健身房、桑拿房、美容室等;保健菜单有多种选择,从几天到几周不等,并配有专业医师和教练。法国依云和德国巴登巴登的温泉疗养也很有名,并且非常专业,城市的发展也是由温泉而起。但现在三地已逐渐突破"泡温泉"本身,更注重结合自然地理特征,寻求整个温泉区的综合发展和休闲旅游气氛的营造。腾冲温泉度假小镇目前的建设方向总的来讲没有问题,但我们建议其在建设时能够更加注意当地独特文化(如和顺小镇)色彩在建筑和温泉中的利用,并关注环境保护,避免过度开发。

欧洲的温泉非常注重温泉衍生品的开发和推广,其充分利用温泉水富含的对人体有益的矿物质,生产饮用水,研制药品、化妆品等。法国依云的营销策略值得学习,以"依云"命名的商品种类相当多,其中,最著名的就是依云矿泉水。此外,还有保养品在且只在药店出售,产品系列十分完整。温泉衍生品使人们能够间接地享用温泉所提供的各类服务,品牌的打造和产品的推广更提高了温泉区的知名度。

腾冲可以在欧洲温泉衍生品开发方面有所借鉴,引入或者扶持一些私人企业专精于某类或几类温泉衍生品的开发,迎合国人日益增长的健康需要,可以将产品由高收入群体逐渐向下推广,产生社会影响,打响品牌名声后反过来带动中低层收入群体选择赴腾冲旅游,从而促进包括普通温泉疗养在内的旅游业的进一步发展。

腾冲与欧洲各温泉所在地相比,起步时间晚,发展周期短,服务水平低,再加上交通不便的天然劣势,对于世界甚至是中国范围内真正的高收入度假群体来说并不具有很强的吸引力。腾冲或许可以在不断提高服务水平的同时,尝试开发东南亚市场,随着东南亚经济的进一步发展,必然有一部分人的收入水平不断提高,开始产生对疗养等高品质健康消费的需求。欧美等地的传统高级疗养项目对他们来说,一是价格过于高昂,体验一次尚可,要多次参加则难以负担,二是往返欧美等地的时间过长,路费也十分高昂。相比较而言,腾冲温泉则兼具交通便利和价格亲民等优点,借助于"一带一路"宏伟蓝图,政府层面或可在多次出入境政策上有所放宽,并借助于当地在东南亚的企业、移民和工作员工等力量加大宣传力度,打造品牌,从而产生吸引东南亚游客前来消费的效果。

五、结　语

本部分系统地整理、回顾和总结了近年来"沃土计划"实践团在区域发展方面的调研成果和政策建议。中国幅员辽阔、地大物博，区域发展不均衡，如何设计良好的激励结构和制度逻辑，实现区域经济的良性竞争和快速发展，是当代中国国家治理和经济发展的重要命题。

我们以园区这种极富中国特色的政策手段为切入点，系统地梳理了国家级新区、工业园区、特色新区等各种不同类型的区域发展战略，深入地剖析了各级政府对各类新区建设给予的政策支持以及与园区治理、产业结构设计相关的内容。通过调研、对比、分析可以看出，地方政府在进行新区建设时，善于把握当地的区位优势和产业禀赋，利用政策红利和上级支持，通过针对性、集中性的政策组合，将地方局部优势发掘出来。

与此同时，我们在调研中也发现，各地政府和园区管委会由于信息有限、基础设施落后等条件制约，部分园区预期功能没有实现，园区的行政管理和治理还有落后和不足之处。特别是在简政放权、数字化管理等方面，部分园区与沿海发达地区相比还有较大差距。

三峰俊秀千河壮，一语天然万古新。从广东南沙新区的风波壮阔，到青海海东工业园区的欣欣向荣，再到云南腾冲旅游业的蒸蒸日上，我们可以感受到基层政府、企业和民众对经济发展和美好生活的向往。新区只是每个增长极的一个"点"，但由点及面，我们有理由相信，以新区建设为代表的区域产业政策一定能够创造更大的奇迹与辉煌。

第四板块 创新创业

一、序

"大众创业,万众创新",在国家的号召下,一股创新创业热潮正在华夏大地如火如荼地展开,大量中小微企业如雨后春笋般涌现。沃土实践团紧跟时代潮流,把"创新创业"作为调查研究的重中之重,遍访祖国多地,为各地的政府和企业建言献策。

我们走过祖国中部的湖湘大地、荆楚国度和辽阔中原,亦去到美丽的青海湖畔。长沙三一重工的整车生产车间里有我们观察的身影,咸宁坤元第五季电子商务有限公司的农场里播下我们思考的种子,青海海东工业园区也留下了我们的足迹。

在旅途中,我们感受到了大政方针对"双创"的大力支持,看到了大众企业对"双创"的热烈反应,但同时也看到了地方政府一些模棱两可的政策和小微企业创业过程中的举步维艰。国家致力于建立和完善各级"双创"平台,要求:原则上坚持市场导向,要求政府在建立"双创"平台的过程中进行简政放权;完善各方面的法律条例,促进"双创"平台公平有序地发展;同时强调对互联网技术和开源技术的使用,从而建成开放性的"双创"平台,促进更多的创业者加入和集聚。

政策总是向好的,但是落实政策的每一步都需要各方的智慧。我们认为,"双创"事业的蓬勃发展需要"政府引导+企业崛起"两方面共同努力。我们进一步提出"政府引导"分为资金、人力、行政审批、税收、土地等"要素支持"和以平台构建为主的"软支撑",并且需要加强"政企沟通"。在企业方面,我们认为,资金、人才、技术和营销战略是企业在"双创"竞争中制胜的四大法宝,并以各地企业的成功案例来作为我们观点的有力支撑。

创新创业是当前中国经济发展的大势所趋。我们行走中华,以行促知,以知助行,愿为中华大地的"双创"发展贡献自己的一份力量。

二、政府引导

1. 在资金、人才等要素上进行支持,提升创新创业硬实力

案例一

湘江新区金融体系构建

湘江新区企业融资规模近年来随着经济发展与创业企业的大量增加而逐年扩大,企业贷款连年上升,上市企业数目在2015年突破40家。同时,不同企业在不同成长阶段有着不同的融资模式选择,成熟企业通过向公众募集股本金,或者通过债权方式募集资金均比较容易。随着资本市场的发展,好企业大部分会离开金融中介,直接走向市场;而中小企业、成长中的企业的股本融资基本限定在私募范围内,向公众募股不太容易,企业外部融资大部分要靠银行信贷,微小企业更是如此,除私募情况下的股本融资外,还需要外部的借贷服务。

各类金融机构在响应国家创新号召的同时,纷纷开设网点,开展金融创新。截至目前,湘江新区共聚集投融资机构400多家,注册投资基金300多亿元。目前,湘江新区范围内共有商业银行网点800余个,证券网点11个,农村信用合作社网点约100个,投资公司近100家。

金融发展水平和效率上,我们用金融相关比率(Finance Interrelations Ratio, FIR)来看长沙市范围内的金融发展水平和效率。一般来说,金融相关比率越低,金融发展水平和效率越高。可以看出,长沙市整体的金融相关比率始终低于1.2,相较于湖南省的1.9与全国的3.1还是处在一个较好的水平上,而且考虑到湘江新区范围内的企业科技含量高、产出投入比高,这一指标实际上会在1.0附近,金融发展效率还是相当高的。

金融机构也在不断适应"双创"的步伐,不断推出金融创新产品。国家开发银行(以下简称"国开行")于2003年开始对中小企业贷款进行试点,并于2005

年全面展开。截至 2014 年 12 月,国开行中小企业贷款余额 2.47 万亿元,覆盖近 20 个行业。

随后,长沙银行加快了自身创新转型升级的步伐,2011 年成立长沙银行科技支行,为长沙市科技型中小企业提供综合金融服务。科技支行摒弃传统银行业务理念,创新构建聚合政府、担保、券商、投资机构以及其他社会资源的多层次综合服务模式,打造链接式科技金融服务品牌,为企业提供传统存、贷、汇业务与供应链金融、债券融资、结构化融资等一揽子金融服务。截至 2015 年年底,长沙银行科技支行累计存款余额达到 20.68 亿元,贷款授信户数 206 户,贷款余额 22 亿元,其中,中小微企业专项贷款 14 亿元。在长沙银行带动下,当地的浦东银行、北京银行等在支持科技型中小企业发展方面均走在金融界前列。商业银行纷纷在湘江新区范围内成立科技支行,支持"大众创业,万众创新",目前有 6 家商业银行共设立 6 个科技支行。

金融中介服务日趋完善,新区正在抓紧打造信息的中介服务平台。中介服务能够为高科技企业融资活动的顺利实现提供便利条件。在北京,中关村科技融资担保有限公司累计为 1 858 家中小企业提供了总计 83 亿元的融资担保支持,使得一批具有自主知识产权技术、创新能力强的高新技术企业得以顺利获得商业银行贷款,取得迅速发展。在风险投资运作过程中,律师事务所、会计师事务所以及资产评估机构等社会中介发挥着不可替代的重要作用。完善的中介服务体系,是科技型企业成功融资和快速发展的有力保障。湘江新区正在建设中的金融小镇项目,借鉴美国西部格林威治镇的私募股权投资基金小镇,以创业投资企业、私募股权投资机构为主要招商目标,以生产类融资企业为招商辅助。金融小镇的建设,不仅是长沙也是湖南本地经济转型的切入点。要把长沙打造成私募股权投资集聚的一个城市,发挥私募股本投资对长沙经济的带动和推动作用。金融小镇将与各大银行、券商、期货等机构建立直通端口,提供私募基金从注册、产品设计到发行、销售的一条龙服务,并协助对接银行资金池。一方面,湖南有很多中小企业急需谋得融资通道却苦于无门;另一方面,活跃的民间资金在寻找多样化的投资渠道却因专业程度、门槛所限或风险防范等因素无法触及融资方。从长远来看,金融小镇的建设就是要搭建一个投融资平台,既培育孵化符合未来发展方向的优秀企业,又让民间资金有的放矢,最终形成一个良性互补的投融资平台。

信用体系方面,科技型企业的发展离不开各类融资机构的大力支持,而良好的信用法律环境又是金融业得以稳定发展以及融资活动得以顺利实现的基本条件。支配金融活动最基本的规则就是信用法律制度,其中包括完善的法律制度、健全的信用体系、规范的会计和审计制度、专业化的中介机构等。完善的法律制度能有效地保护金融主体产权,有效地遏制恶意信用欺诈和逃废金融债务;健全的信用体系能有效地保存各经济主体信用记录,增强其信用意识,奠定信用在市场经济中的基石地位;规范的会计和审计制度则能提高信用的真实性和透明度,强化信用约束。2015年,新区为园区全体企业免费提供税务申报提醒、财务知识培训、财税咨询等服务,并扩大服务项目,为部分园区企业免费提供代理记账服务,启动试点一址多照、集群注册工作。

同时,新区还创新资金平台支持方式,引进腾讯、阿里等企业创办"双创"空间,利用大企业的技术、导师、资金、市场资源为创业者提供完备的支持,以期带动长株潭乃至华中地区的人才"双创"步伐。

案例二

长沙中小微企业"双创"发展

长沙市委、市政府对小微企业的"双创"工作给予了高度重视。2015年6月,长沙市获批全国首批15个"小微企业创业创新基地示范城市"。获批后,长沙市很快制定了《长沙市小微企业创业创新基地城市示范三年行动计划(2015—2017)》,着力将长沙市打造为一片创业创新的热土。根据《长沙市小微企业创业创新基地城市示范三年行动计划(2015—2017)》,长沙市三年内要新增创业主体24万个以上,到2017年全市个体工商户、私营企业分别达到35万户、16万户以上,小微企业年均新增2万户,年均增幅达到15%。为顺利实现小微两创三年"三个倍增"(就业倍增、创业倍加、创新倍升)的工作目标,长沙市委、市政府精心谋划、科学布局,以《长沙市小微企业创业创新基地城市示范三年行动计划(2015—2017)》为总纲,制定了"1+N"的政策体系。先后出台了《长沙市小微企业创业创新基地城市示范专项资金管理办法》《长沙市小微企业信贷风险补偿基金管理细则》等21项配套政策及实施细则,重点支持小微企业"双创"空间、公共服务和融资性支持三大方向,涵盖"众创空间星火工程""创业基地提升工程""企业孵化强基工程""商贸聚集区示范工程"四个主题,形成了促进"双创"工作的合力,扶持小微企业健康、快速、有序发展,带动区域经济整体发展。此外,长沙市各区县政府相继举办了创新创业大赛,为真正有创意、有能力的创客们提供了一个大平台,对获奖的项目更是给予了多重政策支持。成立了长沙市创业创新学院,开设系列公益课程,培养创业者相关的能力和素质。"创新创业活力长沙""双创"主题活动月的开展不仅让广大创业者知晓和了解到"双创"活动的精髓,使更多的人投身于"双创"事业中,也让创业者们深深地体会到了政府对建设小微企业创业新基地示范城市的信心和决心,看到了政府对"双创"事业的期待和关心。

小微企业的创新创业在很大程度上依赖于创客空间和孵化器的发展。2015年8月,《长沙市人民政府办公厅关于支持发展创客空间的若干意见》出台,意见阐明:重点支持建设具有公共服务功能和带动作用的示范创客空间。给予每个示范性创客空间200万元的建设补贴,同时对其租金、运营费用、创客服务及运营主体分别给予补贴和奖励。2017年以来,长沙市积极响应国家和省市关于开展"大众创业,万众创新"的号召,基于各自的发展定位和资源优势,组织开展了多项针对不同创客群体、各具特色的"双创"活动,逐渐营造了活泼、热烈的创客交流氛围。据统计,长沙市现在已发展了30余家众创空间,还建立了约50个国家级、省级和市级的孵化器。2017年,由长沙市中小企业服务中心牵头,K+创客空间、P8、菁芒、创咖啡、58众创、阿里云创客+等近10家创客空间联合发起,参照北京、深圳、上海等地的经验和做法,筹备成立了契约型组织"长沙市创客空间联盟",成为长沙市创客空间信息互通、相互交流的平台与纽带。在大型的专项"双创"活动方面,菁芒创客空间组织承办了第二届湖南省青年创新创业大赛,在赛事过程中,芒果TV和丝路资本管理有限公司进行整合,为创客提供媒体、投资等综合性服务资源;高新区基于信息产业园的移动互联网基地,组织开展了"柳枝行动"创业大赛活动,通过赛事吸引和聚集移动互联网产业方面的优势创业项目及团队,给予资金奖励和提供场地、孵化服务等。

正是因为种种地域优势和政策福利,长沙市的小微企业一时间如雨后春笋般蓬勃发展起来。从数量上来看,2015年长沙市新增创业主体8.6万户,带动23万城乡劳动者就业。其中,小微企业成为劳动就业的生力军,2015年新增小微企业2.89万户,新增小微企业就业人员11.2万人,技术合同成交数1 200余项,成交额达8.5亿元,新增专利权289件,全面完成了全年的目标任务。从质量上来看,2015年高新技术企业发展迅速,"五园九区"已进驻近万家科技型企业、900多家高新技术企业,高新技术产业总产值达到8 611亿元,高新技术产业增加值占 GDP 的比重达 33%。毋庸置疑,科技型小微企业已成为推动长沙市经济发展和科技创新的主力军。

案例三

长沙市"人才新政二十二条"

1. 高精尖人才领跑工程

重点引进培养三类人才并给予奖励补贴。10 名国际顶尖人才:给予 200 万元奖励补贴,同时按 200 平方米标准以区域同期市场均价给予全额购房补贴。50 名国家级产业领军人才:给予 150 万元奖励补贴,同时按 150 平方米标准以区域同期市场均价给予全额购房补贴。200 名省市级产业领军人才:给予 100 万元奖励补贴,同时按 100 平方米标准以区域同期市场均价给予全额购房补贴。

产业领军人才及团队,最高可给予 1 亿元项目资助。

2. 紧缺急需人才集聚工程

引进培育 2 000 名高层次紧缺急需人才。对入选市级高层次紧缺急需人才的,根据人才类别分别给予 50 万元、30 万元、15 万元奖励补贴。在长创新创业的高层次军事科研人才,分别给予 50 万元、30 万元、15 万元奖励补贴,对创业团队项目给予 100 万元启动资金。

3. 青年人才筑梦工程

吸引储备 100 万名青年人才在长就业创业。对新落户并在长工作的全日制高校毕业生(不含机关事业单位人员)给予补贴。

博士:两年内发放每年 1.5 万元租房和生活补贴;在长工作并首次购房的,给予 6 万元购房补贴。

硕士:两年内发放每年 1 万元租房和生活补贴;在长工作并首次购房的,给予 3 万元购房补贴。

本科:两年内发放每年 0.6 万元租房和生活补贴。

新进长沙市企业博士后工作站的博士后科研人员,给予 10 万元生活补贴。

4. "长沙工匠"铸造工程

培育引进 15 万名技能人才、3 万名高技能人才。对企业引进和新获得的技师:给予 2 000 元奖励;高级技师:给予 5 000 元奖励;在长首次购房的,给予 3 万元购房补贴。对新引进或获得"中华技能大奖""全国技术能手"及相当层次奖项的高技能人才,给予100万元奖励,并给予用人单位50万元奖励。

5. 国际化人才汇智工程

引进2 000名海外专家、20 000名留学归国人员。每年评选10个高端外国专家项目,给予30万元的经费资助。符合条件的其他海外专家引智项目,根据项目情况分别给予5万元、10万元、15万元的经费支持。对归国来长创新创业的留学博士给予10万元生活补贴。创新创业支持力度前所未有。

6. 创业孵化基地发展

建设200家以上众创空间、科技企业孵化器等创业孵化平台,按有关政策分别给予20万—200万元建设经费支持,对运营情况良好、孵化成效突出的,按有关政策每年给予20万—50万元奖励。

7. 科技创新平台建设

建设300家以上国家、省、市级重点(工程)实验室、工程(技术)研究中心、企业技术中心,对获批的国家、省、市级平台分别给予每家200万元、100万元、50万元经费支持。

建设30家以上院士专家工作站、30家以上博士后科研工作站、40家以上博士后科研流动站协作研发中心,分别给予每家100万元、100万元、60万元经费支持。

8. 人才创业贷款支持

放宽人才创业小额担保贷款额度;个人贷款:最高额度提高至20万元;合伙经营贷款:最高额度提高至50万元;小企业贷款:最高额度提高至300万元;并给予两年财政全额贴息。

9. 企业直接融资渠道

支持企业股改、挂牌、上市融资。上市企业:分阶段给予不低于400万元补助;新三板挂牌企业:分阶段给予不低于120万元补助;湖南股权交易所挂牌企业:分阶段给予不低于30万元补助;并给予一定奖励。

10. 人才动态支持政策

高层次人才创办企业或核心成果3年内实现年营业收入首次超过2 000万元:给予最高50万元奖励;5 000万元:给予最高100万元奖励;1亿元:给予最高300万元奖励。

11. 拓展人才交流互动平台

国内外知名学术机构和行业组织在长举办学术会议、专业论坛和科技会展等活动,符合长沙市重点产业发展方向和人才需求的,给予实际支出50%、最高100万元资助。

12. 保障和落实用人单位自主权

事业单位:可在核定的编制使用计划和核准的岗位限额内自行组织实施公开招聘;

市属高校:依法自主管理岗位设置和自主设置教学教辅机构;

市属国企、事业单位:试点高层次人才协议工资制、项目工资制。

13. 深化人才评价制度改革

放宽职称评审前置条件,对外语和计算机应用能力不做统一要求。

14. 建立人才引进培育奖励制度

引进培育国际顶尖人才、国家级领军人才、省市级领军人才和市级紧缺急需人才的用人单位,按每新引进培育一人分别给予200万元、100万元、50万元、10万元奖励;

引进国际顶尖人才、国家级领军人才、省市级领军人才和市级紧缺急需人才的中介组织,按人才类别每引进一人分别给予50万元、20万元、10万元、5万元奖励,同一单位每年最高奖励100万元。

15. 创新人才引进方式方法

组织园区、用人单位到境内外人才集中城市开展专项引才活动。

16. 健全科技人才激励机制

市属高校院所科研人员离岗创业,5年内保留人事关系,并同等享有职称、社保等权利。

在长高校院所、企业面向市内单位开展技术开发和技术转让,按单个技术合同成交额给予2%、最高30万元奖励。

17. 打造人才安居家园

为尚未取得永久居留证的外籍人才及其配偶子女,办理居留期不超过5年的居留证件或入境有效期不超过5年、停留期不超过180日的多次签证。

入选A、B、C、D类的高层次人才,享受长沙户籍人口购房政策;在长工作、具有专科及以上学历或技师及以上职业资格的人才,首套购房不受户籍和个税、社保缴存限制。

A类:国际顶尖人才;B类:国家级领军人才;C类:省市级领军人才;D类:高级人才。

18. 优化人才子女入学

市级认定的 A、B、C 类高层次人才,其子女可在市属中小学校、幼儿园选择就读入园。

D 类高层次人才子女就读义务教育阶段学校,相对就近统筹安排。

19. 提升医疗保障水平

A、B、C 类人才:每年 1 次免费医疗保健检查和 1 次专家疗养。

D 类人才:每两年 1 次免费医疗保健检查。

20. 构建一体化人才综合服务平台

建立 A 类人才直通书记、市长渠道。向高层次人才发放"长沙人才绿卡",凭卡可优先办理出入境、落户、社保、子女入学、住房保障等业务。

21. 完善高层次人才荣誉体系

每两年评选一次"杰出人才奖""功勋企业家奖""青年英才奖""创新贡献奖""星城友谊奖"等奖项,颁发荣誉勋章并给予奖励。

22. 健全人才优先发展工作保障机制

加大财政资金保障力度,优先足额安排人才专项资金。

案例四

咸宁市"双创"平台的构建

2015 年起,在国家"大众创业,万众创新"的号召下,在国务院有关文件的指导下,16 个国家自主创新示范区、145 个国家高新技术产业开发区、众多科技企业孵化器、小企业创业基地、大学科技园和高校科研院所相继建立。而国家对"双创"平台建立和完善的指导意见主要如下:原则上坚持市场导向,要求政府在建立"双创"平台的过程中进行简政放权;完善各方面的法律条例,促进"双创"平台公平有序地发展;同时强调对互联网技术和开源技术的使用,从而建成开放性的"双创"平台,促进更多的创业者加入和集聚。

对于支撑平台的目标和重点任务,中央将其定位为孵化创新型小微企业并从中成长出骨干企业、促进就业等。对"双创"支撑平台的发展,中央做出了以下指导:发挥众创空间的有利条件,建立低成本、便利化、全要素、开放式的众创空间;降低门槛,简化手续,给予创业者政策上的支持;高校开设创新创业课程,支撑平台提供场所、资金及公共服务从而鼓励科技人员和大学生创业;通过政府购买服务、无偿资助、业务奖励等方式支持公共服务平台的建设;平台为企业提供法律、知识产权、财务等方面的服务;通过阶段参股、风险补助、给予各项引导资金、财政资金等方式在资金方面支持创新创业企业发展;通过互联网股权众筹融资试点、规范股权市场、银行设立创业基金支行等方式完善投融资机制;并通过举办创新创业大赛等方式丰富创新创业活动。

2. 营造创新创业氛围,提供创新创业软支撑

创新创业氛围是指人们在创新创业活动中形成的一种社会"气候",即该地区创新创业活动开展的整体态势,以及这一地区社会公众在创新创业相关活动过程中表现出来的精神面貌。创新创业氛围本质上属于内生和演化的微观文化,既是一种客观存在的描述,也是一种主观精神状态的反映。它弥漫于某个地理空间,也反映了特定群体在创新创业活动上的价值判断、主观意愿和意识情趣。

在助推企业创新创业的过程中,除对资金、人才等生产要素给予支持外,凝聚第三方力量,营造良好的创新创业氛围也是至关重要的一环。通过对"双创"企业进行划分、匹配,提供第三方的优质资源与平台,向"双创"企业提供充分的信息等,将创造更多的创新创业机会,提供示范效应,形成企业间的互补优势。通过营造良好的创新创业生态,推动其内的每一个"双创"企业更好、更快地发展。

案例五

咸宁市创业氛围的演化及实例分析

一、创业氛围的演化机制

创业氛围的演化有着内部和外部两种机制。从内部演化角度上看,创业与创业主体、创业活动、创业机会息息相关。从外部演化角度上看,创业环境起着重要作用。

1. 内部演化机制

第一,创业活动创造机会并促进匹配创业。即使创业的主体没有改变,创业活动和创业机会也并不是独立的,创业活动改变了产业结构和竞争状况,资源和产品的供求关系出现了新的对比,同时也促进了行业内预期收益和风险新组合的形成,许多行业内部创业信息随之产生。因此,创业活动直接影响创业机会,使其重新分布匹配。

第二，创业活动激发创业者创业并增强其互补优势。创业活动提供示范效应，发挥榜样作用，通过耳濡目染使得创业者产生冲动，提高创业敏锐性，设计创业构想。进一步地，推动其进行填补能力缺口的针对性学习，促进其培养恰当的创业智力模式，形成特定氛围下的创业意愿。同时，创业机会搜寻的效率大为提高。

第三，创业氛围的内在反馈演化机制。只要存在创业机会以及能够识别和利用机会的创业主体，就能够通过匹配实现生存型创业，并进一步增加创业机会，激励创业主体，推动优势互补，提高机会型创业的比例。氛围推动型创业不仅是积极的创业形式，而且是动态的创业形式。如果创业水平低，创业预期收益不高，而创业风险却较高，创业收益期望值高，那么就会降低整体的创业水平，并反过来抑制创业氛围，使得创业水平处于低位甚至进一步下降。如果情况相反，那么创业氛围必然会逐步浓郁起来。

2. 外部演化机制

第一，创业环境能够明晰或增加创业机会的价值。开放、竞争和公平的市场则可以促进创业机会的价值更加明晰。即使市场上创业机会本来并不多，但政府对创业活动采取税收优惠等政策，那么也可以增加创业机会的价值，并可能增加新的创业机会。政府举办项目，例如创业基地、科技园和孵化器对创业活动的支持更直接，不仅可以提供成果转化资助、创业补贴和税收优惠等多项政策，还可以促进形成具有一定科技含量的产业集群。

第二，创业环境可以促进外部资源利用和创业优势积累。私人股权筹集资金或债务融资可以弥补创业初期的资金缺口，提高中国的创业起点和创业规模，增加机会型创业。政府为创业提供服务、支持和帮助以及有效组织，对创业活动则更具有持久的影响，如知识教育、对科技成果的获取等，同时提供了便捷的转化环境。

第三，创业环境促进创业氛围演化发展。改善创业环境能够促进创业者、创业机会的互动。创业活动的引导作用、创业者激励自强、创业机会增加、创业空间扩大、创业者捕捉机会的能力提高以及这些因素之间的相互作用，共同促进创业氛围演化发展。

二、创业基地创业氛围实例分析

经过两周的调研，我们走访了咸宁市两类创业孵化园区，即团市委咸宁市大学生创业就业促进中心和光谷南·科技城,并采访了各园区中比较有代表性的初创企业负责人,总结归纳得出,咸宁市创业氛围态势良好,规划详尽,但是在具体操作和执行落实的过程中存在隐忧。

1. 团市委咸宁市大学生创业就业促进中心创业氛围分析

从政府主导的创业园区角度入手,咸宁市大学生创业就业促进中心的周丽主任为我们介绍了近年来该中心的创业发展情况,此外我们还采访了在中心孵化的房地产电商企业深悦会总裁和绿购网总裁。整体上看,大学生创业热情不低,虽然受到了近几年经济下行因素的影响,但从 2014 年至 2017 年的 5 批总计数目达到 45 项的大学生创业项目是当地大学生创业氛围良好的有力证明。但在实际操作层面存在的很多问题对创业氛围的建立有一定的负面作用,亟待改善。

(1)整体上,团市委咸宁市大学生创业就业促进中心的创业氛围良好

一方面,从创业氛围的内部演化机制来看,创业主体知识水平较高,回报家乡情感深厚,部分企业有一定的创新意识;创业机会多种多样;创业活动自发组织,切实有效。

第一,创业主体主要为毕业 5 年内的大学生,其中包含不少从外地回到家乡创业的群体,很多创业企业的老板自己就是咸宁人。同时,大学生在创业过程中也逐渐开阔了眼界,不断调整和突破自己。如绿购网总裁指出,该公司在竞争性很强的互联网行业能够存活的两个主要原因是自己和团队能及时与高水平的全国顶尖人才交流并不断尝试、探索创新。绿购网创新尝试线下体验店,以食品为主,做了一个餐厅,又做了一个展示厅,让顾客吃到最正宗的食品之后再去主动购买。第二,创业机会多种多样,团市委没有统一的规划分类,除限制有门面需求的企业入驻园区以外,其他企业均可。既有工业制造业等传统企业,如咸宁地区品牌延伸企业、花类产业包装企业等,也有充分结合咸宁地区农业多样性的互联网企业,如比较有代表性的绿购网,更有门槛比较低但是鱼龙混杂的"互联网+"企业,如比较有代表性的房地产电商企业深悦会,甚至有很多没有固定场所的企业,依然在中心的入驻项目范围之内。第三,创业活动自发组织,虽然没有团市委官方统一组织的有固定周期的路演和创业沙龙等融资和经验分享活动,但是创业者有自发组织的类似于创业者联盟的协会和属于创业者自己的"圈子"。深悦会总裁告诉我们,当地的创业者协会已有多年,有自己的组织架构,其中,协会的秘书长当天陪同我们进行了走访,协会的成员平时会在集体出席的酒席宴

会等场合自行组织创业经验的分享活动,互相帮助、共同发展。

由此可见,从内部演化角度,即使没有统一组织的创业活动,创业者们自发组织的相关活动对当地创业氛围的建立也起着良好的作用。在同行分享经验的过程中,更多的创业机会被创造出来,机会搜寻的效率也得到了提升。同时,优秀的创业者为其他人提供了示范效应和榜样作用,激发了创业者的创业热情。进一步地,创业水平高的企业形成了动态推动创业的态势,提高了机会型创业的比例,使得创业氛围更加浓郁。

另一方面,从创业氛围的外部演化机制来看,团市委咸宁市大学生创业就业促进中心的创业环境在咸宁市数一数二:迅速落实政策扶持,积极尝试各种融资方式,合理控制创业成功率,不定期提供专家指导,积极提供财务和法律方面的咨询,创造了良好的创业环境。

第一,政策扶持方面,对创业者及其企业在住房公寓、办公场地、启动及奖励资金、税收减免等政策支持上落实较快,配备完善。深悦会总裁指出,团市委在政策落实方面做得非常好,不仅透明而且不拖沓。第二,融资方面,团市委积极联系风险投资机构,以尽力提供相关支持。第三,创业成功率控制层面,团市委会对希望入驻的企业进行审核,并不定期进行评审,邀请省市里的专家,如知名企业家、青年创业导师、淘宝商学院老师及人社局和财政局的领导,对创业者的现场路演进行综合评分,一般当天就可以出结果。正常运营 6 个月之后,会再次依据入驻标准进行诊断和鉴定,对评分较高的企业给予资金奖励,并提供一定金额的无息贷款作为启动资金。第四,专家指导方面,虽然没有固定匹配的创业导师,但是会有专家在不定期的诊断过后进行指导交流。第五,财务和法律咨询方面,团市委购买了法律方面的简单咨询服务并免费提供给企业使用,但如果涉及合同方面的事宜或者需要对其经营状况出具报告,企业还是要向相关机构支付服务费用。创业者表示这些服务很有用,会在适当的时机使用。

由此可见,从外部演化角度,团市委在创业环境的各个层面对创业者及其企业提供了能力范围之内的最大支持和帮助,成功地促进了创业者和创业机会的互动,改善了创业环境,让与创业有关的各因素相互作用,促进了创业氛围的演化和发展。

(2)执行层面上,团市委咸宁市大学生创业就业创进中心的创业氛围受到影响

一方面,从创业氛围的内部演化机制来看,创业主体人才流失严重,大部分

缺乏创造力；创业机会全而不专，机会渐失；创业活动缺乏统一安排，难以形成互动。

第一，创业主体存在人才流失问题，同时缺少创造力，缺乏创新意识。虽然以大学生为主，但周丽主任指出，咸宁毕竟是比较小的三四线城市，很多自身素质较好的大学生会到其他省市发展，留在大城市虽然竞争压力较大，但是机会也多一些，出去学习之后再回来的还是少数，存在一定的人才流失问题。同时，后面几批项目的创新程度有所下降，生存型创业占比越来越大，缺乏创新而追求稳妥。第二，创业机会挖掘殆尽，虽然全面，但是没有集中优势。周丽主任指出，目前咸宁市的相关创业项目挖掘得差不多了，也没有太多结合本地优势的创业项目。尤其是大环境不好，发展到了一个瓶颈期，创新也需要一定的时间积累过程。从前四批创业项目都在10个以上，而第五批创业项目只有5个可以看出，创业机会紧缺。并且绿购网总裁指出，也曾联系到一些风险投资人，但是对方不关注农业领域的项目，主要关注点在创新方面，比如"互联网+"领域。而且，咸宁市农产品看似全面、丰富，但是由于丘陵地区种植条件的限制，很难像东北那样形成集聚效应产生优势。第三，创业活动缺乏统一的组织安排，没有定期路演的机会。深悦会总裁坦言，团市委这边也缺乏组织活动的资金，办一次路演要花很多钱，同时咸宁市也几乎没有风险投资人愿意过来投资。很多风险投资人坦言，对于总部在咸宁的公司，他们很难向公司上层反映拿到投资，发展前景堪忧。

由此可见，人才流失、创新意识缺乏和创业活动统一安排不足是创业氛围出现问题的几大核心点。破解人才流失问题，培养创业者的创新意识，积极联络、组织创业活动需要咸宁团市委重点关注。

另一方面，从创业氛围的外部演化机制来看，创业环境喜忧参半：政策资金扶持力度不足；融资方面过于谨慎；提供服务缺乏针对性和实效性；扶持的创业主体有限。

第一，政策扶持力度较弱，涉及资金问题审批流程复杂。深悦会总裁指出，政府扶持的启动资金是有的，但是只有5万元的无息贷款，这对于初创企业来讲是杯水车薪，很难满足大部分企业的需求。他建议将这些资金集中投放到几个优秀的企业身上，重点扶持表现突出的企业，这样才会有更大的效用。周丽主任也坦言，给创业者提供的单身公寓是租用的，租金审批流程复杂，时间较长，让很多创业者有一定的意见。第二，融资方面过于谨慎，采用的合作方式有待改变，缺少引导带动。省里、银行和团市委怕承担太多的风险是合理的，但是倘若一直不迈出第一步,就永远不会有发展。绿购网在众多企业中融资较为成功,但其总裁坦言,融资渠道都要靠自己联系,自己往外走得比较多,接触到了很多江浙的圈子,有了一定的人脉才有了自己的融资渠道。第三,财务和法律咨询服务需要转变方式。周丽主任指明,虽然告知提供了这些服务,但是创业者们缺乏主动咨询的意识。然而,深悦会总裁坦言,财务咨询要求企业公开自己的财务情况,这对于初创企业来讲很难接受,因此大部分企业更倾向于自己做。而虽然知道法律咨询有用,却不知道什么时候开始用,对相关领域的知识了解不够。第四,扶持的创业主体应该扩大。周丽主任通过近几年的工作总结出,对于没有读过大学的创业者更应该提供相关的政策扶持,目前的审批条件是只针对毕业5年内的大学生,很多不是大学生的人就被排除在外了,他们会有一些心理落差。

由此可见,创业环境上的细节问题在很大程度上影响了团市委咸宁市大学生创业就业促进中心的创业氛围。对于相关企业反映的政策、融资、服务等方面的问题,如若不及时改善,则会对创业氛围产生较大的打击。

2. 光谷南·科技城创业氛围分析

从企业主导的创业园区入手,咸宁市高新技术开发区光谷南·科技城的执行总裁向我们介绍了园区近几年来的发展和现状,同时,我们还采访了在基地孵化中的华术光电科技有限公司创始人兼总裁、百盛医疗器械有限公司总裁和天助网(网络推广平台)总部总裁助理等人。光谷南·科技城由企业总部基地、总部经济区、企业定制区、创新创业区和生态城五大板块组成。一期7万立方米的孵化、研发、办公综合体已经实现满园招商;二期20万立方米的研发、办公、厂房、商业区正在抓紧建设招商中。基地正积极打造包括"湖北省科技成果转换基地""国家级科技企业孵化器培育单位""咸宁市电子商务示范基地""咸宁市大学生创业孵化园"等八大平台和人力资源、企业商务、企业创业、企业员工、企业经营、政府一站式等六大服务在内的核心科技创新服务体系。

(1)整体上,光谷南·科技城规划良好,创业氛围正值起步

一方面,从创业氛围的内部演化机制来看,创业主体技术水平较高;创业机会多,受到各级重视;创业活动有一定的组织。

第一,创业主体技术水平较高,有着自己的核心技术或专利。华术光电的总裁毕业于武汉纺织大学,2014年4月获得湖北省第一届创业大赛铜奖,对机械等技术问题很在行,公司主要产品是LED灯牌,现有专利技术4项。百盛医疗公司和湖北省生物医学工程学会合作,现有一类医疗器械产品5个,已有专利达

到300余项。第二,创业机会多,受到省、市政府的重视和支持。光谷南·科技城作为湖北省科技成果转化示范基地、咸宁市互联网科技产业园、鄂南软件与信息技术产业基地,有着丰富的科技成果。招商对象集中于"互联网+"、生物医药、电子信息、智能制造领域。第三,创业活动有一定的组织。场地充足,会不定期组织路演活动吸引风险投资,不过周期较长。

另一方面,从创业氛围的外部演化机制来看,创业环境规划良好,对创业氛围起到了正向作用。

第一,硬件设施上规划良好,充分考虑创业者需求。园区计划打造"四园三区一基地"。企业总部基地计划占地139亩,规划独栋企业总部楼37栋,每栋建筑面积350—580平方米,庭院面积660—1 500平方米,配套有高新园区行政服务中心、商业休闲一条街,超前多功能规划设计,灵活空间,集办公、休闲、商务洽谈、居住等于一体。总部经济区计划占地350亩,每栋建筑面积700—7 300平方米,规划有四大产业园以及金融服务中心、人力资本大厦、运动场等。企业定制区计划占地516亩,可以根据企业的生产需求自由分割,规划有科研大楼、3+1钢构厂房、周围办公楼群等,适合生产制造、仓储物流。创新创业区计划占地100亩,规划有高端写字楼、LOFT公寓、休闲娱乐场所、购物中心等。生态城计划占地约287亩,规划有花园别墅、景观洋房、园区幼儿园、社区文化广场、人工湖、休闲公园等多项配套设施。根据百盛医疗和华术光电的反馈,园区为各个企业提供了500平方米的空间作为临时厂房和办公区域,同时提供了租金支持、住所和补贴;此外,为天助网总部提供了整栋4层楼作为招商引资、创业者回乡支持家乡发展的鼓励。第二,计划提供六大服务,包含人力资源服务、企业商务服务、企业创业服务、企业员工服务、企业经营服务和政府一站式服务。

由此可见,尽管基地成立时间不长,但是光谷南·科技城的创业氛围已经形成,尤其是在"筑巢引凤"方面,园区的基础设施和软件服务的规划建设前景良好,对创业氛围的促进作用明显。

(2)实际操作层面上,光谷南·科技城创业氛围尚未产生足够优势,不足之处有待完善

一方面,从创业氛围的内部演化机制来看,创业主体缺乏创新创业的远见和意识,与相关导师等人士接触较少;创业机会虚高,尚处在萌芽阶段;创业活动组织较少,难以形成吸引力。

第一,创业主体对公司未来的规划意识不强,创业园区缺少战略指导服务的

提供。虽然华术光电经过几年的经营和扩张已经渐有起色,尤其是在开启了电商服务之后,2017年预计年营业额达到上百万元,但公司总裁对公司的近期规划和长期计划缺乏系统性、规范性的认识,基本维持在和显示屏、广告等相关企业合作等层面上。第二,创业机会有一定程度的虚高。入驻园区的天助网选址咸宁的原因有做本地业务、地租较低等,但在很大程度上还是在于老板是本地人。虽然天助网正在办商学院和培训活动,但是依结果来看,绝大部分参加培训的学生最后都选择了进入天助网工作,而非成为一批批优秀的创业人才,可见创业机会的稀缺。第三,创业活动举办明显不足,几乎没有大型路演活动。根据我们两周的观察和对创业者的访谈,园区内很少有路演类的活动,不利于吸引风险投资,不利于创业者们发现新的机会。

另一方面,从创业氛围的外部演化机制来看,创业环境硬件建设刚刚起步,软件建设有待加强。

第一,硬件建设上虽然规划建设用地广,但是建设进度并不快,不能满足企业的需求。华术光电的总裁指出,原本说几个月能建设起来的厂房,现在都好几年了也才刚开建。百盛医疗的总裁表示,现在给的200平方米的办公区根本不够用,希望以后有条件了可以有单独的一栋楼。第二,软件建设上,各类服务提供较少,提供的方式单一,效率也不高。园区规划中的法律、财务等方面的服务也未能提供。

由此可见,光谷南·科技城创业氛围的形成正处在起步阶段,且面临主体创业者缺乏远见、创业机会渐少、创业活动无法组织开展、创业环境不能满足企业需求等问题。不过对于刚刚起步的创业园区来讲,这些问题在所难免,期待园区早日合理解决这些问题,成长为咸宁市创业的摇篮。

3. 加强政企间有效沟通,更好服务创新创业企业

从政府的角度来讲,政企沟通是行政沟通的一部分,是行政机关行政管理职能的一种体现;从企业的角度来讲,政企沟通其实是一种政府公关,就是企业怎样使自己的立场能够及时、有效、正确地反馈给政府。而在"双创"形势下处理好政企关系,对推进行政体制改革、转变政府职能、改变社会管理体制及公共服务体制都具有深刻的意义。应构建高效的政企沟通机制,实现可持续发展。

政府与企业的关系从来都不是靠沟通技巧,而是需要实质性的内容。一方面,政府需要向服务型政府转型,建设服务环境好、管理规范、办事效率高、企业

投资软成本低、人才积极性高的发展环境;另一方面,企业需要积极主动地与政府进行沟通并建立长期联系,增进彼此的了解与信任。

为了实现有效的政企沟通,政府需要在以下两方面做出努力:

第一是加强政企沟通的制度建设,完善沟通机制。

首先,政企沟通制度化。在市场经济下,政府与企业是服务与被服务的关系,一切以服务企业为宗旨,想企业所想,为企业解决困难,如果不做好企业的服务工作,那么企业就会离开。因此,政府不仅要关心企业,还要适时、适度地对企业进行培训调查,比如长沙市就为企业提供财务培训、政务公关咨询等。

其次,强化责任型组织体制。责任机制在成为政府沟通能力时,需要政府组织内部的循环监督系统,上级对下级进行监督,下级也有权监督上级。如果不加强内部的体制监督,就会严重影响政企沟通的顺畅运行。凡是监督不力、责任机制功能失调的组织和部门都需要严格审查。

第二是要疏通沟通渠道,建立沟通平台。

首先,建立和完善公共信息平台。建立并且完善良好的公共信息平台是实现政企沟通的根本基石。政府开发区管委会要在服务、管理和保障三个方面解决企业的后顾之忧。政府可以开发公共信息平台,依靠电子网络系统进行业务流程管理。

其次,加强开发区政企沟通平台的信息管理。要做好开发区管理,就必须做到以人为本,一切从企业出发,采取有效的管理手段,制定合理的发展目标与计划。我们建议加强信息管理,形成完善的信息库,从而对企业及政策有更好、更宏观的把握,优化信息沟通过程。

最后,优化开发区的政企沟通网络,建立沟通反馈机制。在调研过程中我们发现,许多政策未落实都是由于政企间沟通不到位,导致信息未能有效传达到企业端,这就需要我们完善沟通网络,从而促进政策的传达与落地。我们看到,许多高新区初步建立起了与企业间的沟通网络。总体来看,线上有官网、微信公众号、微信群、QQ群等沟通渠道,线下有高新区管理层走访、线下洽谈会等形式。以长沙市为例,长沙市麓谷园区每周都会举办金融洽谈会,长沙智能制造研究总院会定期发布产业咨询与重大政策,保证了信息及时、充分的沟通和交流。

我们建议,从线上、线下两个渠道完善信息的传达与反馈。通过线上官网、微信平台发布重大政策与政策解读,保证信息的权威性与广泛性,辅以微信群通知等,尽可能地传达到每个企业;线下设立宣讲团,定期下到各个企业有针对性地宣传政策及其他宏观信息,并解决各企业个性化的问题;另外,定期召开类似企业与高新区管委会的研讨会议,获取信息反馈,优化政企沟通。

三、企业崛起

1. 金融创新与企业创新创业融资

金融,是在不确定的环境中使资金、资本达到跨地、跨期最优化配置的行业。创新,是"企业家对生产要素的重新组合",是"赋予资源以新的创造财富能力的行为,可以分为技术创新和社会创新"。金融创新本质上也是一种创新,是将金融资产重新组合以帮助企业创造财富的过程,对企业而言起到了资本支持、风险分担等作用。金融系统在创造自身价值的同时,其调配的资源最终流向依然是(非金融)企业,为其创业、创新发展提供必要的资本投入和资本来源。金融创新大致可归为七类:金融制度创新、金融市场创新、金融产品创新、金融机构创新、金融资源创新、金融科技创新和金融管理创新。

我们知道,创新理念的路径选择要从创新理念变革、思想观念变革和技术领域变革三个方面入手,要认清市场是创新的根本力量,企业是创新的主体力量,人才是创新的最活跃力量,政府是创新的重要推动力量。对于金融创新而言,就是要依托市场在优化配置创新资源方面的作用,为企业与人才提供适当的融资渠道与资本支持,以保证企业创新投入的积极性与创新成果向生产力的转化。

随着社会主义市场经济新体制的确立,金融创新成为推动金融发展的第一力量,无论是国有商业银行的股份制改造、各种新型金融产品的推出,还是中小企业板块的建立等都在一定程度上促进了中国金融体系的完善。但与此同时,金融市场结构不合理、企业融资渠道结构不合理、金融工具品种单一、金融产品发展不规范、法律保护缺失等问题仍然存在。

本部分将主要通过案例分析着力探讨中小企业在创新创业过程中如何解决资金难题。

案例六

湘江新区中小企业融资探讨

一、湘江新区发展概况与企业情况简述

湖南湘江新区前身为2008年6月成立的长沙大河西先导区,2015年4月8

日经国务院正式批准设立,是中部首个、全国第12个国家级新区。湘江新区包括岳麓区、望城区和宁乡县部分地区,面积1 200万平方公里,覆盖长沙国家高新技术产业开发区(以下简称"高新区")、宁乡经济技术开发区、望城开发区、宁乡高新区和岳麓科技产业园。

湘江新区自2015年成立以来,取得了较为良好的经济增长。2015年完成地区生产总值1 602.53亿元,同比增长11.5%;规模以上工业增加值855亿元,同比增长12.2%;高新技术产业增加值831.84亿元,同比增长11.4%;固定资产投资1 762亿元,同比增长21.7%;完成财政收入217.32亿元;常住人口城镇化率达到84.58%;主要经济指标增速高于全市2个百分点左右。

企业经营情况方面,以高新区为例,2015年成立之前,已有工商注册企业2 259家,生产总值占全市的16%,在孵企业1 289家。2014年净利润226亿元。2014年年底以高新区为首的长株潭国家自主创新示范区获批,2015年全年高新区总收入突破4 000亿元,新引进创业企业3 000多家,企业总收入增长超过13%。

创新技术投入方面,由于没有相关的统计,这里采用2014年国家科技部对长沙市所有技术开发区的统计报告结果,高新区2014年高新技术产业总收入319亿元,高技术服务业从业人员18 830人,研发人员全时当量32 336人年。

二、企业生命周期融资需求与现存问题

企业生命周期的概念最早由马森·海瑞尔(Mason Haire)提出,是指企业的发展符合生物学中的成长路线,有一个从初始到成熟的成长路线过程。中关村民营科技企业也遵循企业生命周期规律,需要经历种子(Seed)、起步(Start-up)、成长(Development)、扩张(Shipping)和成熟(Profitable)五个阶段。在每一个发展阶段,企业规模不同、盈利能力不同,企业的发展目标、技术创新活跃程度、抵御市场风险能力也不同,企业的资金需求强度、资金筹措能力等也因此存在较大的差异。

1. 高新技术企业种子阶段的资金需求及融资渠道选择

种子阶段是企业还没有成型的初期发展阶段,此时企业仍处于"萌芽"状态,处于技术的酝酿与发明阶段,还没有一个完整的组织形态向外界呈现出来。企业进行的主要活动为确定技术和商业上的可能性以及技术规范的内容,并进行前期的市场研究,寻求企业合作者,同时收集翔实的信息,制订经营计划,筹集企业发展资金;等等。种子阶段的企业一般都具有规模小、风险大的特点。该阶

段企业可能刚刚组建或正在积极准备筹建,注册资本少,办公场所小,有的没有固定的办公场所,甚至还没有办公场所。此外,企业还承担着较高的风险,因为该阶段企业产品或技术仅是一个构想,没有成型的产品,加上企业处于初期发展阶段,同时面临较高的技术风险、市场风险、管理经营风险等。高新技术企业在种子阶段的失败率超过70%,意味着很多企业还没有走出该阶段就会被无情地淘汰。

种子阶段企业面临的首要任务是尽快实现研发产品的技术突破并把企业组织成立起来。企业活动较为简单,以从事科学研究、产品开发为主,企业员工少,组织结构简单松散,决定了企业在此阶段资金的需求量不是很大。企业的资金需求主要源自以下几个方面:首先,研发投入是种子阶段高新技术企业资金投入的最核心部分,一般来说,用于科技研发的资金占该阶段全部支出的近50%。在研发过程中,企业要购买或租赁与企业产品研发密切相关的科研设备、仪器等设施,往往需要投入大量的资金;同时研发人员的投入也是研发投入的重要组成部分,特别是在软件等高新技术行业,研发人员投入占相当大的比重。其次,企业资本金的注册和日常办公也会产生资金需求,按照有关规定,企业在成立之初,需要到当地有关部门进行登记注册,并提供一定数量的资本金证明;而为保证企业日常活动的正常运转,要求企业通过购买、租赁等形式提供办公、科学研究场所,并拥有一定的办公工具、交通用具等,这也需要一定数量的资金。

中小型企业,尤其是民营高科技企业融资环境不佳,这是全国普遍存在的问题。虽然科技支行、国家开发银行等机构对中小型民营高科技企业提供信贷支持,但是民营企业的先天身份特征,决定了它们不可能在中国现有的金融体系中如鱼得水地进行融资活动。在种子阶段,企业由于风险大和规模小的特点,面临的融资渠道相对较为狭窄,从外部获得投资资金很困难,主要来源于自有资金,企业创业者、其亲戚朋友、上级主管机构的投资,以及少量的风险投资基金和科技型中小企业创新基金等。风险投资公司在该阶段很少进入,据统计,仅有10%—15%的投资组合资金用于该阶段的投资,成熟的风险投资者一般仅有5%的资金投入该阶段。此外,该阶段企业还可以通过其他方式解决短期性资金周转困难,如支付较高的利息获得民间短期融资贷款,创业者以自有资产投入企业运营过程,以及在商品交易中通过延期付款或预收货款的方式获得商业信用短期融资,等等。

2. 高新技术企业起步阶段的资金需求及融资渠道选择

企业经过种子阶段的发展酝酿，转入起步阶段。该阶段企业已经搭建了一个企业组织雏形，有了较为完整的研发队伍和管理队伍，并制订了初步的企业经营计划，技术研发进入相对成熟阶段，已经研发出新的产品。起步阶段企业的主要活动表现为：确定产品规范的内容，修改技术和商业上的可能性以及技术规范的内容，继续进行前期的市场研究，在收集翔实信息的基础上制订企业长期经营计划，为产品的生产和科研的深入筹集发展资金。与种子阶段相比，企业在规模上和抵御风险方面有了明显的进步，但规模依然很小，风险相对较高。管理队伍主要组成人员依然是科研班底出身的创业者，虽然初步积累了一些经验，但在管理能力、控制能力、运筹能力、沟通技巧等方面仍有欠缺。所以，企业仍然面临很高的技术风险、市场风险、管理经营风险等。进入起步阶段，由于已基本完成了企业研发所需仪器、设备等的配置，同时也拥有了企业办公所需要的办公空间载体和办公活动所需的交通设施等条件，因此企业面临的首要任务是尽快使研发技术成熟并推出相关产品。所以，企业对资金的需求相较于种子阶段有了一定程度的下降，在整个生命周期中处于一个较低的水平。该阶段主要的资金投入是人员开支，通过不断吸收外部管理人员和技术人员的加入，企业的工作人员有了数量上的增加，企业用于工人工资的开销开始增长，尤其是面临技术攻坚阶段的重要时期，企业会不惜重金诚聘高素质人才。同时，企业还可能继续添加办公所需设施，继续购买再研发所需仪器、设备等，这些都会花费企业一定数量的资金；市场调查研究、技术产品的确定等对资金也会产生需求。

与种子阶段相比，虽然起步阶段企业组织发生了质的飞跃，产品、技术也已由概念转向实验室阶段，并且有了初期阶段的产品出现，但仍存在风险大、规模小的不利条件，致使融资环境难以得到有效改善，融资渠道难以广泛拓展，企业融资仍以内源性融资为主、外源性融资为辅。资金来源中，企业创业者个人积蓄和将个人财产作为抵押从银行获得的融资资金所占比例很大，从亲戚朋友那里获得的短期借贷资金也占较大比例。由于研发技术的逐步成熟，增加了产品产业化和商业化的可能性，会引起一批喜欢高风险的风险投资公司的关注，风险投资资金在该阶段的投资比例会有所增加。此外，一些处于研发攻坚阶段的企业，在出现资金有效供给不足的情况时，为获得用以维持企业生命的资金保障，会选择向民间资本寻求融资支持。

3. 高新技术企业成长阶段的资金需求及融资渠道选择

所谓"成长阶段",一般意义上是指企业的技术创新和产品适销阶段,即企业在产品研发后期掌握了较成熟的技术,从开始对产品进行批量生产并在市场上进行投放性试用,到最终形成产品大批量生产、销售。进入成长阶段,企业所进行的主要活动发生了改变,在进一步完善相关新产品、新技术规范的前提下,建立企业的经营管理制度并予以实施,同时,向市场推出产品并修改产品的生产标准,为组织生产和销售筹集大量资金。经过长时间的发展之后,此时企业规模有了一个较大的提升,有了研究开发部门、生产部门、市场营销部门的划分,企业将从事技术研发、生产制造、市场营销、售后服务等活动的人员有机地组合在一起,使企业具有快速反应和应对的能力。随着产品技术的进一步成熟和产品适销的推进,技术风险和市场风险也在逐步降低。

成长阶段企业的主要任务是为产品的大批量销售做各种积极的准备,资金的需求量较起步阶段会飞速提升。首先,企业进行"中试"会对资金产生较大的需求,虽然企业在该阶段掌握了新产品的样品、样机或较为完善的生产工艺路线和生产方法,但通过产品的市场试销收集到的反馈消息,仍然存在较多需要改进的地方。一方面是要调整产品与市场的关系,使产品满足市场的需要,符合消费者的口味。另一方面是要调整产品与生产的关系,实现产品生产效率的最大化。上述两个方面都需要企业投入大量的资金。同时,广告投入、新产品宣传投入的资金也会很多。此外,期间产品的批量生产和市场试销工作等也需要企业投入大量的资金。

在成长阶段,由于企业的市场风险和技术风险得到释放,仍然处于现金流出大于现金流入的阶段,企业抵押能力不强,信息透明度较差,因此,这一阶段企业要想获得商业银行的贷款融资相对困难;同时,由于企业的经营状况也没有达到发行股票和债券进行融资的标准,因此,企业也不能获得资本市场资金的支持。从而,该阶段主要的融资方式是权益性资本,追求高收益、高风险的风险投资基金或风险投资公司将以战略伙伴或控股者的身份进入企业,成为企业发展所需资金的提供者。因为技术风险、市场风险和管理经营风险较高,风险投资在该阶段的损失率很高,所以,风险投资不会以较大的风险投资组合比例将资金注入,一般采取15%—20%的比例。

4. 高新技术企业扩张阶段的资金需求及融资渠道选择

扩张阶段是指企业技术发展和生产扩大阶段,在经过成长阶段的种种考验后,企业在生产、销售、服务方面积累了一定的经验,基本实现了新产品技术、生产和市场的结合,财务状况相对稳定,并建立了有竞争力的企业系统,具备了批量生产的能力。在此阶段,企业将主要致力于工艺技术和第二代产品的开发,在继续提高技术水平的基础上,进行营销技术的开拓与创新,并逐步提高企业的管理能力,同时,努力提高产品的更新换代能力,通过改进生产流程和作业方式等,积极探索规模经济的实现。企业组织结构向集团化方向发展,通过技术、资本、产品等多种联合方式,将其协作企业组成子公司系列,采取集权和分权的方式进行集团化管理。

进入扩张阶段的企业基本上形成了核心竞争力,为了实现企业的规模经济,提高企业竞争力,达到财务盈亏平衡点,该阶段的主要任务是通过各种渠道进行市场的拓展,让产品迅速占领市场。因此,相较于成长阶段,资金的需求量会有更高程度的提升,一般该阶段资金需求会达到成长阶段的近10倍。企业经过产品的试销后得到了消费者的认可,技术水平和生产工艺流程等得到进一步改善,企业会向市场大批量投放产品,扩大产品生产规模,为此,需要花费大量资金用于原材料、零配件等的采购,生产成本形成的资金需求是该阶段资金需求的主导力量。资金需求的另一股主导力量则是由市场营销费用形成的,此时产品的市场价值已经不仅仅局限于当地市场、国内市场,广阔的国际市场也成为企业的目标之一,企业的市场渗透在深度上得到了加深、层次上得到了拓展,带来的是费用的增加。与此同时,因生产规模扩大所需的设备增加而产生的资金需求、因第二代产品研发而产生的资金需求,以及企业管理费用和工资费用等,也都是该阶段企业资金需求的重要组成部分。

在扩张阶段,企业为了迅速抢占市场,组织大规模生产,需要在短时期内获得大量资金,这对企业的融资工作在数量规模上提出了挑战。伴随着企业规模的扩大,技术风险、市场风险和管理经营风险降低,以及社会对企业了解的深入,企业可以获得包括商业银行在内的各种资金供给方的信任,相较于前三个阶段,企业的融资渠道得到了很大的拓展。该阶段可以选择的融资渠道主要有以下几种:一是通过抵押和质押等方式从商业银行获得银行贷款;二是风险投资公司的后续投资,这是该阶段企业最主要的融资渠道,风险投资机构在此阶段对企业资金的注入一般会占企业资金的20%—30%;三是企业有了多年的经营业绩财务记录以及盈利状况记录,可以通过二板(三板、四板)市场在资本市场获得直接融资。此外,一些创新活跃、对国家创新能力提升有重要贡献的企业也可以获得国家政策性资金的支持。

5. 高新技术企业成熟阶段的资金需求及融资渠道选择

成熟阶段主要是指高新技术企业占有稳定的市场份额、进行大规模生产的阶段。该阶段企业的各种风险降为最低,企业已经开始大幅盈利,资金需求在整个生命周期达到最高水平;技术成熟,产品进入大规模工业化生产阶段,产品有了较高的市场占有率,有了明显的利润,企业和产品的形象已经建立,开始为公开上市做准备。该阶段企业已经发展成熟,创业资本基本上完成了它们的使命,开始从企业撤出;企业股权开始社会化,并且按照上市要求对其经营机制做出了进一步的规范;企业在建立了直接融资渠道的同时,与银行的信用关系进一步加强,筹资风险下降。

进入成熟阶段,企业的主要任务是继续提高产品的市场占有率,扩大企业的生产规模,创新企业的组织结构和经营管理模式;考虑到企业的可持续发展,开始着手准备后续产品的开发,资金的需求规模扩大到整个生命周期的最大阶段。首先,该阶段企业产品的技术和性能日趋完善,在消费者群体中建立了广泛的信任度,消费者开始热衷于购买该产品,产生了巨大的市场需求,要求企业必须购置更多的生产设备、原材料,扩建更多的车间厂房来进行大批量生产,这需要企业投入大量的资金。其次,为了跟进产品的销售配套服务,企业的营销策略有所创新,已经突破原有的市场渗透渠道和方法,建立了全方位、立体式的市场营销体系,所以,用于市场拓展的费用也会随之大幅度地增加。与此同时,企业规模扩大带来的是员工数量的增加和素质水平的提高,用于企业管理和员工工资的费用会进一步增加,是企业该阶段资金需求的重要组成部分。最后,企业为了可持续发展,在上新项目或推出新产品等方面也存在对资金的大规模需求。

步入成熟发展阶段后,企业已经具备相当雄厚的实力,在发展过程中通过经验的不断积累,能够较容易地利用和控制各种资源。伴随着企业发展战略目标的转移,企业已经不再为筹集不到资金而发愁,在综合考虑各种融资渠道成本的前提下,选择最优融资结构以最小化融资成本成为其重点考虑的问题。在证券市场实现上市融资是高新技术企业成熟重要且比较通用的标志,企业进入该阶段已拥有了强大的管理团队,在行业内掌握着成熟的核心技术,发展前景良好,并且有多年的经营和盈利记录,各项指标基本上满足了在证券市场上公开发行股票的条件。在证券市场融资成本低、融资规模大和风险投资积极退出等多方面因素的推动下,企业会考虑上市,上市也不仅仅局限在境内,目前很多高新技术企业开始寻求在境外证券市场上市,尤其是在北美证券市场、香港证券市场、新加坡证券市场等。成熟阶段企业现金流量较为稳定,资金缺口逐渐减小,信用记录一般较为良好,成本低、手续少、融资期限长的银行等金融部门的融资成为企业可行的、最方便的、经济的融资方式。

通过并购和回购实现融资是成熟阶段企业融资的又一种重要方式。鉴于中国目前证券市场运作还不规范,风险投资体系尚未健全,并购和回购带有特殊的意义,既为风险投资提供了一个退出的渠道,也可促进双方企业资产和技术的整合,减少其他方面的风险。同时,通过收购,"借壳上市"越来越成为当前高新科技企业进入资本市场最有效、最易成功的途径。

三、中小企业融资渠道的现存问题

目前,中国企业获取资金支持的四个主要渠道为银行、创业投资、资本市场和民间融资,这四个渠道在湖南湘江新区企业发展过程中发挥着不同的作用。然而,由于这几个融资渠道本身存在的问题及其不完善性,其在调剂资金余缺中并未发挥应有的作用。截至目前,湘江新区聚集了投融资机构400多家,注册投资基金300多亿元,累计为企业提供资金支持200多亿元,其中,高新区投融资总量超过10亿元,人才基金库新入库企业42家,挖掘重点项目6个并完成尽职调查。

从历史发展来看,许多新兴技术的突破以及创新行业、产品的产生与发展实际上是由金融体系中的风险资本带动的。当经济下行、市场不景气时,在高收益的驱使下,往往会出现风险资本投向新兴高风险行业的情况。例如20世纪末,互联网行业和电子信息行业正是在这种情况下发展壮大起来的。然而,由于历史文化传统以及经济状况等的影响,中国人偏向于保守,具有风险厌恶性,会更多地选择保守而可靠的投资方式,即在资本市场中,由于人们过于强调收益的稳定性,导致尽管国家总体上投入的资本量较大,但资本向以中小型创业企业为代表的风险行业投入不足,也就是说,真正流入创新领域并发挥作用的资本很少,而现状是新兴创业型中小企业数目众多且增速快,于是出现"粥多僧少"的局面。在这种情况下,一旦出现经济下行,在目前很大程度上仍依靠投资拉动经济增长的中国,企业融资将面临困境。从企业的角度来看,其单方面看到的只是国家总体上投资的增长和较高的投资比例,从而会使其对融资和投资拉动经济增长的期望过高,认为在这样的环境下企业融资会相对容易,即把融资问题简单化、理想化了。还有一个问题是,一个企业最核心的部分——技术与知识产权

(无形资产)难以估价,并且无法有效进行交易,这使得投资者很难在企业经营不善时通过出卖或者转让这些无形资产来确保自己的最低收益。这些因素也在一定程度上间接地导致了现阶段中国企业融资难的问题。

1. 间接融资

中国金融业的发展历程在很大程度上决定了中国企业最主要的融资方式为以银行信贷为主导的间接融资,并且这一方式在近年来呈现出一种上升的趋势。一直以来,资本市场等融资渠道都对企业的规模有着较为严苛的要求,因此,银行成为创业企业获取融资的一个较为可能的渠道。这同样也是正处于发展中的湘江新区的创业企业所面临的现状。但是,银行业的运营机制决定了其必然是风险厌恶的,也就是人们常说的"嫌贫爱富",中国人的储蓄习惯与银行业的发展路径使得这一通病表现得尤为突出。这就必然意味着尽管银行体系占有着中国绝大部分的金融资源,但其并不能为高风险的中小企业的发展提供有效而有力的支持。湘江新区的银行中,即使是比较新的各科技支行,虽然在致力于为中小微企业提供金融服务,并且打破传统的运营模式,走科技金融、战略联盟的道路,但风险因素依然是其贷款时最关注的指标,没有之一。同时,我们还了解到间接融资存在其他一些问题。

1.1 银行信贷资源过于集中不利于创业企业获得贷款支持

根据中国银行业监督管理委员会的统计数据,截至 2016 年第一季度,中国银行业金融机构共持有资产 2 085 578 亿元,其中,四大国有商业银行持有资产占 38.60%,股份制商业银行占 18.49%,城市商业银行占 11.42%,其他类金融机构占 18.43%;中国银行业金融机构共持有负债 1 924 753 亿元,其中,四大国有商业银行持有负债占 38.52%,股份制商业银行占 18.74%,城市商业银行占 11.54%,其他类金融机构占 18.09%。由以上数据可见,四大国有商业银行所持有的资产和负债仍占银行业相当大的一个比重。(尽管银行资产和负债集中于此的局面已有所改变)。随着银行信贷风险意识的加强,上收信贷权限进行集约化经营成为一种趋势,大多数贷款需求都需要按程序层层上报到省级分行甚至总行,这就导致了环节多、时间长、手续复杂、效率低下等问题。然而从另一个角度来看,由于决策链相对较短,中小型金融机构在服务于创业企业时具有决策和成本等优势。湘江新区的实践也证实了这一点,在为创业企业提供服务的商业银行中,中小型金融机构发挥了较大作用。因此,从某种程度上而言,金融资源过度集中于大中型金融机构不利于创业企业获取融资支持。

1.2 银行的企业信用风险评价体系不适用于创业企业的特点

银行主要是从定量和定性两方面对企业进行评价,定性评价是由银行专业人士对企业的市场竞争力、管理水平、经营状况、发展前景等因素所做出的综合判断;定量评价以企业财务报表为核心,其中,企业的销售收入、资产规模、利润总额、资产负债率为重要指标。传统的企业信用风险评价以定量评价为主、定性评价为补充。尽管近年来各商业银行纷纷针对新兴创业企业特点对评价体系做出了调整,将股东实力、管理者个人信用、上下游企业等引入评价体系,但企业的担保能力这项定量评价仍然在总得分中占据着较大比重。而创业企业又属于一个很特殊的群体,由于其一般具有资产规模小、盈利能力不明显、担保不足等特征,其持有的可能形成还款现金流的资产往往是技术等无形资产,这些无形资产的价值又难以评价,导致其获得银行贷款支持的难度更大。银行对在动产和权利上设置抵押或质押、灵活采用担保方式、增加担保物品种(如股权、应收账款、知识产权等)以及进行金融产品创新等方面的探索必然需要时间。这里以新兴科技银行为例进行说明。科技银行的资金很大一部分来源于普通老百姓的存款,所以在很大程度上需要将风险最小化以保证老百姓储蓄存款的安全,其更偏向于稳健性,因此其倾向于接受一些已经取得可估量的有效成果的企业的贷款申请,这就导致一些刚起步却可能具有极好发展前景的新兴创业企业很难获得银行的贷款支持,只有等其通过其他渠道获得资金艰难发展取得成果之后,银行才可能给予资金支持。除此之外,金融创新在很大程度上还取决于银行创新的意愿、成本收益分析和金融创新能力。

1.3 资金定价难以覆盖对创业企业贷款的高成本

信贷产品定价的依据主要来源于两个方面:一是资金成本,二是贷款风险溢价。在中国长期实行官定利率的影响之下,尽管随着利率市场化改革的推进,贷款利率不再实行管制,然而现实问题是银行通过风险判断制定差异利率的能力总体上仍较弱,而对于将技术创新摆在重要位置的湘江新区创业企业来说,其风险识别具有更强的专业性,对银行也提出了更高的要求。除此之外,创业企业一般存在贷款金额小、笔数多、手续复杂等问题,平均管理成本高,如果再加大"软信息"在评价指标体系中的权重,则信息获取成本将更高。实际上,考虑到创业企业的承受能力和社会舆论压力,银行对中小企业贷款的利息浮动不是无限制的,因此,当贷款金额比较小时,银行贷款决策成本和监督成本就很有可能高于其贷款收益。如果银行体系过度追求伴随高风险的高收益,则便有向风险投资靠拢的趋势,而这就与银行资金的要求相违背了,所以可以说,银行在解决民营高科技企业资金困难问题时具有局限性,其只针对特定客户群体。

1.4 湘江新区可动用的担保机构服务能力不足

在衡量中小型创业企业信用风险时,虽然与大型企业相比定量指标所占权重较小,但是企业能否提供有效担保依然会在总得分中占据较大比重。抵押物、质押物和担保单位这些担保情况对企业评级的影响很大,如果创业企业要通过专业担保公司提供担保而获得贷款,则商业银行对该专业担保公司要进行信用评级。普遍认为,发展商业性担保机构和政策性担保机构是解决创业企业融资难问题的有效途径。湘江新区有产业促进公司、省中小担保、金信担保、麓谷担保、麓谷小贷等平台机构,担保机构的数量还是偏少,而湘江新区创业企业数目多且呈日益上升的趋势,故创业企业的担保需求可能并不能得到有效满足。此外,由于再担保体系尚未建立,担保行业本身蕴含了巨大的风险,也制约了担保业的进一步发展和服务创业企业能力的提高。

2. 创业投资

创业投资是最适合高新技术企业融资需求特点的资金供给方式,被誉为高新技术产业的"孵化器"。中国创业投资从机构数量、可投资于中国内地的资本量、实际投资额等方面来看,近年来均呈增长态势。作为刚设立不久的国家级新区,湘江新区成为长沙市乃至整个湖南创业投资关注的焦点。通过走访长沙高新区创业服务中心,我们了解到,2015年中心共有孵化企业1 561家,其中,新毕业企业27家,新申报规模工业企业7家,新增新三板上市企业5家。全年孵化企业总收入54亿元,上缴税收总额3.5亿元。截至2017年,湘江新区聚集投融资机构400多家,注册投资基金300多亿元,累计为企业提供资金支持200多亿元,但这应该仍不能很好地满足新区现阶段以及将来发展巨大的融资需求。由于成立时间较短,湘江新区不可能在极短的时间内就在各个方面发挥巨大的作用,此外,创业投资也受到创业投资行业自身规模、投资理念、退出渠道、外部环境等多种因素的影响,创业投资在解决湘江新区创业企业融资难问题上的作用有限。

2.1 时间匹配问题

国家鼓励"大众创业,万众创新"的政策在全国掀起了一股创新创业的热潮,大量中小微企业涌现,在带来经济增长的同时也引发了一些问题。首先是中国这些创业企业的创新水平和创新能力普遍不高,由此带来许多企业核心竞争力不足,从而又带来同质化竞争的加剧,许多企业跻身于同一个它们认为可能会在近年来迅猛发展的新兴行业领域,生产相似的产品,选择一条相似的发展道路,竞争激烈,这种数量上的劣势使得投资者难以区分出好企业。与此同时,从中国现今金融发展的形势来看,中国的投资机构基数小,其增长速度远远跟不上新兴发展注册的中小微创业企业的增长速度,这就意味着投资机构面临很大的选择空间,其拥有选择企业进行投资的主动权,所以必然会带来投资机构的"择优而录",即投资机构会设立一些门槛和标准用于筛选,那么这些创业企业未来发展的前景和空间当然成为其考虑的一个重要因素,但是从投资的风险性和利益主体来看,为了使自己的投资得到真正有效的保障,投资机构当然会更看重这些企业是否已经做出某些有益的成果和探索,因为这些已有的成果和探索才是该企业能力和发展潜力的一个可靠的、实实在在的衡量标准,这样才能尽可能地规避自身投资的风险。然而现实情况是这样的,很多科技型创业企业在刚开始时可能仅为一个想法而已,资金、人员、结构以及将来能够研发出来的产品都不能得到任何有效的保证,因此,投资机构在此时进行投资面临的是极大的风险和挑战,很可能最后的结果是该企业并未研发出应有的成果或者其成果并不能达到最初预想的效果。从另外一个角度考虑,企业与投资者对企业未来的看法不一致,企业注重的是创新的精神与活力,而作为投资者,其看重的是企业现时所具备的能力与生产力。所以以上这些带来的问题就是,创业企业在其发展过程中最需要资金支持的阶段难以获得真正所需的资金支持,导致真正需要资金的时间与能够获得资金的时间不相匹配。

2.2 创业投资行业有限的资源未被充分利用

创业投资之所以能够支持一个国家或地区高新技术产业的发展,推动创新型产业集群的形成,最主要的原因在于其能够对高新技术企业进行甄别,能够满足真正具有技术创新力和市场竞争力的企业的资金需求,这种对企业的甄别能力部分体现为创业投资机构的盈利能力。创业投资整体盈利能力状况不佳,一方面与体制性障碍和市场环境不完善有关,另一方面与创业投资行业自身经营管理水平不高及高素质专业人员缺乏有着分不开的关系。而在市场经济条件下,行业盈利状况又决定了其对资源的牵引能力,创业投资行业整体盈利决定着行业本身发展以及其对高新技术产业的支持能力;同时,前一阶段投资状况不佳又会直接影响到创业投资机构的再次募资,后续资金是否充足反过来又会对其投资决策产生影响。总之,创业投资资金未得到高效运转,因此,其很难对高新技术产业形成长期而有效的支撑。

2.3 创业投资机构投资行为短期化特征较为明显

企业技术创新及发展壮大的资金不可能仅依赖于自身的资金积累,尤其是起步期的企业大多没有销售和盈利,内源融资能力极其有限,由于缺乏有效的抵押、质押物,也无法取得银行贷款支持,在这个阶段,创业投资与高新技术产业对接是最好的资金来源。但是受资本规模、投资理念、政策环境等因素影响,创业投资表现出较明显的投资短期化行为特征,近年来,创业投资向后端转移的趋势非常明显。这一情况在湘江新区也是非常明显的,由于成立时间短,种子期和成长期的企业占比较大,其未来发展无法得到有效的预测和保证,又缺乏有效的抵押、质押物,故创业投资更倾向于对已经有一定成果的成熟期企业进行短期投资。这种状况既与中国创业投资行业巨大的资金压力有关,也说明了创业投资倾向于能够短期获利的状况。

2.4 湘江新区促进创业投资发展的政策措施未充分发挥作用

湘江新区虽为中部首个、全国第12个国家级新区,但毕竟成立的时间较短,很多政策措施仍处于试点期间,一些体制机制还不够完善,并且受到一些宏观因素的制约,其国家级新区的优势还未得到充分发挥,一些政策尚无法落实到企业中。

此外,通过借鉴参考其他新区的发展道路,我们推测,湘江新区创业企业投融资难可能与创业投资行业法律政策体系不完善也有一定的关系,同时,湘江新区将来也可能面临创业投资缺乏畅通有效的退出渠道这一普遍性问题(由于很多中小型企业发展的时间仍较短,退出这一问题暂时不在我们的讨论之列)。

3. 资本市场

从中国资本结构来看,资本市场主要存在两方面的问题:一是企业债券市场不发达,债券市场以政府信用为主;二是资本市场体系层次单一,资本市场的布局和功能定位不合理,不能很好地满足多层次企业融资的需求。多层次资本市场是指在一个从低级到高级的垂直分工模式之下,通过设置不同的进入标准从而为不同类型的资金需求者提供获取权益融资的渠道。从中国实际来看,为了控制金融风险,证券交易严格控制在证券交易所范围之内,其余的场外交易基本上属于非法交易,造成资本市场几乎只有交易所一个层次。从功能上来看,主板市场只能解决规模较大、经营稳定、业绩优良型企业的融资需求,加之市场容量非常有限,对于大多数创业企业而言,只有少数具备进入这个市场的条件。中小企业板与创业板市场之间、证券公司代办股份转让系统与柜台交易市场之间、产权交易所与区域小额资本市场之间均存在很大差距,资本市场在服务企业融资需求时存在很大的局限性。此外,缺乏多层次资本市场作为退出渠道,也成为制约创业投资行业发展的瓶颈因素。

3.1 中小企业板只能解决一些较为成熟企业的需求

创业板市场通常面对处在创业阶段、具有发展潜力但缺乏资金的中小规模发行人,准入要求相对较低,与高新技术企业的特点较为匹配。创业板市场能否推出对创业投资发展的影响也很大。而目前的中小企业板确切地说还只是一个板块而不是一个市场,更非高新技术企业和创业投资机构共同期盼的创业板市场,也不能构成多层次资本市场的一个层次。目前来看,中小企业板和主板的上市标准并无二致,充其量只是板块中企业规模普遍偏小。从目前来看,中小企业板只能解决湘江新区较为成熟的、有成长潜力的和业绩良好的民营科技企业的融资需求。

3.2 证券公司代办股份转让系统远非真正的场外交易市场

场外交易市场在避免了交易所集中竞价模式下某些报价因缺少交易对象而无法成交的情况,一定程度上增大了市场的流动性;同时,每个做市商在自己所负责证券的供需出现暂时的不一致时,有义务以稍高的买价或稍低的卖价买卖该证券,以维持交易的连续进行。从功能来看,中国的"证券公司代办股份转让系统"从出生起就是为了解决历史遗留的法人股和退市公司股票的流通问题,而非为众多的中小企业及早进入资本市场,促进产业升级提供交易管理。从交易方式来看,代办股份转让系统采取集中竞价交易方式,证券公司仅代理客户交易,不得自营所代理公司的股份,这在功能上无异于是交易所的延伸,而不是真正意义上的柜台交易。在代办股份转让系统中逐步引入做市商制度,扩大市场规模,并使之同时具备流通和融资功能,成为真正意义上的场外交易市场,路还很漫长。

3.3 产权交易所充分发挥区域性小额资本市场作用需要制度创新

湘江新区为给创业者和中小企业提供全方位的金融服务,与湖南股交所、省湘投高创投、华鸿基金、招商湘江基金、麓谷创投等30多家投资机构建立合作,构建了多层次资本市场创业金融服务体系。

其中,湖南股交所为四板市场,作为区域性小额资本市场,主要为达不到进入创业板市场资格标准的中小企业提供融资服务,包括为处于创业初期的中小企业提供私人权益性资本。由于其主要投资人及市场中的企业都集中在某一区域内,因此有利于消除信息不对称,降低市场风险,吸引资金流入。作为底层资本市场,区域性小额资本市场为中小企业提供了一条有效的融资渠道,为创业投资提供了退出渠道,同时也为更高层次的资本市场提供了企业储备。虽然其重点是为中小微企业提供股权交易平台,但从交易方式来看,目前是"T+5"挂牌交易,成交量很小,市场的流通性不足,影响了市场功能的充分发挥。

3.4 企业债券市场和长期票据市场欠发达

受中国特定的经济社会环境限制,股票现货几乎成为资本市场唯一的投资工具。由于交易品种过于稀少,使得储蓄向投资转化的渠道严重阻塞,同时大量需要资金的中小企业也无法利用资本市场以适合自己的方式筹集资金。从国外情况来看,发达国家企业通过证券市场融通的资金中,债权融资比重一般要高于股权融资比重数倍。

4. 民间金融

民间金融,泛指个人之间、企业之间、个人与企业之间的借贷行为以及各种民间金融组织的融资活动,属于非正规金融范畴。实践证明,在许多国家和地区,非正规金融对中小企业融资具有非常重要的作用,甚至在一些已经实现金融自由化的国家和地区,非正规金融仍然不同程度地存在着。在发展中国家,民间金融广泛存在,尤其是当正规金融无法满足中小企业发展形成的融资需求时,民间金融更为活跃。目前,这种未被纳入政府金融监管范围的金融形式非常活跃。很多中小企业将民间借贷作为其最主要的融资方式,原因在于其成本远远低于内部积累以及银行或信用社贷款。

4.1 相对严格的监管遏制了民间金融的发展空间

一般而言,从金融稳定的角度出发,国家均倾向于将各种金融形式纳入正规金融体系,从而实施有效的监管。由于历史原因及监管水平所限,中国对民间金融采取了一律封杀的策略,即民间金融是在制度夹缝中求得生存的金融形式,很多时候与非法金融或地下金融联系在一起。此外,从中国历史情况来看,垄断金融制度在计划经济及转轨经济下有利于储蓄的动员,为当时的经济提供了足够量、低成本的货币供给,也为中国的高经济增长率提供了强有力的金融支持。但是,民间金融的产生必然会使货币资源产生分流,与政府的目标相左。从国有企业的角度来看,为保证其产出和就业率,政府需要进行持久的财政投入,在财政能力有限的情况下,一个必要的措施就是将这些聚集起来的资金按照国家的意志予以使用,以保证国有企业的资金供给。从国有商业银行的角度来看,如果产生民间金融,必将产生一种混合金融制度安排,会使得竞争加剧,国有商业银行则可能转移其业务重心。政府往往倾向于从稳定出发来考虑问题,维护垄断信用制度,压缩民间金融发展的制度空间。

4.2 湘江新区缺乏催生民间金融的市场基础

目前的民间金融实际上是指以个人信用为基础的、没有得到国家法律认可的、尚未纳入政府监管范围的金融形式。由于民间金融没有取得合法地位,所以既未纳入监管范围,也不受法律保护。在正规金融制度安排中,一般都有国家信用作为支持,如中央银行的三大职能之一就是作为商业银行的最后贷款人,在必要时提供信用支持,以避免金融风险的扩散。但是,民间金融机构靠的是自身信用,一旦出现风险,民间金融机构倒闭受损失的是存款人。为了规避风险,民间金融的作用范围一般较小,其赖以存在的基础是"血缘""地缘"和"业缘"。因此,民间金融的存在一般有其特定的条件:民营经济比较发达,市场化程度相对较高,资金供需方之间关系密切(这种关系可能是血缘关系、邻里关系,也可能是长期的合作关系)。由此可以看出民间金融较广泛地存在于江浙一带的产业集群中以及农村经济中的原因。湘江新区创业企业根植于本地的相对较少,且存续期间短,彼此之间更多的是一种市场交易关系,民间金融赖以存在的个体信用关系相对薄弱。因此,当缺乏一种类似于保险的制度安排时,民间金融较难在湘江新区范围内广泛开展。此外,民间金融因缺少健全的市场和法律等普通融资制度的安排,使得民间信用无法连成一个大的信用系统,因此只能局限于血缘和地缘的狭小圈子里,具有明显的地域特征,资金在区域间流动存在很大的障碍。

4.3 民间金融更倾向于热点领域而非高新技术领域

大多数民间融资活动都是分散的,组织化、市场化程度很低。资金持有人一般不具有投资的专业知识,更不可能对高新技术领域有深刻的了解,资金分散控制于个体手中也使得专家理财变得不可能。由于缺乏专业的投资知识,闲置性的民间资金更多地流向了房地产等传统的、投机性较强的领域,民间资金寻找不到合适的出路,形成游离于生产经营之外的资金四处流窜。这些游资的流动性是很强的,国家政策一有变化,便会迅速地抽身而逃。如果希望这些游离于生产经营之外的资金进入湘江新区,则必须进行金融创新,设计符合这些资金风险、盈利特点的金融产品。而民间金融的不合规甚至不合法,让金融创新变得更加艰难。

4.4 民间金融的高利率对于多数企业而言负担太重

虽然民间金融融资双方信息高度对称,资金供给方对资金需求方的资金用途和所投资项目有比较全面、深入的了解,有利于其做出正确的融资决策;但是由于一般情况下民间融资不要求资金需求方提供财产抵押和担保,也没有国家信用作为最后支持,资金供给方因为承担了更大的风险而要求更高的回报,特别是在民营经济不够发达、市场化程度不高的地区,利率水平更高。在现实情况中,高利率信用贷款多用于生产性周转需要,即满足临时性的资金需求,具有短期特征。就创业企业而言,虽然有短期融资需求,但是更为稀缺的是长期性资本,资金需求和供给存在结构性差异,而高利率的资金本身也不能进入研发等风险高、周期长的环节。

四、中小科技企业融资困局破解的制约因素

除现有市场化融资渠道存在缺陷制约了企业融资行为的正常进行外,中小科技企业自身特点、融资特点等内部因素以及外部环境的不完善,也是造成民营科技企业融资困难的重要原因。

从内部因素上来看,中小科技企业由于规模偏小,轻资产企业居多,财务管理能力较差等,融资能力普遍偏低。

一是企业的核心竞争力不足,是导致那些直接投资者对其未来发展前景有所顾忌的主要原因。所谓"核心竞争力",是指那些企业经营中"偷不去、买不来、拆不开、带不走、溜不掉"的能力与优势。具体来看,"偷不去"是指不会被轻易模仿的核心技术、专利或商业秘密;"买不来"是指企业拥有的某些资源不能从市场上获得;"拆不开"是指企业的资源、能力具有互补性,资源聚合产生的价值远远大于分散产生的价值;"带不走"是指将核心技术保留在企业内部,而不是由个人控制;"溜不掉"是指提高企业的持久竞争力,能够不断地创造新的竞争力。从调研情况来看,中小科技企业只有少数具有突出的竞争优势,一些创新还停留在基础层面和改进层面,更多企业之间技术、产品同构,相互间替代性强。直接投资者显然是不愿意冒风险去赌一群一样的企业中哪一个会成长、哪一个会消亡的。湖南梵天信息科技发展有限公司的总经理在谈及现在的游戏产业时说,好多的游戏公司是在创造需求而不是满足需求,所谓的互联网行业的核心竞争力,是能够持续迎合使用者的刚性需求。对于创新型企业而言,保持持续竞争优势的关键是不断创新的技术和产品,只有这样才会在市场中具有话语权,在商

品市场中具有较强的议价能力,在资本市场中实现脱颖而出。

二是中小企业的资信水平难以达到投资者的要求,企业发展仍以自有资本为主。无论是直接融资还是间接融资,都是靠信用体系在支撑,但湘江新区许多的中小企业都是轻资产运营的公司,资产结构中人力资源、专利等所占比例较高,在现阶段无法用来质押的情况下,导致其融资的抵押能力与信用记录不甚完备,可能得到的融资较少。这也是一个普遍性的问题,是由中小企业本身的发展阶段与特点决定的。商业银行提供贷款一般有三个条件:其一要求借款人有还款能力;其二要求借款人有还款意愿;其三要求达到银行贷款条件。首先,还款能力是银行贷款的首要条件,也是每个放款人(包括民间借贷)的基本要求。企业的还款资金来源于未来的收入,银行对此的判断标准一般在于企业在未来能否形成稳定的现金流,或者充足的抵质押或担保。其次,从还款意愿来说,长沙银行科技支行的不良贷款率始终控制在1%以下,已发生贷款的损失率很低。但这是经过严格删选之后的结果,在现有的征信授信制度下,中小企业很难直接凭借"信用"获取资金支持,这在很大程度上影响了企业对信用建设的积极性,也相对制约了湘江新区中小型民营科技企业信用体系的建设。最后,银行同意向企业发放贷款还需要企业符合一些硬性条件。如需要企业健全财务制度、落实抵押担保、使银行产生效益等。然而中小科技企业市场退出率很高,长沙麓谷园区的成活率大约在2/3左右,能够成长起来并迁出园区的只有不到1/3。这些企业规模小,难以长久经营,一般情况下达不到向银行申请贷款的条件。在对长沙银行科技支行的访谈中,负责表外业务的行长对我们说,由于中小企业的资信水平要么难以达到银行贷款或者债券发行要求,要么风险过高吓退投资者,前几年中小企业债的停止发行就是一个例子。而且,中小企业的轻资产也使得无论是担保、承兑还是资产证券化都难以进行。

三是对可以利用的融资渠道的了解与利用不够充分。在高新区创业服务中心的调研中,我们得知许多的中小企业,尤其是初创企业根本不知道需要融资多少、如何融资、去哪里融资、有什么金融工具可用。这在一定程度上是一个必然的结果,中小企业的创业者往往是技术人员出身,在某一领域钻研多年或者有丰富的经验,但谈起金融与企业经营往往是一窍不通,不知道投资者的逻辑。无论是资产负债表的规划,还是融资时的一些要求与限制,完全没有接触过企业实际管理的人甚至不会想到需要考虑这些东西,对金融市场也有着过于美好的幻想。

此外,文化因素、心理因素也是影响企业有效使用现有融资渠道的重要原因。按照对长沙银行科技支行的调研结果,企业只有到扩张阶段和成熟阶段,商业银行才比较有可能成为其融资的主渠道,当企业明显表现出高成长性时,上市融资才成为可能。而这里的上市也是指在创业板市场而非主板市场上市。企业在生存最艰难的阶段,更多依赖的是私募的权益性资本,即个人投资、亲戚朋友资助、产业投资和创业投资。这就涉及企业原有股东和新股东权利、义务的确定和既有利益的调整。在我们对湖北明湟食品有限公司的调研中,其提到,投资者注资首先要求民营科技企业可以接受新股东可能带来的管理者和潜在的对固有管理模式的变革,以及新的理念和管理方式的注入。由于科技企业的创始人往往是企业核心技术的拥有者,对科研成果倾注了很多心血和感情,因此容易对科技成果价值形成过高的评价,与新的投资者很难达成一致。湖北明湟食品有限公司的路灯照明整流器设备技术可以实现良好的节能效果,市场空间巨大,但是可能的市场空间并不能完全转化为真正的市场,还要面对新进入者的威胁。从投资者的角度来看,这样的技术可能并不具有实现良好盈利的竞争力。

从外部因素来看,市场体系的不完善与信息传递的低效率都在制约金融系统发挥应有的效能。

一是不甚健全的信用评价与记录体系使得中小企业难以建立良好的信用记录,难以得到应有的融资。中小企业的本质特性决定了传统的、针对大企业的信用评价与记录体系难以应用。成立只有四五年的公司可能只有两三年、一两次融资记录,历史数据太少难以说明问题;而同时由于处在快速成长与高淘汰率的时期,未来稳定的现金流极难预期,也没有人能够对未来给出一个可以不基于过去的预期。然而无论是何种融资方式,股权投资者以及债权人都要依靠企业未来的现金流来实现自己的回本以及盈利。在这种情况下,企业难以融资就是一个必然的问题。

二是缺少市场化的特殊资产定价体系。很多中小企业的创业核心都是知识产权或者人力资本,甚至是一个新的创意。我们已经欣喜地看到一些知识产权交易平台在逐步建立、成长,但是这些交易平台距离能够给出一个良好的、完全市场化的定价还有一定的路要走,而且这些交易平台上的产品现阶段还很难完全覆盖多数行业和领域。而且,知识产权是独一无二的,不拿到交易平台上很难有一个良好的定价。在这种情况下,轻资产的、知识产权占很大比重的中小企业与投资者或机构之间难以达成对现有资产的一致定价,也就很容易造成洽谈的破裂。

五、现阶段的一些有益尝试

针对现阶段新区中小企业所面临的普遍性、特殊性问题,政府层面做出了许多有益的、开创性的尝试并取得了较为良好的效果。高新区麓谷园区创业服务中心自成立以来不断深入园区企业了解其现实需求,支持企业创新创业,针对企业对金融体系不了解、不愿融资的情况成立了覆盖天使投资、创业投资、私募股权投资等一系列直接投资机构与跟投基金,采用投资机构的盈利支撑中心运营的方式实现园区的自负盈亏。同时,创业服务中心将所有的金融服务划作一个部门,采用一体化的服务模式,为中小企业提供从财务指导、财税服务到融资指导、融资沙龙等环节的一站式服务,帮助创业者与经营者了解、接触财务管理与资本市场,降低业绩好的企业因为不懂财务与融资而夭折的风险。

麓谷园区会每周举行洽谈会,以金融沙龙的形式为中小企业与投资者搭建沟通洽谈的平台。考虑到园区对中小企业的考察期为半年,每周一到两次的频率比较合适。

长沙银行为科技支行提供了巨大的便利与优惠政策,以确保满足中小企业的贷款需求:在考核指标上,为适应中小企业的高风险特点,采用将核心指标适当放宽的方式来考核支行业绩,如不良贷款率与资本充足率等;为科技支行提供了专门的授信额度,优先于其他支行分配以保证贷款供应量充足。

科技支行开展了普遍性的客户产品量身定制,并加快贷款的审批与发放速度,使贷款迅速落地,不耽误企业的正常发展。同时,科技支行还不断创新金融产品与经营思路。一是与政府联合建立风险补偿基金,这是一项极有意义的尝试,意义在于提高了银行等金融服务机构承担风险的能力,提高了其支持中小企业的能力和意愿,打破了中小企业融资难的困局。在现有的金融产品中,信贷风险的70%由银行承担,30%由政府承担。科技支行现已对61家企业累计设立风险补偿基金1.5亿元。二是紧跟时代潮流积极推动投贷联盟建设,联合直接投资机构,通过对麓谷园区1 000余家企业的深度调研走访,建立创业投资数据库,为中小企业一体化融资提供配套支持。三是争取政府的大力支持,采用财政贴息的形式为中小企业低息贷款,财政将贴息资金拨付给贷款银行,由贷款银行以政策性优惠利率向企业提供贷款,受益企业按照实际发生的利率计算和确认利息费用。四是广泛开展工业地产按揭贷款,针对企业资产少、回款慢的特点,最大化利用企业现有资产以拓展企业融资限额与渠道。在实地调研中,我们可以看到,许多金融服务机构的管理者不仅进行产品创新,还在制度创新与体系创新中有着前行的勇气与富有远见的思考。在对长沙银行科技支行的调研中,我们了解到该行负责人将金融创新定义为不仅是产品与渠道的创新,还是思维模式与消费模式的创新,并积极推动投贷联盟的发展,希望政府能够推动投贷机构的联合。在湘江新区,一些科室的人员也表现出对未来政策的前瞻思索与独到理解,这是令人欣喜的。

但这些思考的深度、与长沙市现状的吻合度都是不尽相同的,其逻辑甚至是完全相反的。其实我们隐约能够感觉到,这些思考可以被分成两派,一是主张政府主导的宏观政策派,希望政府能够给予更多的政策支持与资金支持,增大对中小企业的担保力度等。二是主张市场主导的市场经济派,希望能够有更多的产品设计自由与融资渠道的市场化建设。

六、我们的建议

总的说来,湘江新区作为经济发展的排头兵与先行者,应当在金融体系创新中起到先导性与实践性的作用,强化政府在金融创新中的推动作用,深入调研切实需求,有针对性地制定措施。

首先,要明确政府在社会主义市场经济与创新驱动提升经济发展质量中的作用。所谓创新创业,主体必然是企业,政府一方面要创新改变政府管理思路与政策导向,切实建设服务型政府,另一方面要明确政府在创新中应起到的推动者与服务者的功能。其次,在市场经济中,重要的是发挥市场"看不见的手"的作用,依靠市场的交易与定价机制来促进市场上一些信息不对称与信息缺失等问题。对于市场,政府不应是控制或者纵容,而应起到市场完善者和市场服务者的作用,建设缺失的市场、促进新兴的市场、规范混乱的市场、引导失灵的市场。无论是对企业的访谈还是对金融机构的调研,现阶段,中小企业融资难的困局主要是由于信息的不对称,或者说,是由资金双方对企业核心竞争力的未来看法与估值不一致造成的。那么问题就像前面分析过的,在现有的自由沟通的情况下,难以达到一个均衡的价格,双方都不会让步。那也就是说,需要一个第三方来为这个资产或者企业定价,这个第三方最理想的情况就是市场——一个个体势力无法左右的公正透明的定价者。

湖南省知识产权交易中心已经于 2015 年 12 月 9 日挂牌成立,但网站公开的专利与知识产权实在少得可怜,而且区域性、行业性的划分尚不完善。所以我们建议,在湘江新区之下,借助其资源整合与国家级新区的平台,以区域性知识产权交易中心的形式建立区域性的知识产权与技术转移市场这个缺失了的第三方,逐步引导各企业将其核心技术与竞争力在市场上进行定价,从而促进中小企业的融资。

具体来说,我们建议建设以交易服务为中心、辅之以向上覆盖科技创新服务与向下兼顾融资平台的全产业链的服务布局。在上游,研发中心为企业提供科技、政策、市场应用咨询,并促进高校专家们的科技成果转化;服务中心是交易平台的中心部门,为企业提供以交易为核心的全方位一站式服务,包括产权评估、法务咨询、信息检索、代理交易、招标以及谈判等。下游则可以成立融资中心,搜集整理信息并将其提供给投资者,聚集资金资源与企业信息,促进交易、估价、后续融资的高效进行。其中,交易平台是整个平台的中心,也是其基础。一方面,交易量保证了估值定价的客观性,也是保有、吸引使用者的前提,还是形成更高流动性的前提。知识产权的高流动性在许多投资者看来是其价值的另一大组成部分,卖不出去的资产意味着企业在经营不善时无法确保自己的收益。另一方面,交易规模也会由于交易量的扩大而吸引更大型的技术交易产生,形成品牌效应与辐射带动效应,使得平台产权评估等中介服务所出具的结果更加令人信服,形成良好的平台形象。

一方面,在整个体系建立的过程中,政府要摒弃传统的以对企业直接提供资金支持或担保为唯一手段的思想,善于利用市场这个最有效的工具。这也是不受行政阶层羁绊的湘江新区的优势所在。湘江新区应结合其更新后的产业布局打造具有区域特色的行业专题版块,如智能制造、文化产业等;积极搜集、汇总信息,利用政府的资源优势形成良好的初始用户基础,并在其基础上进行扩建与完善。甚至,如果初期交易量过小,可以将一些政府或国有企业需要买入的技术放到平台上以形成示范效应。另一方面,在体系大部分建立成型之后要适时收手,建议以独立运营或自负盈亏的模式发挥工作人员的主观能动性,使之适应市场化的服务要求,不断自我完善与创新,真正实现市场化运作。

对于这个建议,我们也听到过许多反对的声音,比如有的人认为,现在就是市场在起作用而且是唯一在起作用的情况,即使建立了平台,也依然是无法谈拢价值的尴尬状况,有技术的人融不到钱,有钱的人找不到好标的。然而,我们所建议的市场与现在的"放任"情况并不一样,现在的情况是并不存在一个第三方或者说客观的估计。一旦技术转移市场建立,将会给出一个客观的估价,当然交易双方可以不认同,但统一市场的力量就在于这样一个客观公正的价格可以改变双方原来不切实际的想法,让他们真正认识到技术的价值,而不是现在这样来回扯皮。

除此之外,还有一些细节可以改进,以便利中小企业的融资与金融资源的更有效调配。一是建立健全湘江新区的规划政策和必要的职能部门,以便在制定新区规划的同时考虑到金融系统的推动作用,以服务者的姿态将促进金融创新列入指导性规划纲要。这也是湘江新区下一步发展的必经之路。作为一个国家级新区,要有一个示范带头的姿态,而不是名不符实。我们需要成立统计处这样的部门,来协调下设区域的统计部门,汇总各区域的经济统计数据,并在其基础上对未来进行规划。

二是站在新区的高度打造以创新创业和智能制造为主题板块的湘江新区金融特色品牌,对已经成为品牌的园区如中关村进行考察调研,学习金融支持经验并发展本地特色的金融生态。企业的融资离不开金融,金融的发展离不开生态,金融行业是一个集聚效应十分明显的行业,信息的流通使得一个良好的金融生态能够带来"1+1>2"的效果。对于入住的金融机构可以进行适当的补贴,甚至利用PPP模式打造金融小镇,根据入驻机构的规模按比例返款的方式也是值得尝试的。

三是优化创新产品的审批流程,解决审批烦琐而且没有适当格式导致审批文件多次返工的问题,在制定优惠政策的同时搭配好审批框架,减少返工次数,以防止创新的积极性被消磨。对于全新的产品,应当开辟绿色通道,摒弃先盖章后审批的流程,相关部门直接与产品设计者或管理者对接,采用先行试点的模式为创新打开新的通道,从而使金融机构在实现更多盈利的同时为中小企业提供更多的资本支持。

2. 人才引进与人员管理

企业要发展,人才是关键。当今社会,各方面的竞争越来越激烈,竞争的核心是人才的竞争。只有拥有一批专业人才,才能创造出具有核心竞争力的企业。

而当下很多企业在人才引进过程中存在以下问题:企业吸引力不足、人才引进结构不合理、员工素质低、专业人才紧缺等。除人才引进方面,企业在人才管理方面也存在较严重的问题,比较突出的是缺乏一套较为完整的激励机制,企业对员工的需求没有清晰的认识,很难激发员工的工作积极性。此外,部分企业也存在人才流失问题。

企业要根据自身的实际情况,考虑周围环境和当代政策的影响,制定并完善人才引进和培养机制,并在实践中不断改进和发展,引进优秀人才,为企业创造更大的价值。企业高素质人才队伍需要在现有基础上不断培养,而招聘多元化的人才队伍,也是企业发展的良方,而且是必要的。

随着社会的发展,特别是经济模式由计划经济转变为市场经济后,国家之间、企业之间、人与人之间的竞争越来越激烈。当今世界,各种高科技技术飞速发展,国家之间、企业之间的竞争归根到底还是人才的竞争。对于一个企业来讲,人才的储备是至关重要的,一个企业能不能可持续发展、有没有可持续发展的核心竞争力,主要取决于这个企业有没有高效的人才引进战略和高效的人才管理体制。

案例七

羚锐制药通过"企业主动走出去"吸引人才

羚锐制药贴膏剂事业部生产和销售是分开的,销售总部在北京,新年伊始销售总部会制订一个全年生产计划,每月月底会下发下月计划,安排生产,保证生产按时、按质、按量的进行。

由于新县地处偏远地带,羚锐制药发展的限制在于人才的引进。2004 年,羚锐制药销售总部迁至北京市丰台区,目前已为羚锐吸引了不少人才。作为一家位于中国中部地区的民营企业,羚锐制药吸引人才的思路由让人才"走进来"转换为企业主动"走出去",具有学习和借鉴意义。

案例八

青海聚光高科人才管理模式探索

目前,光伏产业主要分为晶硅型产业链、薄膜电池产业链和聚光光伏(CPV)电站。作为一家采用新型聚光式太阳能光伏技术的企业,青海聚光高新科技有限公司(以下简称"聚光高科")是青海众多光伏企业中的典型代表。聚光高科是由鸿鹄资本出资建设的一家光伏企业,主要从事聚光光伏研发、生产制造、运营、工程安装、发电等,是集研发、生产、销售、工程安装于一体的高科技集团公司。聚光高科与香港应用科技研究院(香港特别行政区政府下属机构)在聚光光伏研发、应用及投资方面达成了长期战略性合作协议,购买了其拥有的聚光专利技术。目前,企业掌握有 CPV-1 000X 聚光光伏发电模组技术专利,具有高倍镜光(1 000X)、反射镜和高导镜光、全玻璃光学元件、薄型化设计、大角度容忍度和低热阻封装技术等特性。

企业主要业务分为以下两大块:

一是生产太阳能电池板并销售。这一块业务连同电池板的产房仓储共投入1亿多元。这一块业务目前不景气,主要是因为电池板价格一跌再跌,由最初的每块4.5元下跌到了现在的每块2.8元。为了降低成本,企业主要采取的举措就是将硅片切薄,但目前的技术水平尚无法实现。

二是建设装机量为20兆瓦的发电站,共投入1.4亿元,其中贷款1.2亿元,年利率5%。发电站建成后预计每年发电14万度,已经与政府签订每度8角、为期25年的合同,预计5年还清贷款,于后实现盈利。

企业位于青海省海东工业园区,这里太阳能资源丰富且相对稳定,土地资源丰富且廉价,发展光伏发电有着得天独厚的优势。但是同样由于地处西北内陆地区,企业发展过程中也面临诸多不便。一是配套产业设施不完备,装配、维修过程中所需的各种产品零部件采购困难。二是企业组成多为外地人员,目前由于家庭等,中层人员流失严重,且呈现出加速趋势;而本地人员难以满足企业需求,企业用人方面遭遇困境。

调研组主要针对企业遇到的第二个问题,为企业留住人才、促进人才本地化发展提出了一套自己的解决方案。

一、激励机制

(一)企业激励机制现状

在与企业管理人员交流的过程中我们了解到,企业目前只有一套不太成熟且效果一般的绩效考核机制,对优秀员工的奖励也只停留在简单的现金奖励和荣誉表彰上,没有一套较为完整的激励机制。此外,企业对员工的需求没有清晰的认识,未做过相关的调查统计,没有相应的数据信息作为构建激励机制的参考。

(二)理论内容

激励机制是通过一套理性化的制度来反映激励主体与激励客体相互作用的方式。激励机制的内涵就是构成这套制度的几个方面的要素。根据上海财经大学刘正周教授关于激励的定义,激励机制包含以下几个方面的要素:

1. 诱导因素集合

诱导因素就是用于调动员工积极性的各种奖酬资源。对诱导因素的提取,必须建立在对员工个人需要进行调查、分析和预测的基础上,然后根据组织所拥有的奖酬资源的实际情况设计各种奖酬形式,包括各种外在性奖酬和内在性奖酬(通过工作设计来达到)。需要理论可用于指导对诱导因素的提取。需要理论是指人的行为都是由需要引起的。需要引起动机,动机产生行为,行为驶向目标。一般人的需要分为两类,即自然需要(生存需要)和社会需要(精神需要)。美国心理学家弗雷德里克·赫兹伯格又提出了双因素理论。他通过访问调查的结果,把企业中的有关因素分为满意因素和不满意因素。满意因素是指可以使人得到满足和激励的因素,即激励因素;不满意因素是指如果缺少它就易产生意见和消极情绪的因素,即保健因素,两种因素共同影响员工的工作态度。其中,保健因素可归纳为十项:企业的政策和管理、监督、与上级关系、与同事关系、与下级关系、工资、工作安全、个人生活、工作条件。激励因素是适合个人心理成长的因素,其内容包括成就、赞赏、工作本身、责任感、上进心等。公平理论又称社会比较理论,由美国心理学家约翰·斯塔希·亚当斯于1965年提出:员工的激励程度来源于对自己和参照对象的报酬和投入的比例的主观比较感觉。对诱导因素的处理要考虑公平理论的影响。

2. 行为导向制度

它是组织对其成员所期望的努力方向、行为方式和应遵循的价值观的规定。在组织中,由诱导因素诱发的个体行为可能会朝向各个方向,即不一定都是指向组织目标的。同时,个体的价值观也不一定与组织的价值观相一致,这就要求组织在成员中间培养统驭性的主导价值观。行为导向一般强调全局观念、长远观念和集体观念,这些观念都是为实现组织的各种目标服务的。

3. 行为归化制度

行为归化是指对成员进行组织同化(Organizational Socialization)和对违反行为规范或达不到要求的行为进行处罚和教育。组织同化是指把新成员带入组织的一个系统的过程。它包括对新成员在人生观、价值观、工作态度、合乎规范的行为方式、工作关系、特定的工作机能等方面的教育,使他们成为符合组织风格和习惯的成员,从而具有一个合格的成员身份。关于各种处罚制度,要在事前向成员交待清楚,即对他们进行负强化。若实际发生了违反行为规范和达不到要求的行为,则在给予适当处罚的同时,还要加强教育,教育的目的是提高当事人对行为规范的认识和行为能力,即再一次的组织同化。所以,组织同化实质上是组织成员不断学习的过程,对组织具有十分重要的意义。

其他还有行为时空制度和行为幅度制度。以上五个方面的制度和规定都是激励机制的构成要素。其中,诱导因素起到发动行为的作用,后四者起到导向、规范和制约行为的作用。一个健全的激励机制应是包括以上五个方面的完整的制度。只有这样,组织才能进入良性的运行状态。

(三) 具体举措

这一激励模式应用于管理实践中可分为五个步骤,其工作内容分别如下:

第一,双向交流。这一步的任务是使管理人员了解员工的个人需要、事业规划、能力和素质等,同时向员工阐明组织的目标、所倡导的价值观、奖酬内容、绩效考核标准和行为规范等;而员工个人则要把自己的能力和特长、个人各方面的要求和打算恰如其分地表达出来,同时要把组织对自己各方面的要求了解清楚。要做到这一步,首先需要企业设计一份全面的调查问卷或由管理人员与企业员工一对一地深入访谈交流(中小企业员工较少),以收集员工信息,为之后制定企业激励机制提供依据。由于企业近来业务繁忙,我们设计的问卷调查工作未能实际运行下去。具体问卷内容如下:

1. 您是否认为您在公司有清晰的上升路径(包含职位和工资)?
2. 您是否认为公司的奖惩制度是公平的?
3. 您目前的工资水平是?
4. 您对您目前的工资水平是否满意?
5. 您是否感到公司有令人愉快的工作氛围?
6. 您是否是青海当地人?
7. 您对公司未来的前景是否有信心?
8. 公司是否为您提供了技能或业务培训?
9. 您认为公司最令您满意的地方是什么?
10. 您认为在公司上班有哪些困难?
11. 您是否赞成"底薪+奖金"的工资制度?
12. 您喜欢的激励方式是(多选)
    □奖金□升职□颁发证书□休假□其他
13. 您在公司中的职务是?
14. 您最想在公司实现的目标是?
15. 您的年龄是?

我们想通过这份问卷了解到企业目前所实行的激励机制的现状及员工对它的满意程度,同时了解到员工的真实需求以及探究是否不同职位、不同年龄的员工需求侧重不同。由于问卷未能实行下去，我们就直接参考了两篇论文的研究成果，一篇是《大唐淮北发电厂激励机制研究》，一篇是《现代企业知识型员工的激励机制研究》，从中撷取了以下两组数据（见图4.1、表4.1）。

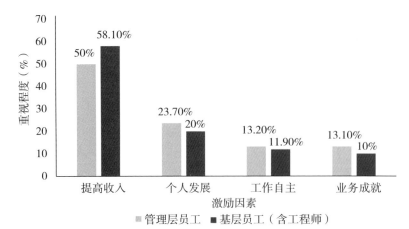

图4.1 大唐淮北发电厂员工对不同激励因素的重视程度

表4.1 中国企业知识型员工的主要激励因素

激励因素	比例（%）
薪酬福利	31.88
个人成长	23.91
工作挑战	10.14
公司前途	7.98
工作稳定	6.52

图4.1为大唐淮北发电厂员工对提高收入、个人发展、工作自主和业务成就四项激励因素的重视程度。可以看出，企业管理层员工相较于基层员工更加重视个人发展和自我价值的实现。这与我们的预期相符。表4.1是对中国100家企业知识型员工的调查结果。可以看出，知识型员工在重视薪酬福利的同时，对个人成长和事业发展也有较高的要求。我们据此推测，聚光高科人才需求状况应该也会有类似的规律。所以我们提出，企业在保证基本的保健因素如固定工资等的情况下，应重点关注激励因素所起的作用，采取以下三种激励形式：

事业激励。企业让其所希望激励的员工参与企业决策，为员工提供明确的晋升路径,鼓励并奖励员工的建言行为,赋予员工处理重大事务的权利,让员工感受到企业和老板的信任与器重。

荣誉激励。对做出技术突破或者工作成绩优异的员工给予荣誉表彰,树立榜样,发放荣誉证书等;对内部技术人员进行评级,将其划分为初级技工、中级技工、高级技工等,不同等级享有不同的工资福利。等级的评价应考虑到工龄、技能熟练度、工作认真程度等多个方面。

情感激励。企业管理人员应该了解、关心员工的生活、工作状况,及时与员工沟通工作情况,必要时给予指导;赞美员工做得好的地方,激发员工学习的积极性,而非一味地苛责。

第二,各自选择行为。通过前一步的双向交流,管理人员将根据员工个人的特长、能力、素质和工作意向给他们安排适当的岗位,提出适当的努力目标和考核办法,采取适当的管理方式并付诸行动;而员工则选择适当的工作态度、行为方式和努力程度开始工作。

第三,阶段性评价。阶段性评价是对员工已经取得的阶段性成果和工作进展及时进行评判,以便管理人员和员工双方再做适应性的调整。这种阶段性评价要选择适当的评价周期,可根据员工的具体工作任务确定为一周、一个月、一个季度或半年等。在此阶段我们结合需求理论,提出了奖励假期的想法。因为企业外地人员流失主要是由于家庭因素,所以如果采取奖励假期的做法,例如延长年假或者外派回家工作一段时间,则不仅能够激发员工工作的积极性,而且能够在一定程度上缓解人才流失问题。

第四,年终评价与奖酬分配。这一步的工作是在年终进行的,员工要配合管理人员对自己的工作业绩进行评价并据此获得组织的奖酬资源。同时,管理人员要善于听取员工自己对工作的评价。这一阶段我们引入一份三年或者五年的劳动合同,由员工自愿签署,约定在合同到期后提供一份高额奖金。这样可以大致掌握员工的心理动态,而且签订后的员工相对较为稳定,可以为本土化争取缓冲时间。

第五,比较与再交流。在这一步,员工将对自己从工作过程中和任务完成后所获得的奖酬与其他可比的人以及自己的过去进行比较,看一看自己从工作中所得到的奖酬是否满意,是否公平。通过比较,如果员工满意,将继续留在原组织工作;如果不满意,则可再与管理人员进行建设性磋商,以达成一致意见。如果双方不能达成一致意见,则双方的契约关系将中断。

全过程激励模式突出了信息交流的作用,划分了激励工作的逻辑步骤,可操作性强。

在这一激励模式之外,我们还提出了企业文化激励这一举措。从企业官网上我们可以看到,企业现在也有诸如旅游聚餐、联欢晚会之类的文化活动,并且被写成报道在官网上公示。我们在与企业技术部主任交流时,她认为这些活动取得了不错的效果,有利于企业员工之间和上下级之间的交流。文化激励可以提供和谐的工作环境,进而提高工作效率,增强员工的归属感、凝聚力,有效减少人员流失,并且有利于吸引优秀人才进入企业,所以应该得到企业的重视。

以上就是针对企业人才问题所设计的激励机制的全部内容。

二、招聘与培训

招聘制度现状:

1. 互联网方面

之前了解到聚光高科在互联网上发布了招聘信息。实际搜索后发现招聘信息发布的网站仅有青海人才网一家,且关于招聘职位的具体描述过于简略。在58同城等网站上只有少量关于聚光高科的介绍,而没有招聘广告。

2. 与外省高校合作

聚光高科与安徽工业大学数理学院有合作,但是仅限于科研方面,并且合作关系也较弱,在招聘方面双方更是没有任何合作。与外省其他高校没有合作,也从未前往外省高校举办招聘会。

3. 与本省高校合作

在招聘技术工人方面,聚光高科主要瞄准对象为青海本地的一些技术学校。

在招聘管理人员方面,聚光高科与青海本地高校没有任何合作,也没有参加其校园招聘会。

4. 整体趋势

东部大学生前往西部就业的人数连年减少,以北京大学为例,北京大学前往西部就业的人数比例2014年为9.78%,2015年为7.44%,2016年为6.63%。

青海本地大学生留在青海工作的占比较高,以青海大学为例,青海大学2016年毕业生有58%留在青海本地就业。

案例九

青海零售业人才困境及缓解方式探讨

西部地区缺人才,更缺集聚人才的资源。长久以来,人才发展失衡,一直是西部地区发展的瓶颈,青海也不例外。零售业对人力资源的独特需求决定着它必然面临人才困境。零售业面临的人才困境主要分为两方面:流失多和聘用难。

第一,人才流失多。过去几年至2014年,连锁零售企业人才平均流失率为30%—40%。全部离职人员中,中层员工占比21%,高层员工占比约8%—9%。中高层员工的非正常离职率较高,其中,店长的离职率最高,超过50%;采购经理第二,约为30%;营运经理第三,约为10%。对于高层员工来说,连锁零售企业薪资较低,缺乏诱惑力;而对于中层员工来说,跳槽则成为升职的另一个捷径,间接导致了中层员工缺岗率占总缺岗率的5%—10%(见表4.2)。

表4.2 员工流失率

相关指标＼员工层次	基层员工	中层员工		高层员工
平均流失率	70%	21%		8%—9%
非正常流失率		店长	采购经理	营运经理
		50%	30%	10%
缺岗率(部分企业)	5%—15%	5%—10%		

资料来源:作者根据相关资料整理绘制。

在全部离职人员中,基层员工占到70%以上,主要职位为理货员、收银员、仓储员等。新入职员工,特别是入职时间不足半年的员工离职率更高。基层员工的缺岗率为5%—15%。对于基层员工来说,连锁零售行业的工作时间长,工作内容繁杂,收入低,节假日无法正常休息,并且在一定程度上影响到了其社会地位,于是他们便通过更换工作来改善工作环境,对企业的经营管理、服务质量以及凝聚力都造成了一定的消极影响。

第二,人才聘用难。连锁零售企业聘用难,主要表现在两个方面:

其一,适合企业的候选人偏少。全国高校内,设有专门培养零售业人才课程的高校屈指可数。调查表明,目前中国零售业人才不仅数量少,质量也无法满足企业要求,具有大专及以上学历的从业人员所占比重仅为3%。在这种情况下,企业很难从外部聘用中高层管理人才。

其二,面试通知后实际到场人数占全部人数的比例偏低。企业从外部聘用连锁零售企业管理人才,必须经过长时间培训,而培训大多从基础开始。许多本科生不愿意一进入企业就干最底层的脏活累活,导致连锁零售企业无法找到员工,出现了较高的缺岗率。

对此,我们提出了如下解决对策:

第一,建立科学完善的招聘体系。

首先,由政府牵头,与贫困村对接。贫困村能够为便利店提供劳动力和特色农产品,而便利店能够为村民提供就业岗位和设立专门的货架,这样既有效地解决了劳动力问题,也为政府精准扶贫贡献了力量。十堰市的和和连锁便利店在黄杨村已经有过类似的探索,取得了不错的反响,此方案切实可行。

其次,招聘大学生兼职。调研中发现,企业目前还未使用兼职大学生,而这一模式一方面可以减轻员工工时较长的压力,另一方面兼职的工资支出不会太高,不会额外增加企业负担。所以建议企业在招聘网站上发布相关信息。

最后,整理招聘渠道,注重员工品质。企业可对采用的招聘渠道进行登记处理,对比哪些渠道招聘的员工流动率较低,并坚持这些好的做法;询问专家,何种员工较适合本企业本岗位的工作,对所要招聘的员工进行性格能力测试,挑选出适合本岗位的员工。

第二,建立灵活多样的激励制度。

首先,薪资制度调整。我们通过实地访谈了解到,朵航生活e家便利店员工的工资水平为:试用期员工每月1 700元,正式店员每月2 000元,店长每月2 200元。2015年,青海省私营企业中批发和零售业从业人员每年的平均工资为38 146元(数据来源于青海省统计局),朵航生活e家便利店员工的工资水平与上述数据存在较大差距。同时,在与员工的访谈中我们了解到,薪酬较低成为影响员工积极性的主要原因。因此我们建议企业在进行成本核算后,对基础工资及提成等进行调整。

其次,福利制度完善。目前,社会保险和保障等制度均是对工作一年以上的员工实施,建议完善这一制度,争取在试用期满一个月内落实职工保障。在原有的组织员工体检、节日发放福利、为外地员工提供宿舍等福利的基础上,建议增设员工子女升学奖学金,同时设立父母医疗金,让家人同时分享企业的福利。

最后,员工参与管理。在分析了美宜佳便利店的内部管理制度后,实践团提出,企业可对工作满两年的店长进行扶持,使之成为门店老板,自行创业。在企业规模达到一定程度时,可以考虑实施员工持股计划。

第三,建立层次分明的培训机制。

企业目前采用的培训机制为每周各个店铺的店长和店员轮流到企业总部进行培训,店长和店员的培训内容相同。通过采访基层员工发现,这样的培训体系太笼统,收效甚微。建议企业采用分层培训机制,企业总部直接对店长进行专业的培训,店长根据每个店铺的具体情况将企业总部的意见传递给基层员工,同时店长也将培训的效果反馈给企业总部。店长发挥桥梁作用,实现企业总部和基层员工之间的双向交流。使总部的培训内容能更高效地传达。

3. 技术研发

20世纪以来,科技发展对人类社会发展产生了重大影响,研发活动对经济发展起到了越来越重要的作用。企业研发机构正是研发活动的重要开展者。很多大企业为了保持技术优势,均投入大量资源在企业内部开展研发活动,特别是涉及企业核心产品与核心技术的研发活动。例如,美国杜邦公司每年投入十几亿美元的研发经费和几千人的研发团队从事研发活动,迄今为止已取得25 000多项专项,开发新产品达4万多种,使自身的技术能力和产品创新能力长期处于同行中的领先地位。企业研发机构作为企业核心能力的体现,不仅是提升企业技术创新能力的重要保障,更是促进企业生产与科技紧密结合,加速科技成果转化,从而提高企业整体素质和经济效益的重要保障。

经济学家估计,在过去的50年中,美国一半的经济增长得益于技术的发展。在发达国家,企业里从事技术开发的人才占到全国同类人才的50%以上,在欧美,特别是在美国这一比例可达到70%—75%,而在中国该比例只有20%左右。对于经费在企业里投入技术开发的比例,美国可达到75%,西方国家(包括日本)均在60%以上,而中国仅为30%左右。随着科技创新、转化和产业化的速度不断加快,创新周期缩短,竞争已前移到原始的创新阶段,原始创新能力、关键技术创新能力和系统集成能力已经成为国家间科技竞争的核心,成为决定国际产业分工地位和全球经济格局的基础条件。

对于企业来说,创新创业的核心推动力之一是其强劲的研发实力,唯有此才能保证企业在市场上的核心竞争优势。技术研发实力的提升需要内部与外部的合力推动,一方面需要政府为企业创造良好的技术研发环境,通过在点、线、面三个层次发力,布局完善而协调的外生支持系统,另一方面需要企业应运而为,借力发展,在意识、战略布局、企业文化、系统整合、组织架构、研发团队、资源投入多维度切入,分阶段完成研发实力提升,打造企业的"研发"基因。

案例十

三一重工企业研发分析

三一重工股份有限公司(以下简称"三一重工")于1994年由其母公司三一集团投资创建,并于2003年在A股上市,主要从事工程机械的研发、制造、销售和服务。三一重工不仅是全球最大的混凝土机械制造商,也是中国最大、全球第六的工程机械制造商,产品主要包括混凝土机械、挖掘机械、起重机械、桩工机械、筑路机械,其中,泵车、拖泵、挖掘机、履带起重机、旋挖钻机、路面成套设备等主导产品已成为中国第一品牌。此外,三一重工自主研发了大数据储存与分析平台,即"ECC客户服务平台",包括所有设备底层控制的硬件和软件,能够实现双向的交互以及对设备的远程控制,可将20多万台客户设备实时运行情况的数据通过传感器传到后台进行分析和优化。

一、发展历程

作为一家民营企业,三一重工在发展初期面临多重技术困难,直到1995年董事长梁稳根请到了液压方面的顶级专家易小刚加盟,其技术实力才逐步强大起来,最终成为行业的领头羊。其自主研发的产品先后创下了多个"世界第一"和"中国第一"。具有代表性的产品和事件主要包括:1998年成功研制出中国首个37米长臂泵车,并分别于2007年、2009年、2011年三次刷新长臂泵车世界纪录;2006年三一重工"混凝土泵送关键技术研究开发与应用"项目摘取"国家科学技术进步奖"二等奖,成为中国工程机械行业首家获此殊荣的企业;2007年生产出亚洲最大吨位全液压旋挖钻机;此外,世界第一台全液压平地机、世界第一台三级配混凝土输送泵、世界第一台无泡沥青砂浆车、全球最大3 600吨级履带起重机、全球首款移动成套设备A8砂浆大师等产品均来自三一重工。

截至2015年年底,企业累计申请专利6 641项,授权专利5 017项,申请及授权数均居国内行业第一,企业分别于2010年和2011年两次获得中国专利最高奖——"中国专利奖"金奖。图4.2列出了三一重工近几年的申请专利数和授权专利数。从图4.2可以看出,三一重工的现有专利大部分是近5年所申请和授权的,考虑到企业在2010年以前所研发出的众多突破性产品,可以看出三一重工此前的专利意识不足(这段时间专利相关数据均未公布于企业年报),这也和中国专利总数的变化趋势大体吻合。2012—2014年,三一重工每年的申请专利数和授权专利数都在1 000项左右,而2015年申请专利271项,授权专利324项,经过初期专利申请的旺盛期后,三一重工进入专利的平稳增长期。

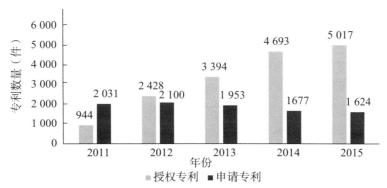

图4.2 三一重工2011—2015年累计申请专利数和授权专利数

资料来源:三一重工年报。

企业先后荣获"中国标准创新贡献奖"2次、"国家科学技术进步奖"二等奖2次、"国家技术发明奖"二等奖1次,且先后承担了多项国家"863"计划项目、国家重点新产品项目、国家火炬计划项目及国家重大技术装备研制项目。

二、文化环境对企业研发实力的影响

三一重工的文化环境总体上属于激进型,做事高调,富有激情,这从企业使命("品质改变世界")、三一信条("人类因梦想而伟大")及企业作风("疾慢如仇,追求卓越")等方面可以看出。这和同在湖南的同行业竞争对手中联重科的作风完全不同,后者低调内敛,比较稳重,奉行"至诚无息,博厚悠远"的企业文化。三一重工自成立后凭借取得的多项突破性产品及业绩快速增长而成为行业霸主,并于2011年成为至今唯一一家登上英国《金融时报》全球市值500强的中国机械企业。三一重工的这种敢闯敢拼的做事风格对于这一系列成就的取得具有促进作用。

三、企业对研发的财力投入对企业研发实力的影响

企业的财力投入是开展技术创新的基本保障,三一重工在2012年研发支出为25.47亿元,2013年为19.35亿元,2014年为16.01亿元,2015年为12亿元。虽然从数目上看,研发支出逐年降低,但考虑到三一重工近几年营业收入逐年降低,其研发支出占营业收入的比重变化不大,都处于5%以上,具体如表4.3所示。

表 4.3　三一重工历年的研发投入和营业收入

	2011	2012	2013	2014	2015
研发投入（亿元）	25.86	25.47	19.35	16.01	12
营业收入（亿元）	507.76	468.31	373.28	303.65	233.67
占比（％）	5.09	5.44	5.18	5.27	5.14

资料来源：三一重工年报。

根据中国 2016 年 1 月 29 日颁布的《高新技术企业认定管理办法》，销售收入在 2 亿元以上的高新技术企业研究开发费用总额占同期销售收入总额的比例不低于 3%。在相对成熟的工程机械行业，三一重工 5% 的研发支出占比远远高于中国其他企业。其国内主要竞争对手中联重科的研发支出占营业收入的比重常年低于 5%，直到 2015 年才超过 5%，达到 5.07%。

四、组织制度对企业研发实力的影响

除去国家、省市层面对研发人员的激励政策，三一重工建立了一整套激励研发团队的措施，包括奖金激励、新产品利润分红、股权激励等。

五、人才队伍建设对企业研发实力的影响

作为国家重点高新技术企业，三一重工目前共拥有 2 个国家级博士后科研工作站、2 个院士专家工作站、9 个实验室和多个工程技术研究中心，并广泛开展与国内外高校、研究机构之间的技术合作，与中南大学合作成立"中南大学三一研究院"，与华中科技大学共建"SANY-HUST 先进制造技术联合实验室"。研发的硬件条件很是雄厚。企业技术带头人、首席专家、总工程师易小刚先生是首届"十佳全国优秀科技工作者""何梁何利基金科学与技术创新奖"获得者、研究员级高级工程师。

技术研发的主体是企业员工，特别是高素质、高学历的研发人员对产品具有重要作用，图 4.3 列出了三一重工近几年的员工数量及其人员结构。三一重工在 2011 年之前急速扩张，员工总数在 2011 年达到顶峰后又急速下降，2015 年低于 2008 年的水平。研发人员占比在 2013 年之前波动上升，之后开始下降，但从 2010 年达到 10% 后便一直保持在 10% 以上，这达到了《高新技术企业认定管理办法》中规定的高新技术企业研发技术人员占企业当年职工总数的比例要求。高学历人员占比经过先期的增长在 2012 年达到峰值 11.8%，其后缓慢回落，2015 年为 8.5%。

查看中联重科的年报可知，中联重科 2013—2015 年的研发人员占比均维持在20%以上,2013年和2014年更是达到27%,2013—2015年的高学历人员占比分别为6.47%、6.45%、5.57%。创新是一个企业的灵魂,对企业行业领导地位的保持更是至关重要,研发人员的能力和素质是产品研发中最重要的一环,决定了新产品的质量和性能的高低。

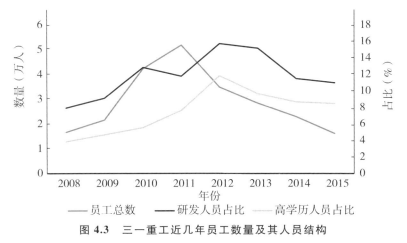

图 4.3　三一重工近几年员工数量及其人员结构

资料来源:三一重工年报。

注:高学历人员是指拥有硕士或者博士学位的人员,研发人员/高学历人员占比是指该类别人员数目与员工总数的比例。

从以上分析可知,三一重工需要优化人才结构,提高研发人员占比,虽然10%的比例在机械行业已属高比例,但是为了维持行业领先地位,肯定需更多优秀的人才加入其中。虽然三一重工的高学历人员占比高于中联重科,但是对人才的合理使用以激发其最大潜能是企业所必须认真思考的问题,特别是需要培养高素质的行业领军型人才。此外,三一重工的产品技术和国外先进技术仍然有一定差距,其在国际竞争中仍然依靠价格优势而不是性能和质量优势来占领市场,所以其产品一直难以打进欧美发达国家市场。

案例十一

河南羚锐制药芬太尼事业部的技术探索

河南羚锐制药芬太尼事业部主要负责芬太尼产品的生产。芬太尼是一种强效麻醉性镇痛药,药理作用与吗啡类似,主要用于癌症中晚期和术后的镇痛。芬太尼在十年前被引入中国,羚锐制药从2013年开始生产芬太尼经皮贴剂,三年来销量快速增长；但实际上，由于在过去的十余年里，国内普遍过度依赖输液和针剂，对更加安全、副作用更小的贴剂类药品缺乏关注，因此经皮给药市场还处于新生阶段。

1. 优势

技术优势：获德国 TDDS 专利技术授权，采用德国进口设备，生产线自动化程度达到 90% 以上。

质量优势：考虑到市场化有利于降低成本，前期供应链均来自国外，原辅料 100% 进口使质量能够得到保证；严格的质量监控体系。

效果优势：慢性癌症疼痛治疗强效镇痛、持续均匀有效；副作用小，程度和发作率更低；给药方式舒适度高；生物利用率即身体吸收作用率高等。

价格优势：由于疼痛缓解持续时间长，因此单位作用时间价格并不高。

2. 挑战

受医生和患者传统用药理念影响，经皮给药方式缓解癌症疼痛尚未为大众熟知和轻易接受，市场尚未打开。

3. 机遇

公司在中药贴剂领域占有极大的领先优势，而在化药领域则刚刚起步。以芬太尼贴剂技术为起点搭建化药贴剂的学习和研发平台，公司已自主研发数项技术与产品，期待在化药领域进一步发展，缩小国内技术水平与国外的差距。

而在这里，我们也又一次感受到了羚锐制药作为药企的良心。羚锐制药的芬太尼经皮贴剂的定价较低，负责人说"芬太尼不作为羚锐制药的盈利产品，而是慈善产品。癌症在给患者带来巨大痛苦的同时，往往会耗尽一个家庭的积蓄，我们是为了让患者用得起、用得上"；此外，羚锐制药还将在未来三年内向贫困地区癌症患者捐赠价值 5 亿元的芬太尼经皮贴剂。羚锐制药的口号是"诚信制药，造福人类"，从严格把控药品质量，到关怀患者，再到关注民生，羚锐制药真正地践行着它的诺言。

4. 营销战略

中国的很多企业将踏实发展的品质和专耕质量的精神作为发展的根基和立足的根本；这也是我们要弘扬和珍视的企业精神。但是，朴实的企业文化却也有可能在它们"走出去"的过程中"拖后腿"——当企业的发展思路和重点长久聚焦在产品品质上，它们便有可能在"推销自己"这一方面做得不够或者没有思路。比如羚锐制药的新产品质量优异、品种丰富,但是营销速度并没有跟上其研发速度,以至于陷入埋头干、难推广的尴尬境地,此时能否做好营销可以说是其能否成功"突围"的决定性因素。

更有一些新成立的中国企业,在市场开拓方面还是空白,经验不足,营销推广此时便是企业打响第一炮的关键环节;如果没有做好营销推广,那么其优质的产品便可能被埋没。

在强调企业产品质量的今天,我们应该承认,许多企业的产品质量已经过关,那么此时我们就要着眼于它们的营销战略,从这个角度切入来探索使它们焕发新生机的方法。

我们进一步思考,此时着眼于营销战略,不仅是为了企业的产品推广,更是想帮助这些中小企业转变发展思路,从"默默无闻地踏实做事"到"踏实做事和宣传自己"并存,懂得在互联网时代,将自己推广出去的重要性。

从客户端来看,许多国人愿意并且希望为更优质的国货买单,但有时却难以了解到这些产品的信息,所以大家也乐意看到更多的民营企业产品走到更广阔的天地,为大家所熟知。

我们从调研到的、各个企业已经做的营销战略入手,既从较宏观的层面分析了企业的营销思路,也从微观层面提出了具体落地的建议,希望我们可以为企业的突围做出自己的贡献,帮助它们走得更好、走得更远。

案例十二

羚锐制药二次创业中的营销探索

我们在羚锐制药这家以贴膏剂为主营业务的药企调研了 16 天,深入地了解了传统制药企业的"突围"——产品多样化与产业布局多样化,并且深入地思考了在国家鼓励民营企业创新发展的大背景下,羚锐制药作为一家传统药企进行突围的亮点与机会、挑战与困难以及思路上的问题。羚锐制药给我们带来了感动与思考,我们希望尽全力帮助它发展得更好。

一、产品分类

1. 整体分类

茶类、香菇酱、养生产品。

2. 细分类及品类介绍

茶类：

(1) 养生茶

简介：养生茶是羚锐制药和福建正山堂茶业有限责任公司（以下简称"正山堂"）合作，结合正山堂制茶工艺，采集信阳雨前绿茶或将茶叶发酵成红茶，加上特定养生中草药材制成的茶饮。其营养价值、味道都在普通茶饮之上，不同品类分别有针对不同健康问题的疗效，深受注重养生的高端人士的钟爱。

市场定位：中高档养生保健礼品。

品类：

- 羚锐传统信阳红：采自大别山深处无污染核心茶山"本山"的优质信阳红茶，采用福建正山堂金骏眉萎凋发酵工艺制成的高档红茶。传统的信阳红茶香气馥郁，回味悠长，被用业招待宾客和自家饮用均是上乘的选择。

- 养生信阳红：养生信阳红是以产自大别山深处自然保护区的半野生茶叶为原材，经由高档红茶正山堂金骏眉的独特萎凋、发酵工艺，结合现代制药标准（GMP）的品质控制系统，并充分融合祖国医学千年传承的养生精华综合而成的现代新国饮。养生信阳红可分为以下两个系列：

"精气神"系列。功效：固元养精，扶元养气，培元养神。采用中药精华提取喷洒工艺生产。

"情茶"系列。分类：怡情&悦情型、调节血脂型、调节免疫型、乌须发型。各品类分别加入不同的中草药材，采用中草药材与茶叶混合打碎工艺生产。

- 绿茶："茶益精气神"系列，选取海拔 600 米以上无农药信阳顶级毛尖制成。新推出清明前芽茶、谷雨雨前茶等产品。

(2) 固体养生茶饮料

简介：为迎合学生、上班族对方便型饮品的需求，大健康事业部推出多种固体冲调饮料，且各品类分别有一定的保健作用。

市场定位：针对年轻消费群体的快消品。

品类：

- 柠檬姜茶：预防、治疗感冒，有暖身的功效。

- 山楂酸梅汤：开胃解酒，在夏天饮用也可降火，预防中暑（可凉水冲调，尤其适宜夏天饮用）。

- 红糖姜茶：适宜女性饮用，驱寒暖身，补血补气。

- 桂圆红枣茶:美容养颜,补血增益,益气进补。

香菇酱:

简介:由福州好味道食品公司利用信阳本地大别山香菇资源,辅以羚锐绿达山茶油制作而成。该香菇酱低油、低盐,兼具健康理念和诱人味道。

市场定位:老少皆宜的家庭日常消费快消品、中档礼品。

品类:目前上市口味为麻辣、辛辣、原味、蒜蓉、板栗口味;未来企业还将研发板栗酱、萝卜酱等新品类投放市场。

保健品:

简介:大健康事业部依托信阳丰富的中草药资源和药品生产技术,研发出一系列保健茶饮。

市场定位:老少皆宜的日常消费快消品、中高档礼品。

品类:

- 银杏保健茶:具有降血脂、降血压功效,适宜三高等存在健康问题的人群饮用,亦适合希望预防此类健康问题的人士饮用。
- 润通茶:调理肠胃,疏通肠胃胀气。

二、销售途径和营销策略

(1) 养生茶

整体定位:高端化礼品路线。

销售渠道:

- 内部销售:羚锐制药旗下其他子公司或事业部作为礼品成批订购;羚锐制药内部订购价格有优惠。
- 商超推广:大健康事业部销售人员在线下商超推广。
- 药店终端销售:依托其他事业部的销售团队在药店终端销售。
- 上层推广:企业管理层在客户到羚锐制药参观交流时推广。

(2) 固体养生茶饮料

整体定位:快消品。

销售渠道:

- 线上销售:淘宝、京东等电商平台上均有售卖。
- 线下销售:大健康事业部销售人员在商超推广。

(3) 香菇酱

整体定位:快消品。

销售渠道：

- 线上销售：在淘宝、京东等电商平台上以"筷子兄弟"品牌出售。
- 内部销售：羚锐制药旗下其他子公司或事业部购买香菇酱，大多情况下为奖励员工之用，亦会在企业内部食堂使用。
- 线下销售：大健康事业部销售人员在商超推广。目前主要进驻了河南经济较发达地区的大型商超，反响较好；预备立足省内市场之后，向外拓展，辐射周边酱类产品消费量较多的山东、河北等地的市场；之后，会逐渐向经济更发达的省份拓展销售。

以香菇酱为例进行 SWOT 分析：

优势：当地原材料的产量丰富、供应稳定、品质上乘；产品口味的市场反馈良好（局部调查）；质量过硬。

劣势：进入商超和营销推广的成本过高；销售人员不足，市场范围过小，渠道单一且狭窄；销量少，利润薄。

机遇：实现了产业扶贫，顺应了国家政策号召；国民对健康酱类产品需求增加。

挑战：仲景香菇酱等品牌已经占领市场并且树立起品牌形象；羚锐制药缺少品牌效应，消费者熟知程度低。

三、关于另一创新产品——河南绿达山茶油股份有限公司的介绍和分析

1. 企业基本概况

河南绿达山茶油股份有限公司成立于 2011 年 9 月，由河南羚锐集团投资成立，是一家集山油茶种植、加工及茶油销售于一体的股份制企业。

公司通过"公司+专业合作社+基地+农户"的经营模式，将新县近 20 万亩的野生有机山油茶林，打造为公司的原材料基地；生产加工环节引进集团下属上市公司羚锐制药的生产管理理念，用制药标准（GMP）生产每一滴山茶油。公司秉承集团"诚信立业，造福人类"的发展理念，通过经营山茶油（被世界卫生组识评为最适合人类食用的油），为人类健康尽一份力。

2. 经营分析

品牌定位：打破普通食用油的传统定位，打造安全优质具有独特创新价值的高端食用油。

目标市场：中高收入、追求较高生活质量和健康品质的家庭与个人。

投放渠道：企业员工福利团购、华联等大型商超；天猫、京东等网上电商平台和微信平台。

差异特征：产品安全保障（制药标准 GMP 生产）；优质,先进物理冷榨技术保证且严格保证全部为初榨。

发展方向：短期为逐步占领终端,扩大市场占有率,提升企业知名度；长期为扩大产品线,以高端茶油为起点,逐步将绿达打造成为高端食用油领导品牌。

3. 反思

我们同样基于现实做出了绿达山茶油的 SWOT 分析,但是我们发现,其与香菇酱的优势如出一辙,比如原材料丰富、质量过关、品质好；同时,劣势也如此相似：市场营销速度和力度跟不上研发速度和力度,难以将产品推向市场并推广,销售人员和渠道都不足。因此,我们探讨了羚锐制药这家传统药企在通过"产品多样化"道路来突围的思路上的问题以及未来的发展方向。

4. 羚锐制药突围的优势

资源导向：丰富的蘑菇、茶叶、山茶树资源。

质量保障：以制药标准做食品。

成本节约：政府补贴,地租低,劳动力成本低。

传承健康观念：将制药的健康恢复升级为健康创造与维护的理念。

5. 主要问题在于营销

目标市场定位存在偏差：市场研究不够深入,不够重视大数据。

营销策略与目标市场定位脱节：包装陈旧；渠道选择与营销目标错位；营销策略过时。

销售队伍建设不完善,营销渠道建设不成熟：导致新产品的销售推广速度跟不上研发速度,难以将优秀的新产品真正推广出去。

6. 营销背后是理念上的问题

缺乏远见,竞争意识弱,过分依赖后发优势。

制药与食品间的产业壁垒：营销理念未改变,经验积累不足。

投资决策不完善导致资源分配不合理。

7. 建议

提高认知：完善自我定位并在新产品推出前进行充足的市场调研。

产品选择：发挥优势（资源、质量）进行产品创新,而非跟风随机进入某些市场。

革新观念：改变保守观念,在管理层引进年轻力量,利用北京销售中心留住人才。

战略支撑：理性思考,规划发展战略。

营销升级：明确品牌定位，凸显产品差异。继续拓宽线下市场，可向南进入湖北、江西等成本较低且有食用酱类产品习惯的市场。利用新媒体拓展影响力。通过企业其他产品提高香菇酱的知名度。

案例十三

赤壁市赵李桥茶厂销售改革方案

一、企业基本状况及发展环境

（一）企业销售基本状况

销售地区：

边销（主要销往内蒙古、新疆等地区）。特点：历史遗留市场，需求相对稳定。

内销（主要销往北京、山西、上海、广东等城市）。特点：潜力大，销售份额逐年上升。

销售模式：主要为旗舰店与经销点结合的方式。

营销策略：主打卖点——药品与保健品，以"蓝帽"健字号为竞争优势，在药店与保健品店建立龙头地位（暖胃、护肝之功效）。

营销方法：

- 经销点开展宣传与促销活动进行产品推广，茶厂根据情况适当支持这些互动；
- 政府出资在全国各地举办展销会，茶厂积极参与展销活动，推广品牌；
- 微信群和微信公众号推广，吸引潜在顾客进群接受宣传；
- 广告的方式收益率低，广告不是主要的营销方式。

主要品牌：火车头、牌坊、"川"字牌。

面临问题：

- 周围茶厂对品牌的仿冒造成的名誉破坏问题；
- 线上网络销售面临管理不善、仿冒品牌问题；
- 目前在公众中了解度较低，销售对象圈子化严重。

（二）企业 PEST 分析

PEST 是企业营销宏观环境分析模型，所谓"PEST"即 Political（政治）、Economic（经济）、Social（社会）、Technological（技术）。这些影响是企业的外部因素,一般不受企业自身控制。

1. 经济

根据《2014年赤壁市国民经济和社会发展统计公报》,2014年赤壁全市GDP 316.39亿元,按可比价格计算,比2013年增长9.8%。通过GDP这一指标可以看出,赤壁市保持着较高的经济发展速度,在咸宁市中其GDP也占据着很大的比重,可以说是咸宁市经济发展的重点区域;然而从整个湖北省的角度来看,其发展仍然处于中等偏上水平,与其他地区相比没有明显的发展优势。

第一产业完成增加值42.00亿元,增长4.5%,对全市经济增长的贡献率为8.92%,拉动全市GDP增长0.87个百分点;第二产业完成增加值151.36亿元,增长8.6%,对全市经济增长的贡献率为52.80%,拉动GDP增长5.17个百分点;第三产业完成增加值123.03亿元,增长13.9%;三大产业结构比例为13.27∶47.84∶38.89。与国家整体水平相比,赤壁市的第三产业发展状况落后于国家平均水平,而第一产业占比相对较高,反映出其城市化水平相对较低,有相当比例的农业从业人口。

以下摘录了《2014年赤壁市国民经济和社会发展统计公报》中与茶业相关的第一产业和第二产业的一些数据:赤壁市茶园面积13.38万亩,比2013年增长19.7%,茶叶产量2.65万吨,比2013年增长40.2%。2014年,实现工业增加值145.91亿元,按可比价格计算,比2013年增长9.1%;规模工业用电量122 670万千瓦时,比2013年增长2.8%;工业产品销售率为97.1%。从2014年度数据可以看出,全市茶叶生产和茶园面积在持续上升,茶业的原料供给逐步增加,对企业降低成本、扩大生产以及提高产品质量提供了极大的有利条件;同时,赤壁市的工业产值不断提高,整体的工业建设和配套设施逐渐完善,对茶厂的发展也提供了很大的有利条件。

2. 政治

在与政府关系方面,该茶厂属于国家多数控股、咸宁市供销社直接下属企业,在企业改制之前,属于国有正县级企业单位。由于直接由地市一级供销社管理,与赤壁市的其他茶厂相比,赤壁市茶产业发展局对其接触和支持不足,分析原因主要有两点:在国企改制之前,赤壁市茶产业发展局比赵李桥茶厂级别还要低一级,所以在管理上涉及级别问题,出现了很多隔阂和尴尬;企业由市供销社直接管理,并不属于赤壁市政府的管辖范围,所以对于茶产业发展局的政府官员而言,该茶厂发展的好坏与其关系不大,茶产业发展局为了提高自己的工作业绩,自然会支持一些由自己直接管理的茶业企业,而不是选择将原有的龙头企业做大做强,这就直接导致了在政府层面,茶厂不仅得到的支持有限,而且在某些待遇方面也不及一些成立相对较晚、发展比较困难然而受到当地茶产业发展局大力支持的小茶厂,对其下一步的发展而言处境也相对尴尬。

3. 社会与文化

茶叶作为中国文化重要的名片之一,在世界上正受到越来越多的关注和追捧。茶叶对于人类健康和生态产业发展具有十分重要的意义。尤其是青砖茶,作为黑茶、砖茶的典型代表,对降血脂、降低食物的油腻程度有着十分重要的作用,所以在社会和文化方面有着良好的发展前景。

4. 科学与技术

优势方面,赵李桥茶厂注重提高产品品质,在降杂质和降氟方面与各高校进行了一定的合作,实现了一定的进步,在产品品质方面相较于其他企业处于领先地位;劣势方面,与赤壁市当地的一些新兴企业相比,制茶技术相对较低、机械老化程度较高且自动化程度很低,需要进行一定程度的更新换代。

(三) 企业竞争环境分析

企业竞争环境方面,在湖北省内,生产黑茶、砖茶的企业也都集中在赤壁市当地,所以其面临的省内的竞争主要还是集中在赤壁市。对于赤壁市内的竞争企业,由于该茶厂生产的青砖茶、米砖茶是"全国驰名商标"和"中华老字号",因此在名气、口碑和市场影响力方面要大大高于其他茶厂,其在生产要素市场也就是原料市场上也是定价者,其他企业收购茶叶的价格基本上是参考该茶厂所制定的价格。其最大的竞争对手羊楼洞茶厂和赵李桥茶业,它们都是最近几年外地商人在当地建立起来的制茶企业。由于当地制黑茶、砖茶的历史悠久,因此新成立的这些茶厂也选择主要生产青砖茶来与茶厂展开竞争。由于该茶厂在边销市场销售情况稳定,其主要通过供销系统进行销售,因此其主要竞争的市场还是内销市场。由于该茶厂在国企改制前主要供应边销,内销市场十分有限,与其竞争对手在内销市场上起点差距不大,因此其利用自己的知名度和"中华老字号"的商誉在市场开拓方面具有一定的优势;而其竞争对手得到了赤壁市茶产业发展局的大力支持,在营销思路和手段上更具创新性。可以说,该茶厂在内销市场开拓方面遭遇到了一定的阻力。全国范围内,其生产的黑茶、青砖茶也有很多类型相似的产品,包括云南的普洱茶、湖南安化的黑茶等,在内销市场方面,几家产品相似的茶厂也对其市场具有一定的冲击。

(四) 地理和自然环境分析

赵李桥镇地处鄂南边陲,与湖南临湘市毗邻,素有"一脚踏两省,鸡鸣闻三镇"之说。东靠崇阳县城40公里,南距湖南岳阳市80公里,西临长江赤壁深水码头45公里,北倚武汉市160公里,扼湘、鄂两省咽喉。辖区内京广铁路、107国道南北贯穿,距京珠高速公路开口5公里,镇区向东有公路互通106国道,直达崇阳、通山、通城三县和江西修水县。境内有1个火车站,年吞吐货物量上百万吨,常年流动人口达百万人次,成为湘、鄂二省三县(市)的交通枢纽和物资转运集散地,是省政府确定的重点口子镇、重点中心镇和"百镇千村"工程试点镇。交通的便利为茶产品的外销提供了极其有利的条件。从赵李桥站运上货车的茶砖可以从江南直达宁夏、内蒙古等地。

赵李桥素有"茶叶之乡"的美誉,该地以丘陵地区为主,排水顺畅,不易发生洪涝;处于亚热带季风气候区,降水充沛,气候湿润,热量充足;另外,以红壤为主,土壤呈酸性,极有利于茶树的生长。大片的茶园为茶产品生产提供了丰富的原料,与厂区极近的距离也大大降低了原料的运输成本。赵李桥镇虽然交通条件便利,便于产品运输,然而其作为一个乡镇级单位,城镇化水平很低,镇上的娱乐设施较少,卫生条件比较简陋,出行相对困难。这样的发展、生活条件,对青年人才的引进具有不利影响。

二、销售和营销分析

(一) 营销基本方式和特点

品牌营销。品牌是指通过对理念、行为、视觉、听觉四方面进行标准化、规则化,使之具备特有性、价值性、长期性、认知性的一种识别系统总称。赵李桥茶厂在边销市场主要依靠品牌效应,保持了十分稳定的销售形势;而在内销市场,作为"中华老字号"和"国家驰名商标",利用其品牌效应,也在不断扩大其影响力。品牌销售是赵李桥茶厂最稳定、效应最明显的一种营销方式。

网络营销。赵李桥茶厂的网络营销依然处于起步阶段,现已建立微信公众号,但是其版面仍然相对简单,文字偏官方,更类似于信息发布平台,不是绝对意义上的营销平台。但是网络营销潜力巨大,已经是许多制茶企业的重要营销手段之一。

关系营销。关系营销是指把营销活动看成一个企业与消费者、供应商、分销商、竞争者、政府机构及其他公众发生互动作用的过程,其核心是建立和发展与这些公众的良好关系。关系营销是赵李桥茶厂最重要的营销方式之一,是现在其内销渠道中最重要的方式。在其关系营销的基本方式中,赵李桥茶厂作为一个上游生产厂商,将产品稳定地输出到各地经销商手中,与经销商的合作关系相对稳定和紧密,双方在产品利益分成方面也达成了一定的共识,所以其合作关系一般都是长期化的。但是问题是现阶段经销商数量依然有限,为了企业的进一步发展,需要开拓更大的市场,与更多不同地市的经销商建立稳定的关系。

图 4.4 反映了赵李桥茶厂从 2010 年起数字化办公后收集的关于茶叶销售总金额的基本数据。整体来看,2010—2015 年五年间,除去 2011 年和 2014 年,其他年份销售总金额稳定保持在 5 000 万元左右。由图上的数据可以看出,最近五年,赵李桥茶厂的销售额并没有有效提升,依然维持在年销售额 5 000 万元左右的水平,从全国角度来看,仍然维持在一个中等规模企业的基本状态。但是在赤壁市茶园面积快速扩大、茶叶产量持续增加的背景下,其销售情况并不是特别理想。

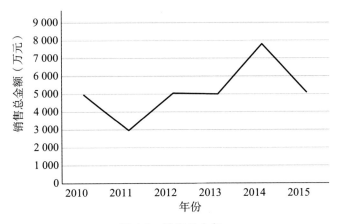

图 4.4 销售总金额

(二)营销和财务数据分析

图 4.5 反映了赵李桥茶厂 2010—2015 年的边销情况。可以看出,虽然边销市场需求量大,赵李桥茶厂作为边销市场最重要的企业之一销售水平比较稳定,但销售额在 3 000 万—4 000 万元的区间内还是具有一定弹性。根据现实的销售情况,边销市场的销售受到国家的价格管制,主要通过供销系统销售,所以其利润率相对较低。从数据来看,边销市场现阶段弹性化的特点,为我们下一步改变销售模式,不再依赖于供销系统,而是转向多元化的销售模式具有十分重要的意义。

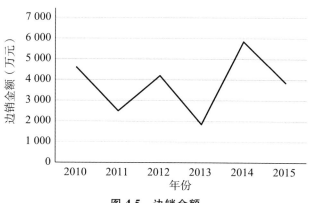

图 4.5　边销金额

根据图 4.6 中的数据可以发现,在 2010 年及之前,赵李桥茶厂几乎没有内销市场,对于一个年销售额 5 000 万元左右的中型国有企业,在近五年的发展中,其内销市场上升速度比较快,这也与其良好的口碑和"中华老字号"本身的品牌效应息息相关。2013 年,赵李桥茶厂的内销额达到了顶峰,然而其平均价格相对较低,所以单从销售额很难看出其销售成绩的好坏;2014—2015 年,其内销额维持在 1 500 万元左右,这个数据对于赵李桥茶厂而言还有很大的潜力可以挖掘。

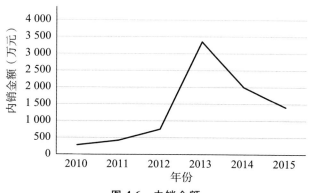

图 4.6　内销金额

我们利用内销、外销市场的销售额和销售单价两个数据加以对比分析:我们假定所有产品都是 2 千克标准茶砖,从图 4.7、图 4.8 中可以看出,边销市场由于国家的干预,价格一直非常稳定,在 25 元左右,根据我们了解到的生产成本(见图 4.9),内销市场的营利空间非常小;然而具体分析外销市场的基础数据,我们可以发现,除了 2013 年边销、内销价格相差无几,其他年份内销价格大都在 40 元以上,具有一定的营利空间。

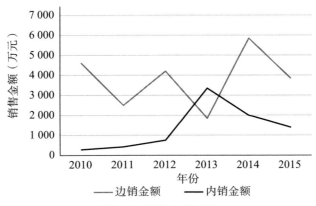

图 4.7 销售金额对比

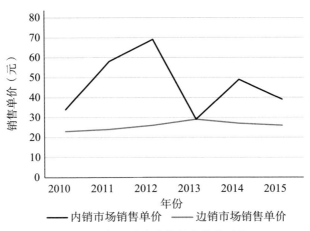

图 4.8 每 2 千克产品销售价格对比

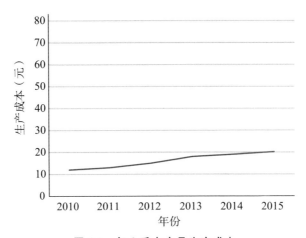

图 4.9 每 2 千克产品生产成本

(三）营销 SWOT 分析

1. 优势分析（S）

第一，优良的品质。赵李桥茶厂的青砖茶、米砖茶与同类型产品相比有这样几大优势：首先，其制作工艺精湛，一直沿用传统工艺打造，茶砖质量有保证；与新兴制茶企业相比，其茶叶经过长期发酵，发酵菌活性高、效果好，在茶叶的口感和味道方面也好于新兴制茶企业；赵李桥茶厂的工人福利更好，并且是有长期合同的熟练工人，他们的经验更加丰富；企业一直致力于产品的清洁化和降低产品的氟元素含量，产品更加卫生清洁，质量有保证。

第二，品牌效应和保健功效。企业已经成功拿到"中华老字号""国家驰名商标""国家非物质文化遗产"等重要商标性证明文件，相较于同类型企业，已经具备很大的优势；同时，青砖茶的保健作用也在被逐步发掘，其已经获得国家蓝色"健"字商品认证，在药用保健方面得到了认可，保证其在宣传方面有了很大的优势。

第三，深厚的历史和文化背景。在第一部分中已详细地介绍了赵李桥茶厂悠久的历史，此处不再赘述。

2. 劣势分析（W）

第一，茶类的多样化选择。根据 2011 年的数据，中国茶叶产量已经达到 145 万吨，其中，以红茶、绿茶为主，占据了近 70% 的产量。相对而言，黑茶和青砖茶的产品替代性很高，在很多市场都面对其他茶种强大的竞争压力，如何从中脱颖而出，获得更大的市场空间是一个重要的课题。

第二，企业的组织管理结构和销售模式滞后。由于企业地理位置的特殊性，其对人才的吸引力不足，大量中层和基层员工文化水平较低；同时，由于企业刚刚由完成国企的体制改革，其传统的销售模式依然没有改变，导致其销售部门人员结构和思维模式相对陈旧，需要做出一定程度的改革，促使企业更好、更快地发展。

第三，成本逐步上升，营利空间不断缩小。在"（二）营销和财务数据分析"部分，已经对营利空间做出详尽的分析，此处不再赘述。

3. 机遇分析（O）

第一，消费市场扩大。随着居民收入的普遍增加，人们的享受型消费占消费总支出的比例逐步扩大。另外，作为民族文化之一的茶文化的普及，让更多的人开始懂茶、品茶。这些都为砖茶在内地市场的销售提供了机遇。

第二，电子商务普及。"互联网+"的普及为茶产品的销售提供了极大的便利。如果企业可以改变以经销商为主导的销售模式，积极运用网络手段，那么将对企业抢占市场提供重大帮助。

第三，金融业发展。与金融机构联合，寻求融资，对增强企业实力、扩大企业规模和市场影响力会产生决定性作用。获得融资后，企业将有充裕的资金进行广告宣传，扩大知名度；也将有足够的实力收购、兼并竞争对手，整合整个茶叶市场，达到垄断地位。

4. 挑战分析（T）

第一，当前国内茶产业同质化竞争非常激烈，营销上推崇的价值难以做到明显区分。

第二，茶叶市场不完善，缺乏统一的价格标准，市场诚信程度不高。

第三，中国茶叶生产过程中使用农药较多，限制了出口。

（四）销售和组织结构改革意见

我们在研究营销模式时，首先要关注往年的消费情况，我们参考了多篇学术论文，从中找到了2009年度中国茶叶销售的基本情况（见表4.4、表4.5、表4.6）。

表4.4　2009年中国城镇居民人均茶叶消费情况

	最低收入户	低收入户	中等偏下户	中等收入户	中等偏上户	高收入户	最高收入户
人均消费量（千克/人）	0.21	0.23	0.25	0.31	0.36	0.4	0.43
人均消费额（元/人）	16.91	22.76	28.78	35.73	46.77	58.13	73.22
食品支出（元）	2 293.82	3 009.48	3 640.22	4 410.49	5 367.01	6 360.33	8 135.04
消费性支出（元）	4 900.56	6 743.09	8 738.79	11 309.73	11 964.73	19 263.88	29 004.41

资料来源：《2009年中国统计年鉴》。

表4.5　2009年中国城镇居民茶叶消费模式

购买茶叶的用途	个体家庭消费	礼品消费	单位消费	其他
	69%	20%	8%	3%
购买茶叶的类型	冲泡茶	茶饮料	袋泡茶	
	79%	27%	28%	

(续表)

购买茶叶的种类	绿茶	乌龙茶	花茶	红茶
	34%	19%	14%	11%
购买茶叶的渠道	专卖店	超市	批发市场	商场
	54%	43%	27%	23%
	原产地	网络	其他	
	15%	6%	2%	
购买茶叶的价格	1 001—2 000 元	501—1 000 元	101—500 元	<100 元
	5%	11%	55%	30%

资料来源:《2009 年中国统计年鉴》。

表 4.6　2009 年全国及各地区城镇居民人均茶叶消费量及消费额

地区	人均消费量（千克/人）	人均消费额（元/人）	地区	人均消费量（千克/人）	人均消费额（元/人）
北京	0.55	115.45	山东	0.42	54.05
天津	0.32	40.13	河南	0.24	31.92
河北	0.29	44.27	湖北	0.14	14.14
山西	0.22	25.04	湖南	0.21	12.41
内蒙古	0.25	32.47	广东	0.55	69.05
辽宁	0.3	52.42	广西	0.12	11.36
吉林	0.2	22.94	海南	0.09	15.45
黑龙江	0.06	11.89	重庆	0.3	23.74
上海	0.2	29.44	四川	0.26	25.16
江苏	0.22	28.33	贵州	0.26	20.94
安徽	0.5	59.05	云南	0.51	28.54
福建	0.31	69.35	西藏	2.66	66.86
江西	0.116	13.21	陕西	0.26	27.01
浙江	0.17	29.93	甘肃	0.36	27.57
青海	0.32	23.77	新疆	0.38	14.61
宁夏	0.26	20.22			
全国	0.3	37.66			

资料来源:《中国茶叶年鉴 2009—2010》。

注:这里的城镇居民人均茶叶消费量仅包括通过家庭购买的茶叶消费量,其他场所消费和他人赠送的茶叶不包括在内。

以上虽然是2009年的数据,具体数据可能有变化,但其大致的比较效果还是比较理想的。从中我们可以看出营销重点:在华中地区,湖北省省内内需较小,可以北上开辟陕西市场;在华北地区,茶叶需求量非常大,无论是北京、天津,还是山东这样的人口大省,茶叶消费量都是非常大的,可以说是一个非常有潜力的市场;在华东地区,应该将重点放在安徽和福建,虽然两省是传统的茶叶生产大省,但是仍然有市场潜力可以挖掘;在华南地区,应该将重点放在两广地区,两省的销售潜力比较大,可以进一步挖掘。

随着近几年网络营销和电子商务的发展,我们认为,网络营销的销售比重会继续提高;另外,茶叶销售还是以专卖店为主,而饮茶活动主要在家庭中进行,所以针对家庭和专卖店的销售应该成为赵李桥茶厂下一步营销的重点。下面是对赵李桥茶厂销售和组织结构的改革意见。

1. 部门重组和搬迁

我们建议,将原来的销售部和部分财务部、综合事务部、研发部进行整合重组,并成立战略销售中心,将整个企业分为两个板块并对其进行一定程度的搬迁与部门重组,解决企业的人才瓶颈和销售瓶颈,具体措施如下:

第一,将原来的销售部和财务部部分人员整合重组,成立战略销售中心,搬迁至武汉的办公区。武汉的战略销售中心分为四个部门,分别是战略部、销售部、财务部以及网络管理中心;原厂区的财务部与综合事务部、研发部剩余部分成立新的综合事务部,负责厂区的管理和正常的生产运营,保证产品质量。

第二,战略销售中心主要负责企业长期战略规划、金融支持、品牌和产品升级,战略销售中心主要分为三个小组,分别是金融事务组、改革规划组以及品牌产品组。金融事务组主要负责企业融资和战略性投资,配合改革规划组为企业下一步发展筹措资金;改革规划组主要负责企业战略规划,发现、发展热点,紧跟发展脉搏,做企业的智囊团;品牌产品组主要负责企业品牌形象的打造以及企业的宣传推广,企业的创意部门与之职责相关,负责进行产品的升级改造。

第三,销售部进行大规模改革(后面将会具体介绍);财务部依然负责为企业提供财务和会计支持,工作重点将放在改进财务状况,吸引更多的投资,让企业拥有更大的融资空间上。

第四,对于人才招聘,我们认为,战略销售中心应该聘任具有丰富的销售和企业战略经验的部门带头人(通过高薪、高福利聘任1—2名部门带头人),同时聘任一些工作经验有限但学历较高,有干劲、有热情的年轻人,提升部门的活力和战斗力；至于销售部门的人员改革，我们将在下一部分详细介绍。

2. 销售部门绩效和人事管理

我们建议，在成立战略销售中心的同时，对销售部的绩效管理和人事安排进行大规模改革。将原来的销售部拆分成六个销售分部，立足不同区域，进行专项销售。

第一，将销售部拆分成六个销售分部，分别立足于边销外销、华北内销、华东内销、华南内销、华中内销和生产销售管理六个不同的销售板块进行销售管理，提高企业的专项销售能力；另外，在北京和广州成立销售办公室，为华北和华南两大重点内销市场建立起销售网络。

第二，边销外销主要负责原有边销市场，同时负责开辟新的边销市场，在外销市场，针对中亚地区以及蒙古、俄罗斯等地，也要进行专项开辟，总部设在武汉；华北内销是内销的主要市场，该分部主要负责北京、天津、东北三省、山东、河北和山西的内销市场开辟，与华东内销分部以黄河为界，总部设在北京；华东内销主要负责黄河以南包括福建、安徽以及东南沿海各省份内销市场的开辟，总部设在武汉；华南内销主要负责两广地区以及西南地区的茶叶销售，总部设在广州；华中内销主要负责原有各大品牌店的合作管理，同时负责陕西、湖南和湖北地区的内销事务，总部设在武汉；生产销售管理主要负责配合对接外设销售部门，负责发货、运输等生产环节的销售事务，总部设在原厂区。

第三，在人事管理上，六大销售分部的部长同级，设立销售专项副总经理，统管六大分部的销售事务。每个分部在成立时由5—6人组成，随着销售份额的扩大，可以再扩大其人员规模。在人员组成上，高薪聘任有地区销售经验的分部销售部长，同时聘任一些高学历、有干劲的年轻人和原有销售部成员一起，组成各个销售分部。

第四，绩效管理上，采取固定工资和绩效工资相结合的方式，根据各销售分部的整体业绩和个人绩效发放绩效工资。同时，年末对各销售分部的绩效进行评估，发放绩效奖金，作为年末嘉奖。

3. 网络营销

网络营销方面，主要采取两大举措，首先是微信和网络宣传，对原有的微信公众号进行一定程度的改革、改造。我们认为，应该赋予微信公众号更多的文化符号，将茶文化、茶业发展历史和茶叶健康效用作为公众号的推送重点，设立一些常规的公众号推送板块；在广告宣传的同时，将公众号平台化，使其成为各位茶友分享茶文化心得体会、推广茶文化的重要平台。该公众号不应该仅是企业的宣传平台，还应该有更高的定位，当其具有一定的关注度之后，企业在推广自己的同时，也可以帮助其他茶企宣传推广并从中获取利润；同时，建立企业自己的官方网站，聘请专人对网站和公众号进行日常运营维护。其次是在京东商城和天猫商城成立企业品牌旗舰店，欢迎客户在网上关注企业的产品动态，使其成为企业网络营销的重要平台。另外，在战略销售中心旗下成立网络管理中心，负责微信公众号、网站以及网店的日常运营。

4. 金融融资

金融融资方面，立足于战略销售中心的金融事务组，与华中地区的各主要风险投资（VC）／私募股权投资（PE）建立广泛和长期的联系。我们认为，5年之内，企业应该完成销售网络建设，形成销售系统之后，尽快实现大规模营利；10年之内，企业利用融资基金，从赤壁市开始对部分湖北省内和邻近地区的茶企进行一定程度的兼并重组，扩大生产规模，扩充产品品种；15年之内，企业择机在新三板或者创业板上市。这些长期的企业规划需要大量工作的配合，是企业下一步发展的重点。

5. 广告宣传和品牌打造

广告宣传方面，在立足于微信公众号以及网站的同时，与赤壁当地的旅游业和蓬勃发展的内蒙古、青海旅游业相结合，与部分旅游公司系列酒店合作，进行产品推广（在后面的"企业合作"部分会详细地阐述）；同时，划拨专项资金，在电视台的热点时段，对企业和产品进行专项宣传，利用拍摄完成的历史文化宣传片，进行软性推广；参加更多的茶文化节和茶品交易大会，向经销商推广企业的主要产品。

品牌打造方面，首先更多地立足于社会公益，在公益事业方面设立专项资金，支持教育事业和社会服务项目，提升企业形象；同时，利用企业的悠久历史和丰富文化，在原有传统包装的基础上，对企业的文化符号和企业产品的外形进行大规模的设计改进。可以参考羊楼洞茶厂的产品设计，利用历史元素，进行现代化设计，提升产品的外部形象。

6. 产品优化和多元化升级

产品优化方面，主要分为两个阶段。第一个阶段是5年内，企业应该立足于原有产品的系列化和品质包装的精品化，在原有青砖茶、米砖茶、七泡茶的基础上，将产品系列化，即在价格、包装、年份和原料四个层面，针对不同消费能力的消费者推出系列产品;与此同时,在产品工艺品方面,利用青砖茶的砖型特点,生产一系列工艺品,例如利用产业博览会,推广茶砖工艺品,或者与文化产业公司合作,由其负责销售企业产品。

第二个阶段是在企业进行一定程度的兼并重组之后,丰富生产品种,争取涵盖六大茶种;在原有青砖茶、米砖茶的基础上,研究新型砖茶,研发新的系列产品。

7. 企业合作

企业合作方面,可以与两类企业进行合作,第一类是饮料企业。黑茶是传统奶茶的重要原料之一,现在市场上流行的阿萨姆奶茶以及午后奶茶,都是将国外奶茶引进中国的产物。边境牧民有生产奶茶的悠久历史,赵李桥茶厂可以与饮料企业合作,调配生产一款精品茶副饮料。在将中国传统奶茶推广到内销市场方面,我们认为,赵李桥茶厂一定要融入历史元素,重视商标,使自己成为重要的饮料合作方之一。赵李桥茶厂可以与大型饮料企业合作,主要目标是利用奶茶饮料提高赵李桥茶厂的知名度,在一定程度上进行软性推广。

第二类是餐饮和旅游企业。我们注意到,青砖茶在牧民之间拥有悠久的饮用历史,也是牧民的生活必需品之一。在西北五省旅游业蓬勃发展,尤其是自驾游体验游蓬勃发展的今天,体验牧民生活,购买当地特产和特色产品是游客最重要的选择之一。青砖茶作为当地牧民的生活必需品在很大程度上可以引起游客的关注和购买兴趣。与此同时,大量的西北菜馆在内地市场蓬勃发展,全羊宴等相对油腻的食物也是游客的重要选择,青砖茶对于调节游客口味,帮助其消化、改善饮食体验有着明显的功效。在边销市场,赵李桥茶厂可以利用与旅游和餐饮企业分成合作的模式,成立一个针对边疆旅游的子公司,将青砖茶打造成为内蒙古牧区旅游的重要特产之一,无论是特产销售还是餐饮时的茶叶饮料,都可以成为边销市场的全新增长点。参考普洱茶随云南旅游崛起、大红袍随武夷山旅游崛起,赵李桥茶厂可以利用西北旅游业的崛起进一步发展自己的内销市场。

案例十四

咸宁湖北坤元第五季现代农业开发有限公司电子商务销售模式

一、公司简介

湖北坤元第五季现代农业开发有限公司(以下简称"坤元公司")创立于2012年。在食品安全事件频发、老百姓渴望吃上绿色放心食品的大背景下,公司创始人出于强烈的社会责任感,希望能为更多的老百姓提供安全的食品,于是创立了坤元公司。坤元公司是一家以菜篮子产品为主导、以休闲观光体验为特色、以科研示范推广为目标,集种植、养殖、加工、销售、休闲、观光、体验、科普于一体,一、二、三产业融合发展的现代农业示范企业。

二、企业价值观

"爱心、诚心、放心、温馨!"用爱心、诚心做农业,使大家吃得放心,让社会更加温馨。

三、盈利模式

由图4.10可知,坤元公司的利润点主要来自两个方面:第一是通过自营的蔬菜直销连锁店的销售,减少中间环节、提高销售品质而产生利润;第二是通过基地综合环境的布局,营造旅游休闲环境而产生旅游综合收入。种植环节完全以提高社会效益为目的,以提高科技含量、严格管理措施为手段。

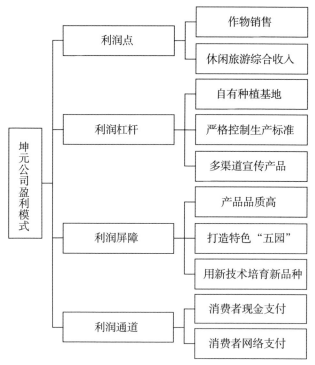

图4.10 坤元公司盈利模式

注:利润杠杆反映的是一部分投入;利润屏障是指公司为防止竞争对手掠夺本公司的利润而采取的防范措施,它与利润杠杆同样表现为公司投入,但利润杠杆是撬动"奶酪"为我所有,利润屏障是保护"奶酪"不为他人所动。

四、销售模式

销售:线下为主,线上为辅。

(1) 线下销售

坤元公司在咸宁当地有4个产品直销点、1个展示展销门店。此外,公司与多家超市、企业食堂、武汉方面签有订单,定期发货。

(2) 线上销售

坤元公司拥有自己的微信公众号和电商网站。微信公众号用于产品宣传,扩大公司的知名度,吸引游客到基地采摘;电商网站以销售本地土特产和耐储存的加工品为主。公司在建立自身网站的同时,还与邮乐网、湖北快联等网络公司联手,利用"互联网+"发展农村电子商务,推销了一大批农产品。

五、电子商务应用实例

1. 企业自有网站

坤元第五季网站(http://www.0715ncp.com/,见图4.11)建立于2016年,是坤元公司直营的电商网站,网站主要售卖耐储存果蔬、鱼肉禽蛋、花卉茶叶、咸宁特产等产品,全部产品均由公司生产、采购和销售。

图4.11 坤元第五季网站首页

2. 微信公众平台

"坤元第五季现代农业"（见图4.12）是公司委托湖北快联网络有限公司运营的微信公众号,公众号提供公司的活动信息、产品促销信息以及公司相关产品科普等,更新周期约为半个月一次,每次推送4—5篇文章。公众号内的特产商城提供产品购买,可选择送货上门或用户自提。

图4.12 "坤元第五季现代农业"微信公众号

3. 邮乐网

邮乐网是中国邮政与TOM集团联手打造的线上与线下相结合的购物新平台。邮乐网凭借中国邮政与TOM集团在各自领域的独有资源和专业经验,充分体现出双方强强联手的极大优势。坤元在其中拥有一家店铺——坤元第五季现代农业专柜（见图4.13）,但目前只售卖3种产品。

六、总结

当前已经拥有较为完善的自营电子商务平台。坤元公司委托湖北快联网络有限公司为其设计了一套集网站、移动端、微信端和APP于一体的完整网上商城体系,商城可以实现自主在线下单、订单管理等各项功能,支付平台与微信支付绑定,操作便捷。

图 4.13 坤元第五季现代农业专柜

产品质量高、口感好。高质量的产品能为企业带来良好的口碑,从而吸引新的消费者购买产品。可以继续借助与深圳报业集团的合作大力宣传公司严格的生产标准和产品追本溯源体系,充分宣传、突出产品特色,将其作为产品的核心竞争力。在产品安全备受重视的今天,在健全的物流网络的支持下,产品的覆盖面积定能得到提升。

案例十五

海东新零售行业营销分析

一、公司概况

青海朵航实业有限公司注册于 2015 年,公司围绕旗下实体连锁便利店品牌"朵航生活 e 家"开展主营业务。旗下共有 6 家实体便利店,店面平均大小为 100 平方米左右,分别位于西宁和海东地区,经营状况良好,在当地有一定的影响力。为了提升竞争力,公司于 2017 年 8 月左右上线网上商城,商城集商品销售、物流配送、社区服务于一体,通过线上线下平台的融合打通社区消费"最后一公里"。公司未来将通过加盟的形式扩大规模,在打造品牌优势的同时提高在青海当地的市场占有率,利用互联网电子商务优势为青海的老百姓提供快速、便捷、实惠及高品质的各类生活用品及生活服务。

二、研究结果

基于大量的相关文献资料,调研组成员分析了全国范围内的连锁便利店,如 7-11、罗森、全家、国安社区以及本土化连锁便利店,如广东的美宜佳、四川的红旗连锁、上海的农工商超市集团等的运营模式,并结合实地调研的情况,提出了针对"朵航生活e家"便利店在青海当地发展的战略规划——打造社区服务,融入社区生活。

便利店不仅是人们购买商品的地方,它实际上已经成为人类生活环境的一部分。消费过程中顾客与商品、店主的互动有其独特的价值。消费者买东西,不只是为了获取商品,他们同时也进行与之相关的人际互动,收获定制的人性化服务。这些具有人情味的购物体验恰恰是便利店无法被电商、无人超市等其他形式的零售商所替代的,也是便利店融入社区,参与社区文化创造的重要入口。所以为了使"朵航生活e家"便利店能更好地利用这种独特的人文优势,调研组成员提出从购物、生活、健康、养老、亲子这五个维度,打造便利店的社区服务,使其逐步融入社区居民的生活,培养消费者黏性,成为社区文化中不可或缺的一部分。这五个维度并不是让便利店都千篇一律,而是提供一个大的方向。这五个主题相互独立,具体应用哪些主题可以根据便利店的实际选址确定。

(一) 购物

(1) 上架优质特产

青海是旅游大省,特产几乎是大量游客的必买商品。但我们在实地走访中了解到,青海当地特产的质量参差不齐,致使很多游客无法方便、快捷地买到正宗的特产。基于此,我们提出在游客密集地区的便利店内上架青海当地的优质特产,如牦牛肉干、黑枸杞等;同时凭借便利店自身的品牌优势,为特产提供正品保证,将其打造成"特产购买第一站"。

在店面装饰上,为了优化游客的购物体验,店内可以在特产货架旁边放置介绍青海当地文化的展板,使游客在购买特产的同时也能了解青海当地的文化,这样既推广了特产又形成了文化渗透。

(2) 创建会员积分制度

当便利店顾客流量足够大时,可以建立会员积分制度。顾客通过手机号实名认证,在线上平台办理电子会员卡,会员享受会员购物优惠,如折扣活动、购物积分。除此之外,会员还可以享受公司推出的会员专享服务。会员机制在保证了消费者忠诚度的同时,也间接地推广了"朵航生活e家"线上平台。

(二) 生活

(1) 丰富便民服务

前期调研显示,对于消费者而言,社区服务中的生活服务在其日常生活中非常重要,且生活服务中各项具体服务的重要程度也有所不同。基于问卷结果和实地走访,我们提出,表 4.7 所列示的八种便民服务可以在"朵航生活 e 家"便利店开展,它们分别是:充值、缴费、票务、快递、预约、金融、洗衣、自动售货机提供的 24 小时服务。

表 4.7　八种便民服务

服务种类	具体内容
充值	手机充值、游戏币充值、固话宽带缴费、公交卡充值
缴费	水电、燃气、电视
票务	汽车票、火车票代售和取票、飞机票、彩票、旅游门票代售(西宁)
快递	收发快递
预约	医院预约挂号
金融	ATM(自动取款机)(西宁)
洗衣	上门洗衣收送服务
24 小时服务	通过自动售货机提供

注:西宁是青海的旅游集散中心,所以建议在西宁的便利店开设旅游门票代售服务;同时在西宁的便利店内设置 ATM 方便顾客存取款。

(2)建设交流空间

在便利店内专门规划一片区域建立交流空间。在这片区域内摆放适当的桌椅,并向到访顾客提供免费 WiFi 和茶水,构成实体空间。交流空间的功能根据时段划分为两个部分:日常时段,将这片区域开辟出来供顾客休闲饮食,顾客在休息的同时可以与周围的人自由交流;当有重要活动时,可以征用这片区域作为活动场地。比如与社区合作举办丰富的社区文化活动:棋牌大赛、特色沙龙、厨神大赛、歌手大赛等以及与节日相关的特色活动,如包粽子等。

通过吸引顾客到交流空间,社区居民之间会逐渐建立起纽带关系,最终从物质和精神两个维度形成真正的交流空间。

(三)健康

调研中发现,便利店周围的社区特别是高铁新区有许多老人和小孩,我们认为,在便利店里开设有关健康这一板块的服务是很有必要的。

(1)药品

在便利店内以及自动售货机里销售常用药品。走访中发现,当地药店的关门时间在22:00点左右,所以当夜间发生紧急情况时,顾客可以通过24小时自动售货机买到紧急药品,如退烧贴等,从而迅速缓解病情。

(2) 器械

店内放置血压仪、血糖仪、体脂仪等器械供顾客免费测量血压、血糖、体脂;同时,便利店通过会员平台免费为会员建立健康数据库,将会员每次测量的数据录入系统,方便会员随时查看自己的健康数据,并向一些情况较为紧急的会员提供进一步的检查方案。

(3) 讲座

便利店与社区合作,定期邀请社区医生开展免费健康讲座,比如关于养生方面的讲座,提高社区居民的健康意识。

(4) 计步优惠

利用微信运动的计步功能举行"步行换优惠"活动。会员每周步行达到一定步数后,可凭借微信步数到店面换取一定数量的优惠券。通过这项活动向社区居民推广公司鼓励全民健身的理念,同时这也是另一种形式的促销优惠。

(四) 养老

(1) 组织老年活动

通过对社区、物业以及当地百姓的走访调查,我们发现,青海当地的老年人对活动参与的积极性很高,但平时社区提供的活动数量和种类有限,无法满足他们的需求。所以建议便利店与社区物业合作共同组织老年活动,如踢毽子比赛、书法比赛、老年人趣味运动会等。便利店可以为活动免费提供原材料(如宣纸),并将优惠券作为奖品以提高活动的参与度。

(2) 定期慰问老人

公司总部根据每个店面的实际情况,定期调度店员慰问社区中的孤寡老人或高龄老人,给他们送去必备的生活用品,并做一些力所能及的护理工作,从而传递公司的助人文化,树立公司良好的公益形象。

(3) 免费送货上门服务

对于购物不便的老人,便利店为他们提供免费送货上门服务。

(五) 亲子

(1) 开辟儿童乐园

除了上述的交流空间,建议在便利店内开辟场地建立儿童乐园,免费提供游乐设施供孩子们玩耍。

走访中发现,海东当地社区周边的书店很少,孩子们很难感受到阅读带来的文化熏陶。所以建议在儿童乐园内设置专门的读书区,为青少年准备课外读物。为了解决图书更新问题,便利店可以与当地的图书供应商联系,将便利店作为童书推广的地方;也可以建立图书分享机制,让孩子们共享图书,培养他们乐于分享的意识。

三、树立品牌形象,提升品牌地位

(一) 品牌定位

1. 特性分析

(1) 消费者特性

"朵航生活e家"便利店在2016年的销售额提高了13.2%,在全国的渗透率提高了8.5%,主要在人均GDP大于4 000美元的地区,吸引年龄在18—55岁、教育水平较高、注重购物体验和商品品质、现金充裕但时间较少的城市消费者。

(2) 竞争者特性

"朵航生活e家"在青海最大的竞争对手是西宁城投稳当生活商务管理有限公司拥有的"稳当生活"便利店。其标准化程度较高,装修装饰风格统一,硬件设施完善,但在管理服务上存在一定的问题。"稳当生活"属于混合所有制企业,公有成分为主,公司内部信息交流缓慢,员工行动力弱,但其前期策划做得比较好,在70%的消费者不会更改杂货购物品牌的情况下,其认同度优势较大。

(3) 自身特性

选址存在问题。以高铁新区的"朵一航生活e家"便利店为例,高铁新区为回迁农民的居住小区,年轻人外出打工,小区住户收入普遍不高,许多新型服务无法在此开展,只能通过低价与普通的私营商铺竞争,同质化现象严重,不具备核心竞争力;同时,店内布局缺乏专业指导,商品种类过多且过繁杂,货架摆放凌乱,分区模糊,消费者购物体验不佳。

2. 便利店优势的打造

核心是与大型综超和私营小店的区别化。便利店作为大型综超的竞争对手而不仅仅是"互补品",应该牢牢把握"便利"的核心。同时,便利店作为私营小店的"替代品",应该拒绝同质化,打造自身的独特性,成为消费习惯的引领者与消费潜能的挖掘者。基于此,我们认为,"朵航生活e家"的品牌定位应该更加明确:标准化、精细化、会竞争、会放弃。

（1）标准化

全方位标准化的管理系统是各大连锁便利店快速发展的先决条件,也是提高消费者辨识度的重要手段。在分析了各大连锁便利店的标准化之路后,我们认为,公司可借鉴全家便利店的标准化模式,具体如下：

全家便利店总部建设有一套标准化的管理系统,包括从基础设施的建设,到门店端的订货、进货、上架,到最后废弃品的管理系统。这样的管理系统能够确保员工在门店端操作的简单化,由此便可以批量复制单店销售业绩高的门店,节约管理成本。在总部大数据的管控之下,每个商圈同样会做标准分类。每家店只有细微的差别,直营店和加盟店基本上完全相似,这些都是全家便利店标准化的体现。同时,全家便利店在店铺操作层面做到了极简化,在店铺管理层面做到了系统化,通过系统优势制胜市场。

（2）精细化

建议公司从装修、服装、服务用语等方面打造品牌便利店,培养消费新需求；合理摆放店内商品,与顾客建立良好的沟通,为顾客提供上帝般的服务。

（3）会竞争

经过调查,消费者认为的便利店的核心优势在于服务态度(24%)、购物环境(20%)以及对应急性购物需求的满足(31%),因此,公司应找准竞争方向,提升竞争力。

（4）会放弃

便利店的定位决定了其很难面面俱到。公司应当明确不同服务所针对的不同目标市场,懂得取舍和放弃；摒弃种类多且不必要的货物,便利店售卖的商品应该以高品质和精准定位为优势,不必为消费者提供不必要的购物选择。

（二）品牌特色

1. 熟悉

青海是一个具有多元文化的地区,便利店如何与当地的文化融合,把握消费脉搏,成为青海人自己的便利店,是公司战略中的重要部分。建议在实际销售的基础上使商品本土化,同时主动寻求反馈,提供良好的售后服务保障；根据当地消费需求的变化及时对便利店进行调整,从而扩大优势。

2. 新鲜

青海的零售业市场潜力巨大,消费者对新型便利店有强烈的需求,所以可以引进成熟的便利店发展模式,进而引领消费未来。

(1) 增加高端商品,重视商品结构对顾客的反向作用

商品种类决定顾客类型。由于很难推动消费者提高购买频率,且很多品类的购买频率很低,因此各大品牌通常会投资推出高端商品。在渗透率停滞或下降的情况下,这一方法可成功地实现销售增长。

在任何地方,都存在低、中、高不同消费水平的消费群体;每个消费层次的消费者,也都存在低、中、高端商品的消费需求。低消费水平的消费者对高端商品的需求较少,对低端商品的需求较多。如果商品价格低,低端商品较多,那么低消费水平消费者的消费频率就会升高,而高消费水平的消费者因为没有满足需求的商品,消费频率就会降低,导致高端消费者的流失。

低消费水平消费者的特点是光临比较频繁,但是客单价较低,大部分是满足刚性需求的消费。高消费水平消费者的特点是光临不频繁,但是一次购买量大,客单价较高。所以公司要想提高客单价和利润,就要着眼于提高高消费水平消费者的消费比例。可以在门店里增加高端商品的种类和数量,以提升便利店对高消费水平消费者的吸引力;也可以在门店里增加新奇商品,并引导顾客消费这些商品,这也能增加利润。通过这种消费来引导青海当地居民的消费习惯。

(2) 挖掘消费潜力

数据显示,16—35岁的学生、白领是便利店消费的主要群体,公司可以针对这一年龄段的群体的特征为他们提供优质的精准服务,挖掘他们的消费潜力。

(三) 营销战略

1. 全渠道、多渠道推广

(1) 线下促销

青海当地的消费者中,价格敏感群体占比较高,这部分消费者的需求弹性较大,公司可以通过发放优惠券的方式来精准识别这部分消费者,为他们提供促销优惠,提高总销售额。

(2) 线上推广

注重线上线下平台融合,以线下活动推广线上平台,同时通过线上平台宣传线下活动,提高线下活动的参与度。

(3) 形象宣传

通过拍摄宣传片等形式,用隐性的推广活动吸引消费者。在形象宣传中要注重内容创新,以获得更好的效果。

(4) 消费者途径

服务与产品是提升消费者忠诚度的重要因素,占80%以上。提升产品质量和服务水平是营销的根本途径。

(5) 公司形象

公司形象是推广公司产品的第一步。要注重装修装饰等外部形象;同时,公司应该积极承担社会责任,树立良好的社会形象。

2. 提高渗透率

(1) 赢在售点

赢得线下和线上售点。公司可先培养市场及销售团队的数字化能力和思维模式,并逐渐推广至所有职能;同时,要想建立领先的售点,首先需要制定出能够最大限度地接触顾客的市场通路,可在传统和现代渠道的销售执行上采取高度规范化的方法,并使线上购物体验与线下门店体验形成互补。

(2) 提高品牌记忆

品牌记忆是指提到某个品牌时,人们对它的记忆程度如何。如果消费者事先制订了计划来进行购买,则其记忆程度就会发挥很大的作用,所以品牌记忆对于提高消费者的购买意愿作用巨大。公司可以通过更大的宣传力度和高度统一的品牌形象来提高消费者的品牌记忆,进而提升其消费意愿。

(3) 聚焦产品品类

根据消费需求的改变及时变化产品品类,顺应消费者的购物诉求,做到及时、准确;调查消费者的潜在需求,为消费者提供超前消费的选择,引领消费者尝试全新的产品品类和购物模式。

3. 人情体验

2012—2016年,中国电商市场的年增长率在37%左右,创造了近4万亿元的收入,使中国一跃成为全球最大的电商市场。其中,一线市场的互联网零售渗透率达到了15%,网上购物将继续主导中国现代零售环境。同时,由于没有人工成本,无人超市的成本支出大约只有传统超市的1/4。专家估算,平均1个人可以管理10家这种无人超市。面对电商和无人超市的强烈冲击,实体便利店以其给消费者带来的独特人情体验在零售行业里独树一帜。

4. 满足购物体验型消费者的需求

构建各家店铺不同的产品结构和风格态度,把场景体验做得更加极致、更加有趣。无论是新零售还是旧零售,其本质仍然是零售,零售的本质就是为好品牌、好产品做好零售体验。通过提升消费者的购物体验吸引消费者进而增加利润是便利店未来的发展方向。

5. 了解、学习数字化互动

通过大数据分析的交互机制,可以采集消费者的消费轨迹、获悉消费者的偏好习惯,从而提供个性化的精准营销、货品推荐以及对消费者的生命周期进行管理,进而增强品牌黏性、提高连带销售,为消费者打造私人订制般的人情服务。